读客® 商业思想文库

收罗最成功的经营实践、最具影响力的商业思想

王道的经营2

践行三大策略

Acer连续3年纯利润增长80%

Acer创始人
施振荣 著
林文玲 采访整理

台海出版社

图书在版编目（CIP）数据

王道的经营. 2, 践行三大策略Acer连续3年纯利润增长80% / 施振荣著. -- 北京：台海出版社, 2017.1

ISBN 978-7-5168-1262-4

Ⅰ. ①王… Ⅱ. ①施… Ⅲ. ①电子计算机工业—工业企业管理—经验—台湾 Ⅳ. ①F426.67

中国版本图书馆CIP数据核字(2016)第317250号

版权登记号：01-2016-9248

原著作名：利他，最好的利己

作者：施振荣、林文玲

本书中文简体版权由台湾远见天下文化出版股份有限公司授权

限在中国大陆地区出版发行

王道的经营. 2, 践行三大策略Acer连续3年纯利润增长80%

著　　者：施振荣

责任编辑：刘峰　　**策划编辑**：读客李欣禧　读客姜一鸣

装帧设计：读客李子琪　读客陈艳丽　**版式设计**：读客图书　**责任印制**：蔡旭

出版发行：台海出版社

地　　址：北京市东城区景山东街20号　邮政编码：100009

电　　话：010—64041652（发行，邮购）

传　　真：010—84045799（总编室）

网　　址：www.taimeng.org.cn/thcbs/default.htm

E－mail：thcbs@126.com

经　　销：全国各地新华书店

印　　刷：三河龙大印装有限公司

本书如有破损、缺页、装订错误，请与本社联系调换

开　　本：880mm × 1230mm　1/32

字　　数：287千字　印　张：13.25

版　　次：2017年2月第1版　　印　　次：2017年2月第1次印刷

书　　号：ISBN 978-7-5168-1262-4

定　　价：52.00元

目 录

PART　03 迈入新纪元

做个与众不同的人（2015年）

本书是我的第一本著作（原书名《再造宏碁》），记录了宏碁从1976年成立到1996年间的历程。当时，宏碁经过二十年的发展，也经过1992年的第一次企业再造，里面涵盖了许多企业经营的点点滴滴。之后又过了许多年，当初做的决策，慢慢看到更长期的变化，而我除了在企业界，近年来也接触文艺界，于是又有一些新的想法，希望对社会有更多帮助。

“Me too”究竟好不好

本书强调的，就是吐故纳新、价畅其流，希望大家都能从利他出发，以分享取代占有、以共荣取代独赢，为社会创造最高的总价值。

大概有九成的人认为，“Me too”比较容易创造价值，这个想法未必全错，但是有盲点，因为它创造价值的空间比较少，而且还要跟大家分食。

刚开始，Me too的总价值高，因为成功的人供应不足，市场还有需求，新加入者还可以创造价值；等到市场成熟，投入的人越来越多，总价值却没有提高。

一窝蜂的结果就是“红海”，每个参与者能够分享的价值越来越少，甚至变成负的。除非有不同的创新或知识产权加入，那样就不算Me too，甚至有机会淘汰不王道的竞争者，让产业运作更有效率、更王道。

其实，不做Me too也是相对的；如果是为了满足市场需求而去做相同产业或相同产品，虽然是跟随者，但懂得同中求异，只要有一点点的差异性，例如做得更创新，或经营得更有效率，也算是相对王道。

所以，Me too或不Me too还是要从有没有创造间接、无形、未来的价值来判断。

全新思维创造全新价值

有时，一个全新的思维模式就能改变竞争态势，创造出全新的价值。

就像书中提到的“快餐店模式”，当年我改变计算机在台湾地区生产的模式，转为台湾地区只生产零部件，卖给海外单位，组装交由当地市场。

这种做法，就像全球快餐店品牌一样，提供市场最“实时、新鲜”的产品，加快新品上市与库存周转速度。后来，三星首席执行官尹钟龙提出的“生鱼片理论”——电子产品就像生鱼片，要趁着新鲜卖出去，一旦变成“干鱼片”，就难脱手了，也是受到我的启发。

之后，宏碁因为创造价值的空间被压缩，台式计算机市场也被自己的笔电取代，成长不如预期，继1992年后，我们在2000年时启动二造宏碁。

就像这本书的英文版书名：*Me Too Is Not My Style*，大家都在谈创新，我要创造更新的价值，只有一个方法，就是与众不同。所以，我要以组织现有的能量为基础，为组织寻找创新的契机。

但王道是相对的，创造的价值比投入的多，才是王道；如果耗费社会资源去创造价值，却变成负的价值，同样是不王道。把对的价值传递到对的顾客手上，才是真王道。

前言

挑战的哲学

有一段时间常有人问起，我的座右铭是什么？在三十多年前，我思索这个问题，写下“挑战困难、突破瓶颈、创造价值”这几句话。

我想，无论是人生、社会，乃至于企业的生产线，只要突破瓶颈，就可达到最高效益，因为许多资源往往都在瓶颈处浪费与耗损。但是，所有的瓶颈也都是困难所在，否则早就达到最高价值的境界。因此，要突破瓶颈，必先挑战困难，这是我的基本逻辑。

然而，在挑战困难、突破瓶颈时，不免遭遇失败，所以一个人愿不愿意面对现实、屡败屡战，便成为挑战困难时必须具备的重要条件。

人生的历程，是一个渐进的、每个阶段环环相扣的长期挑战过程，因此，除了从失败中学习、不断充实之外，也不得不讲求策略，在遭遇困难时，或者暂缓，或者绕道前行，因为最终目的是突破，所谓“留得青山在，不怕没柴烧”。如果暂时不能突破，就得耐心等待或先迂回试探，这又是挑战困难必须具备的另一个条件。

宏碁的发展历程，就是不断印证这样的挑战哲学。虽然，这些想法都是事后归纳，并非创业之初就有如此严密的思考逻辑，但在此之前，有若干的“因”，造就日后宏碁与我的种种发展。

人生因缘

第一个“因”，是我不喜欢跟附他人的个性。

小时候，我是个内向、不喜欢出风头的人，但是我的想法总和别人不太一样，也不喜欢人云亦云，中学时大家都想考医科，我很不以为然；大学时大家都想留学，我也很不认同，为什么非得当医生或留学？

尽管个性有些叛逆，但因为我一直是“好学生”，所以不能表现出来，不敢做坏事，于是就要找些正规渠道发泄，试着走出一些不同的路。

例如，我从学生时代就不认为“中国人是一盘散沙”，创业之后，就努力把宏碁建立成一个同仁共同拥有的企业，用实际行动打破这个刻板印象。而宏碁自创品牌、强调人性本善及摆脱家族企业经营的模式，都是对时下一般企业的做法不苟同而另辟发展之道。我也相信，这些做法有助于企业突破成长的瓶颈。

第二个“因”，是求学过程中发觉了自己的潜能，使信心不断增强。

念中学时，原本我的成绩并不算突出，同学当中仅仅名列中上，但高二那年，有一回学校公布数理化考试成绩，我竟然拿下全校第一名。其实我对理科并未特别用功，特别下工夫的文科反而读不好，但由于这个因缘，让我产生很大的信心，奠定日后往理工科系发展的基础。

考上台湾交通大学之后，因为人文课程并不是理工科系的重点，老师分数打得很松，大家都能拿高分，最后平均下来，我以第一名毕业，并考进“台湾交大”电子工程研究所。

而学生生涯对我日后影响更为深远的，是大学时代社团活动的历练。

我是“交大”在台复校后的第一届学生，当时全校只有七十几个同学，因此就有机会担当“无中生有”的角色，催生许多新社团。我喜欢摄影和桌球，就成立摄影社与桌球队，后来还创办棋牌社和排球队。在那个阶段，无论是人际关系、领导统御及服务团队的技巧，都有初步的磨炼，也使我具备尝试创新的胆识。

例如，我举办学校首次的摄影展，以及全校研究生桌球循环赛，都是当年“交大”校园里的盛事。

创立宏碁之后，不论是进入微处理器市场或推出台湾地区第一部个人计算机，同样是从“无中生有”。为了推广新科技产品，不断更新活动方式，扩大活动层面。由于学生时代办活动的历练，宏碁日后一再挑战创新的做法，也从未怯场。

挫折中寻找成长契机

第三个“因”，是就业时期掌握学习与发展的机会，逐渐累积实力。

工作之后，我的职务是研发工程师，所从事的工作成果都较为具体可见。从计算器、电子笔表，到4位的微处理器发展系统，都是台湾地区首创，甚至于世界第一。而且，技术越来越深，规模越来越大，整合性越来越高。

在工作初期，我的薪水从未增加，但也因为不计较薪水，所以很容易“被用”，职位从工程师一路升迁到担当决策的主管，比同仁有更多历练的机会，累积较多的经验。更重要的是，因为从事新产品开发难免遭遇失败，所以对挫折也就能够泰然处之。

宏碁创立后，虽然面对的事情、人物、策略大不相同，但从本质来看，只是这些“因”在不断重复循环而已。

良性、恶性循环并存

人生的历程，可能会在“挑战困难、突破瓶颈、创造价值”的良性循环里往上发展；但也可能在遭遇挫败时，堕入恶性循环当中——在遭遇挫折后失去信心，致使往后更常受挫。

事实上，这两个循环是同时并存的，只是较强的循环呈现显性，较弱的循环则是隐性。

正面的循环，是通过不断行动与实践培养出来的，越练越灵光、越有信心；负面的循环，则是源自犹豫观望，不敢出手，越往悲观面看就越觉得每条路都不可行，老是在死胡同里打转。

因此，在面临陷入负面循环的危机时，最重要的就是找出问题根源，让自己重新导入正面循环。

开始创业的二十年，宏碁遭遇不少挫折，也付出不少学费，我想，我大约是台湾经营者付出学费最多的企业负责人。写这本书的目的，就是希望提供自己在面临负面循环时，如何反复检讨后找出解决之道，再次进入正面循环的若干经验与心得。

寻找组织竞争力

我认为，身为领导者，要带动一个企业，必须要借重别人的力量，顺势而为。既然如此，就必定要先了解别人的想法，并认同别人的期待。

宏碁的核心理念之一，正是我长期观察社会、了解年轻人的期待之后，综合得出的愿景——“龙梦成真”，华人要在国际上扬眉吐气。

但光有理想仍不能使组织有效运作，还必须创造凝聚团队精神的环境。“团结力量大”的道理人人都懂，但具备坚强向心力的企业却并不多见。当中的关键，在于组织成员之间有没有共同的利益。

因此，我们的核心理念之二就是建立“利益共同体”，让大家对公司的成败有切身感，愿意全力以赴。

另一方面，虽然目标相同可以产生较大的力量，但多数人又都希望有自己的独特想法，拥有自己的风格（例如多数人都讨厌天天穿制服），因此，企业必须满足成员独立自主的成就感。

兼顾差异与融合

在这个原则之下，宏碁一方面不断将一贯的企业文化本质灌输给同仁，一方面对企业文化的阐释与执行，则是鼓励各单位主管，按照自己的想法去创造其特质与差异化，这形成宏碁第三个核心理念。

但是，组织规模越大、成就感越大，随之而来的风险也越大，如何在扩大规模的同时还能分散风险？宏碁的第四个核心理念，是采用高度分布式的授权管理与员工入股制度，来达到兼顾高度成长与风险分摊的目的。

发挥团体力量来成就共同目标，我希望掌握的要领是：既能大——就是大到足以追求共同的方向与理想；又能小——就是小到只在执行上鼓励大家各自发挥，来得到成就感。这是在非常难以取得平衡，甚至是互相冲突的情形中，找出一个可行的模式。

在后面的章节当中，我将详述宏碁创立的前二十年为了实现共同愿景，发展出全球特有的“宏碁模式的历程”，包括化解从属之间的对立关系、强调“人性本善”的企业文化，改写一贯作业历史的“快餐店模式”，打破集权式阶级组织、实行分布式“主从架构”，以及摆脱跨国企业权威管理模式、实施全球性合伙的“全球品牌、结合地缘”。

这些经营哲学，都与传统的控制、管理模式背道而驰，但却是宏碁得以走出计算机产业革命时期的困境，并创造另一个成长高峰的主要原因。于是，有些国际学术机构开始对宏碁管理感兴趣：为什么宏碁可以这么分散、授权，却不怕失控？

反向思考，突破窠臼

循着正向的思考逻辑，分散的确容易导致失控；但反过来想，我们所要追求的理想，必须结合很多人的力量才能办到。因此，我们就不得不分享、不得不授权。况且，多数人也都认同分享与授权是正确的。既然如此，关键应该是努力改进授权的管理能力，而不是光想到失控就停摆了。

再换个角度看，为了怕失控，就强把大家控制在一起，公司运作缺乏效率，在市场无法与对手竞争，到头来公司还不是难以为继。

在我的经验当中，许多事情往往在正向思考中陷入困局时，运用“反向思考”反而可以出现很多活路，而且也相当有助于突破人生与事业经营的盲点。

举例而言，目前社会中充斥着汲汲营私的风气，因为按照正向思考，个人利益必然置于众人利益之前。但如果运用反向思考，个人利益大可以放在众人利益之后。

众所周知，“人不为己，天诛地灭”，这是真实人性的写照。一个人再怎么无私，还是会先替自己设想，因此，如果一个人没有积极的，甚至是强迫自己先为他人着想的话，他人的利益将被摆在哪里？仔细想想，即使先为别人打算，别人的重要性真会高过自己吗？恐怕还是自己的利益重要些，但如果不优先考虑别人，他人的利益就会被完全抹杀。

贡献社会，创造价值

如果企业经营者按照正向思考，企业资源配置自然优先照顾自己的利益，然后是股东，最后才考虑顾客与员工的权益。但是，宏碁运用反向思考，发展出“宏碁一二三”理论，我们照顾利益的优先级，第一是顾客，第二是员工，第三是股东。

企业价值的高低，取决于它对社会贡献的多寡，而企业对社会最大的贡献，是提供高质量产品与服务来满足消费者的需求；为了提供高质量产品与服务，必然要有高素质的员工，因此企业必须训练人才、照顾员工。如此，公司经营成功，利润自然回馈给股东；而我的利益，就摆在顾客、员工和股东后面。

这并不是我故作清高、唱高调，我和所有人一样也先为自己设想。

诚然，这么一来我的利益可能会被分割，但是反过来想，如果我不照顾其他人的利益，当大家的利益遭到剥夺，自然不会再相信我，就不再产生贡献公司的动力，或者对公司采取恶意报复手段，未来我便不会再有利益。因此，我将个人利益放在众人之后，反而是更有保障、更细水长流的。

在下面的章节里，我愿以自己运用“反向思考”突破经营瓶颈的实例，与读者共同研究。

当然，在宏碁可行的模式，并不表示其他企业也能完全适用。我常说："Me too is not my style"（跟随并非我的风格）。我一直相信，企业应该根据自己的资源与专长，在时空环境的转换中，不断发展出最适合的策略。

宏碁就是这么走过来的。

PART 01 打造根基

从 1981 年成立第一家转投资事业，到今天成为拥有五个关联企业的国际化集团，宏碁集团之所以能够快速发展，在它强调理念经营，以“人性本善”为主要企业文化，充分授权，更积极推动员工入股制度、利润分享……这些与其他传统企业不同的经营思考方向，正是宏碁能维持企业活力及成长动力的关键因素。

第一章

走上创业之路

员工为了确保自身权益，
将尽力维系公司生存；
为了创造更大效益，
就会积极贡献。
但在变动快速的产业，
员工必须学会对自己负责。

创业并非我原来的志愿。1976年，就在创办宏碁的不久之前，我获选“全台十大杰出青年”，在致词中还期许自己能一直担当资本家与工程师之间的桥梁。

因为当时我是公司负责技术的最高主管，扮演为技术找资本的角色，对于给投资者信心并将研发成果商品化的工作，不但有兴趣，也累积了一些心得。

若非原来工作的荣泰电子因财务管理失策而面临结束营业的窘境，我也不会走上创业之路，并转换角色成为搭起技术与市场的桥梁——企业经营者。

这一切的因缘际会，得从我的就业历程说起。

就业时期的“他山之石”

我大学时的志愿是担任“台湾交大”校长，因此我打算，念完电子工程研究所就继续攻读博士，然后留校任教。

在那个年代，做生意并不是硕士和博士的工作。硕士和博士的出路通常是当教授（没想到，今天面对国际竞争、技术更新，做生意所需要的学问越来越高深）；或者，在海外取得硕士和博士学位的人，可以选择留在海外工作。因为我不愿意离开台湾，就理所当然以当学者为目标。

在我大二的时候（1966年），飞利浦（Philips）、通用（GI）等外商电子公司开始计划登陆台湾，于是到学校招募研究生，月薪两百美金（折合新台币八千元，在当时是相当高的待遇）。那几年，台湾地区电子工业才刚起步，仍以外商装配厂及中日合资的家电厂为主，但也是硕士研究生可以不离开台湾而能在岛内产业界就业的开始。

因此，1971年我从研究所毕业后，便打消攻读博士的念头，准备就业。

时移势转，改变志向

当时，我有两个工作机会：一个是设于高雄的飞利浦建元电子，另一个是竹北的环宇电子。这两处都有研究生学长在其中任职，最后我选择了环宇。

一方面是因为，当时我自认英文不好，不打算在外商工作；另一方面因为环宇是彰化望族林荣春投资，与我有乡亲之缘。这个家族原以纱厂起家，在交大教授施敏与校友钱维翔鼓励下，设立半导体装配业，由交大学长邱再兴主持。最重要的是，环宇是台湾地区第一家设置研发部门的公司，我可以将所学应用于研发工作之上。

也因此，我开发了台湾地区第一部电子计算器。

在环宇，我并不是第一个开发计算器的人，但却是首先将它商品化的人。不同于其他同事，我除了设计电路，让机器会动之外，还具备了包装和成本概念。

我先请工业设计师设计外壳，并且找制作招牌的师傅做出模型，将机器包装起来，再将所有材料的成本做成分析报表。这事如今看来平常，但四十年前却属罕见。

当我把这两项非技术工作成果往上呈报，上级就决定将此开发案商品化，投资开模量产。

遗憾的是，这个产品并未成功，因为日本进口的键盘质量不稳，按一次键会跳出很多数字，而且台湾地区生产的印刷电路板经常短路。

我原本希望能改进这项产品，但因为职务调升为半导体装配线的主任，而失去继续改良的机会。

不搞派系，升迁更快

从研发部门调到生产线，我从一个自己管自己的研发工程师，变成领导八百多人的主管，任务更加复杂，此时公司也开始出现派系问题。

虽然工作环境不如以往单纯，但我仍尽可能扮演好上下沟通的桥梁角色，有问题经常请教现场领班、课长，所以工作尚能胜任，人际关系也算和谐，加上我又不计较薪水（直到离职仍是起薪的七千元），结果比学长们更早晋升为副理，负责整个制造部门，借此也累积更多的管理经验。

当时我毕业不到一年，但已经深刻体会到人际关系的重要性，不搞派系，因为斗争只会让自己处于不利的地位。

其次，必须要有责任感。我想，没有一个老板会在交代下属办事时，期待下属万事迎刃而解，老板期待的是授权得安心，也就是下属会负责任，尽力而为，有问题主动反映。因为能力不一定可靠，但责任感是可靠的。

在环宇工作一年三个月之后，林荣春的三子林森另外投资荣泰电子，邀我一起创业。

荣泰的定位是专业计算器厂商，既自创品牌（品牌名称为Qualitron），也代工生产，不但具备自有技术、品牌，而且获利稳定，是当时最红的公司之一。我们把它塑造成“年轻人的天地”，让同仁享有自由挥洒创造的空间。

这样的环境，也是我工作之后努力追寻的目标：在工作上结合一群志同道合的伙伴，将科技成果贡献社会，也让每位参与成员获得成就感，从而丰富人生。

荣泰成与败

从事电子事业，我算在行，但林森却是我在营销理念方面的老师。至今我仍非常欣赏他的见解，他认为台湾厂商拼命打通中上游，但对下游的营销却始终不投资，如同河流下游淤积，努力生产的产品到处泛滥，最后只能便宜贱卖（这也是未能突破瓶颈的结果）。

受到林森的影响，宏碁创立时，我就提出“倒向整合”（backward-integration）的观念，也就是台湾一定要设法掌握市场主权，若能建立下游的品牌及营销体系，就有能力往中游的装配及上游的关键零部件发展。

在荣泰工作四年，我终于得偿在环宇未完成的夙愿，成功开发出台湾地区第一部桌上型与掌上型计算器，也推出全球第一支电子表笔。

然而，这段就业生涯带给我最深远的影响，却是它结束营业。

当时荣泰的分工情形是，总经理林森主管营销与工业设计，我则担任协理（后来职称改为副总经理），兼管研发、生产、业务、采购。本业的获利状况始终良好，但担任财务管理的董事长，也就是林森的兄长，挪用荣泰借来的钱支持家族经营的纺织厂。当时正值石油危机，纺织业经营困难，导致经营亏损，终于危及荣泰。

值得借鉴的事

当公司运作开始产生偏差时，我和主管会计的同事一起去和老板沟通，希望及时阻止公司财务继续恶化，但得到的回答是公司为老板家族所有，他们可以做主，我们当然只好作罢。

后来，公司终于陷入危机，我便请求其他企业出面协助，其中包括声宝企业创办人陈茂榜。

但当陈先生了解公司财务状况后，便摇头拒绝："公司背书保证的问题这么严重，就像无底洞一样。"虽然当时荣泰的业务已蒸蒸日上，最后却不得不以关门收场（所谓"黑字倒闭"）。

由于荣泰结束营业，使我立志担当资本与技术桥梁的理想生变，却也因而获得许多宝贵教训，转换为日后宏碁重要的经营理念：首先是，稳健的财务管理；其次是，照顾员工的利益。

和许多台湾企业主一样，荣泰老板虽然财力雄厚，但仍习惯于用短期资金做长期投资；也就是说，资本额并不足够，由家族借钱给公司（即所谓"股东往来"）。正因为是短期资金，不管向谁借，仍旧是负债，对长期发展非常不利。

另一方面，因为荣泰业务成长迅速，银行的信用额度越来越多，钱也越借越多，信用扩张没有节制，加上资金运用公私不分，导致最后无法收拾。

稳健的财务管理

因此，我深深地体会到，企业要稳健的财务管理，不但要有充足的自有资金，而且要厘清资金的归属，才能在健全资本结构中稳定成长。要进一步确保公司财务的安全度，必须建立客户信用管理体系。

在荣泰工作初期，我只负责研发、制造与采购，后来老板要我兼管内销业务。才刚接手，台湾的总经销就要求延期支付支票，一延再延一拖再拖赖账不付钱，没多久就倒闭了。

这是台湾经销商常用的手法，先要求供应厂商放账，却同时向客户收现金，转运用在其他事业的投资（另一个把短期资金用于长期发展的错误模式）。一旦其他事业进行不顺利，资金周转失灵，不但原来的事业保不住，还连带拖累上游供货商。

这个例子也说明，经营内销与外销是不同的两种学问。台湾地区有许多经营外销业务非常成功的企业，往往在转战岛内市场时失利，就是因为没有建立良好的信用管理制度。

因此，后来宏碁推出“小教授一号”计算机学习机开始在台湾铺货时，就要求每个经销商先抵押才能批货，将倒账的概率尽量降至最低。

经营企业有个很大的陷阱，就是老板常常搞不清楚手上的资金，究竟是自己的、银行的，还是供货商的钱。只要看到钱就以为是自己的，径自拿去投资，忘了它们其实是应付账款或短期负债。

就我的观察，台湾多半的老板也没经验，有经验的人都常会在金钱流转中迷失，造成许多人辛苦地创业，事业也非常成功，最后却莫名其妙地倒闭。

这些切身的体会，让我学会财务管理的基本原则。创业之后，虽然公司财力不丰，但始终未曾忽略财务的健全度；虽然成长过程中不免遭受挫折，却能安然度过难关。

善待员工，共存共荣

就业时期的另一个启示，是企业必须善待员工，并且建立让他们发表意见的渠道。

当时，荣泰的同仁对工作都非常投入，对“年轻人的天地”也有相当的期待。但却因公司决策失当，同仁的意见未获重视，导致员工期望落空、生涯规划变调，必须另谋生路。这些对同仁而言，是相当不公平的。因为一家企业的成败，不只关系到老板的资金，更关系到员工的心血投入和未来前途。

因此，宏碁创办的第三年，在台湾企业员工入股风气未开始的情形下，便推动了这项制度，目的就是要建立一个共存共荣的环境，同时让大家都能发表意见。因为股东拿出一毛钱投资，就有权说一毛钱的话，公司就不致产生偏执的决策。

另一方面，企业要善待员工，不但不应将不合理的企业风险加诸员工身上，更要积极建立保障员工权益的制度。

当年，荣泰曾给我若干技术股，并给我一个董事席次，但有时也要求我盖章作保。在那个年代，员工自主意识并不像今天这般高，我既年轻又没有出资，老板这么给我面子，我也只有照做。幸好当公司财务发生问题时，老板扛下债务，否则我真不知拿什么还债。

员工好，公司会更好

由于这段经验，我从来没要求宏碁各事业的总经理盖章保证。凭良心说，他们并没领公司多少薪水，实在没理由要他们担负这么大的风险。

此外，宏碁也从不给员工技术股，只邀请员工出资入股。而我也事先明白告诉同仁，入股的资金是要和公司共存亡，也唯有如此才能享受真正的权益。技术股（或叫“干股”）的发放权掌握在老板手中，不但没保障，往往还只是空画大饼。

就业历程中的种种教训，我不但铭记在心，并且将其转换成保护员工与公司的制度，而不是学会招数之后，拿来对付别人，自己获利。

不仅如此，我们更从根本着手，不断灌输同仁自我保障权益的意识。因为我深切希望，宏碁的同仁是最懂得保障自身权益的一群员工。

在许多企业主的想法当中，员工的权益过高，将不利于自己的利益，但我认为，如果员工能够了解保障自身权益的重要性，也就会尽力维护公司生存，因为如果公司发生问题，员工的权益也会丧失；另一方面，同仁为了创造更大权益，也必然会尽力为公司贡献。

这段就业生涯给我极深的感触。

在台湾地区的经济结构中，家族企业比重极高，企业常因家族而兴，往往也因家族而败。当企业面临困难时，正是内部意见纷杂、力量分散的时候，如果能有家族的支持，的确比较能够度过难关，荣泰最初也是在家族支持之下才转亏为盈。

但是，以家族成员为决策核心，难免因集权而无法产生平衡的意见，一旦步入歧途，便很难及时悬崖勒马。

因此，如何保留家族企业的优点，避免家族企业的缺点，是我创业之后最重要的课题。

萌生去意的转折点

荣泰处于顺境时，老板非常信任我，我也全力以赴为公司打拼，但在公司陷入困境时，有一次，老板却当面质疑我采购物料的价格偏高。我努力工作，并不求褒奖，但绝不希望被老板怀疑，当下首度萌生去意。

1976年下半年，荣泰状况已经无可挽救，原来任职研发部门的林家和、黄少华与我，不得不离开公司。后来，我们在非常仓促的情形下创业，初期目标是设定在新兴的微处理器市场。

当时，我们都非常看好这项产品。若说引擎是机器的心脏，那么，微处理器就是机器的大脑。引擎的发明带动工业革命，可以预见，微处理器的问世，也将是工业发展史中另一个转折点。

志同道合的集体创业

由于荣泰的工作经验，我算是台湾地区第一个深入了解微处理器的管理者。1974年，我曾邀请工业技术学院谢清俊、蔡新民等教授到荣泰上课，让从未学过计算机的工程师对计算机数字式架构有所了解。为了磨炼大家，还特别请老师用英文上课。当时，林家和以及黄少华都曾接受过这个教育训练。

另一个创业伙伴邰中和，也是对微处理器情有独钟的人。他原本在神通计算机任职时，就负责代理英特尔的微处理器业务，由于到荣泰洽谈生意与我们相识，后来便加入创业行列。

现在，外界常说的宏碁创办人有五位：林家和、黄少华、邰中和、我太太叶紫华和我。实际上还有另外两个人：一位是原来在荣泰负责工业设计的涂金泉，一位是主修管理、英文极佳的沈立均（经由邰中和介绍认识，“宏碁”便是由他所命名）。

我们凑足一百万元新台币的资本额（我和我太太共占一半，其他五位各占10%），以十一位成员和租来的三十四平方米公寓，开始集体创业的历程。

但在创业一年之后，涂先生和沈先生便离开宏碁，他们的离开对宏碁产生不小冲击，却也促成宏碁集中全力发展计算机的契机。

宏碁创立初期有三项基础业务，除了微处理器相关业务之外，还有涂金泉负责的工业设计，以及沈立均负责的海外贸易和代理业务。

这两项业务投资小、回报快，而微处理器市场还不成熟，资金不断投入却进展缓慢，光是购买一部计算机系统就耗去资本额的75%，因此收支一直无法平衡，整个公司几乎是仰赖前两项业务维生。涂、沈两位可能是觉得划不来，便决定离开公司。

这两位离去，同时也带走了工业设计业务，与净利极高的电话机接头插座订单（后来变成台湾地区重要的外销产品），而其余五人则继续经营微处理器。虽然并不十分确知市场在哪里，但我们都相信微处理器是有前途的。

共同创业的“约法三章”

在创业之初，我们进行过多次沟通，共同达成“约法三章”的共识。

第一，万一公司撑不下去，就先由少数人留守，其他人到外面找工作，让公司可以继续经营。在这个阶段，其余伙伴的薪水打八折，我的薪水（月薪三万元）打对折，我太太有两年未支薪，以便降低费用，让公司撑得久些。

其次，创业初期由我做主，但如果我的领导能力或财力不足，必要时就找其他人才来领导公司。

第三，虽然我和我太太拥有公司一半的股权，但若是我的决策遭到半数伙伴反对，就可将其推翻。

也就是说，在合作之前，我们就建立起将公司利益置于个人利益之上的组织气候，并宣示宏碁不走家族企业路线，与尊重小股东的决心。

从创业就撒下种子

这些默契为宏碁往后的组织调整奠定互信基础。后来，我们从IBM邀请刘英武担任总经理。刘先生辞职之后，由第二代经营者主导各事业群，创业者退居第二线。接棒过程都很平顺，可说是从创业第一天就播下的种子。

另外，我们很早就建立一个重要的基本信念，就是：台湾地区产业要升级，非得走研发、自创品牌及国际营销路线不可，否则长期的竞争力与稳定度就会发生问题。所以这几类人才的投资，绝不能省。

现在回想起来，宏碁投入许多心血培育人才。除了奠定宏碁健全发展的根基之外，外流的人才在业界都有高水平的杰出表现，也算是宏碁对整体产业的贡献。

在宏碁创业初期，台湾地区微处理器市场仍是一片荒地，开发市场格外困难，受限于财力，我们从贸易与顾问领域切入。

要靠顾问业务赚大钱并不容易，但借此维持开销，累积经验，并不成问题。前五年，我们替海内外客户设计四十件微处理器的应用产品。值得一提的是，1980年由诚洲电子委托设计的终端机（由李焜耀执行），是台湾地区第一项大量外销的微处理器应用产品。

自创品牌几经波折

当时，大同、东元等公司也都在开发终端机，却无法商品化；而诚洲董事长廖继诚与其他公司不同之处，在于他敢先投资数百万元新台币开发模具，具备立即大量生产的能力；其他不敢投资模具的公司，只能先以手工制作样品，如果客户下订单，必须三至六个月后才能量产。基于时效与商品化能力的考虑，客户自然选择诚洲。

另一方面，当时宏碁规模虽小，却具备实时掌握新技术与材料信息的能力，设计出来的产品、材料质量与成本都优于其他公司。双方优势的结合，让诚洲打响台湾地区信息产品大量外销先锋的名声。

在这笔交易中，我们改变计价方式，从过去成本加上些许利润，变成先收成本费，后加权利金（依销售数量计费）。初期收入较少，还要承担市场开发失败的风险，结果诚洲终于成功，我们的收入也比预期多很多，对日后发展帮助不小。

有一回，我曾计划为诚洲打品牌，并且已经签订独家外销总代理合约。但是他们希望从事数量较大的代工业务，只好将计划搁置。

其实，创业的前五年，宏碁就有意帮大同、东元等公司打品牌，但迫于现实，这些公司都急需大量生产的订单，而且自创品牌需要较大开销及长期耕耘，当时他们意愿都不高，我们也只得放弃。

直到1981年，宏碁推出“小教授一号”计算机学习机，才以自己开发的产品，圆了自创品牌的梦，成功打开国际营销网络。

微处理器的园丁

除了从设计顾问发展到自有产品之外，贸易也是宏碁早期的重点业务。我们代理德州仪器（TI）的电子零件，供应给台湾电动玩具厂商。由于正好赶上当时的电动玩具热，在官方大力取缔电动玩具之前，一度为公司带来可观的业务。

除此之外，我们也引进美国的微处理器零件和发展系统（用来开发计算机的计算机），但在推广时却相当困难。因为那时的台湾对微处理器非常陌生，市场几乎等于零，以致闹了许多笑话。那时我们自诩为“微处理器的园丁”，因此拜访客户时，很多人以为我们是卖种花工具的，还有推销员前来向众“园丁”促销园艺书籍。

为了克服这个问题，我们开始开办微处理器研习中心，并且出版《园丁的话》月刊，从教育消费者开始着手。

1978年，我们在台北、台中、高雄三地同时开办研习中心。四年中，约有三千位产业界的工程师，接受了五十小时的训练课程。授课内容主要是如何利用汇编语言控制以微处理器为主的电子线路，应用到交通信号、机器控制等方面。

研习中心的开办，对产业界与宏碁都有深远的影响。通过这项课程，这三千位过去未曾学过计算机的工程师，立即能够学以致用，对微处理器在台湾地区的普及，起了相当大的扩散作用。

另一方面，许多当年教授课程的讲师，如今都成为宏碁重要的决策主管，如：林宪铭、邱英雄、林铭瑶、吴广义等。他们晚上当老师，白天推广业务，许多客户就是自己的学生，双方有共同的语言，业务进行也较为顺利。

由于研习中心的课程颇获好评，一些企业事业单位主动邀请我们开办内部学习班。讲师就带着机器到处为企业授课，微处理器市场也因此慢慢打开。

到了1979年，由于客户数量已累积到一定程度，必须建立售后服务体系，于是我们创办《园丁的话》月刊。因为以出版物来和旧客户保持联系，是比较经济实惠的做法；另一方面，也由于微处理器仍未普及，在开发新业务时，无法掌握明确的客户群，只得通过大量出版物，以期开发潜在客户。

《园丁的话》最初发行两千册，最后达到两万册。每到出刊日，同仁全体动员装书、邮寄。因为是免费赠阅，当然是亏本经营，但是这对宏碁早期的知名度与影响力，有正面的效果。

“长期耕耘”的策略

类似研习中心和《园丁的话》这种长期耕耘，又不至损耗过多金钱的做法，是我经常采用的策略。

往后，我们不断推广信息教育，并更新活动方式，例如：1982年在全台二十一县市举办“小教授二号”巡回展，所到之处都造成居民赶看最新科技的热潮；1986年在高雄首创“千台计算机教室”活动，吸引十万人次前往亲自操作。此外，还有“国际计算机围棋赛”“龙腾科技论文奖”“学生计算机夏令营”，都是台湾地区企业第一次尝试的做法。

但我也发现，虽然多数人都了解其重要性，但很少有人（甚至也包括我的同仁）能抓到其中诀窍。

这类型投资之所以难以掌握要领，是由于过程中往往看不出直接而具体的回报，因此决策者不免反复质疑投资效益，而终致放弃。

当然，企业不能永远只有付出没有回报。但我认为，只要大方向正确，若因资源有限，企业可以在既定方向调整投资进度。就好比原来是跑步，改放慢脚步走路，但千万不能停住不动或改变方向。许多企业常是在对的方向走到一半，觉得收成遥遥无期就停止或另谋他方，反而造成资源浪费。

正因为过程漫长、间接又不具体，因此，决策者应该认清这种做法和有形设备的投资回报不同，不能套用硬件的投资报酬公式计算。它是以有形资产去换无形机会，而且必须经过一段时间，无形机会才会在别处转换成有形回报。

也就是说，决策者应该把眼光放远，耐心耕耘，它不会带来暴发式的厚利，但会有细水长流的效益。

穷小子文化

谈宏碁创业初期，不能遗漏我们的同行——神通。

长久以来，外界喜欢拿神通与宏碁来相比。神通创立在宏碁之前，论财力背景，神通有苗家石化业为后盾；论产品，当时神通代理英特尔的微处理器与迪吉多（Digital Equipment Corporation, DEC）的迷你计算机，产品线之强，台湾地区无人能敌。在这种客观环境下，宏碁当然不能以卵击石，必须发展出不一样的策略。

在产品策略上，因为神通大量投资在数据处理的设计业务，宏碁就改切入微处理器应用产品的设计业务；宏碁初期不介入中文计算机，也是因为神通已经投资其中（直到1980年，宏碁才和朱邦复合作开发“天龙”中文计算机）。

宏碁的企业文化当中有一项“穷小子文化”，其实就有与神通区隔的用意。因为同仁难免存着和神通比较的心情，为了让同仁了解宏碁有别于神通，我便不断给同仁精神教育，强调“有钱的坏处”——有钱难免浪费、自我膨胀，趁机灌输大家危机意识，以及把钱用在刀口上的观念（结果后来我们不幸被自己言中，在股票上市之后尝到有钱的坏处）。

甚至，在宏碁刚起步时，我还曾经考虑要和神通策略联盟。因为宏碁当时真的是没钱，而这个产业又需要相当大的资本。当时要在台湾找到有钱又愿意投资微处理器的人，除了神通的苗丰强之外，几乎没有第二个人。

通过邰中和，我们吃过一次饭。但因为初次见面，并没有谈到合作的话题，再加上合作时间也非十分迫切，因此和神通联手的想法也就未曾付诸行动。

宏碁在创业初期可以说是跟着神通的脚步，后来宏碁开始经营“小教授一号”，神通也推出“小神通”。宏碁以大量外销业务为主，神通主攻内销，形式开始有些转变。之后，宏碁成为台湾地区第一家个人计算机厂商，正式奠定日后在台湾地区计算机业中领先的基础。

摊着牌打牌

从宏碁创业初期的经验来看，有两个关键因素攸关创业的成败。一个是“势”，也就是发展的大方向，另一个是策略与速度。

对创业者而言，如果经营的行业是大势所趋，就必须有信心地往前走，顺势而为。然而如果方向正确，但是速度调配不适当，走得太快，消耗体力太多，便不易达到目的；太慢，又错过时机，所以必须衡量企业的能力，有策略地持续前行。

更重要的是，企业若要长期健全发展，伙伴之间必须建立分工与互信的合作关系。

台湾地区的创业形态，常是一群朋友或同学因志同道合而结合。在这样的结构中，伙伴们必须各有专长，各司其职且意见一致，否则经常导致功能重叠，缺乏决策重心而失败。

因此，我认为，创业还是需要有个“龙头”担当决策重心，企业如果成功，他当然居功较多；但如果失败，他也必须负最大责任，这样便可以取家族企业尊重辈分之长。但为了避免走上类似家族企业的独断歧途，龙头必须时时尊重其他伙伴的声音。

我的经营哲学之一是“摊着牌打牌”。事先厘清游戏规则，大家比较好做事。宏碁在创办之前约法三章的意义也在于此。我相信，这对日后宏碁养成自动自发的企业精神，有很大的关联。

平心而论，伙伴之间要分工并不困难，但是要建立让分工组织有效运作所必备的互信基础，绝非易事。

“龙头”不是老大

宏碁从集体创业开始到推动员工入股，有一个非常重要的用意是，我要让同仁知道虽然我是“龙头”，但不是老板，我和大家一样都是伙计。而事实上我从来不把自己定位为老板。这是宏碁建立互信基础的关键所在。

举例而言，因为大家合伙经营公司，同仁疏忽造成损失，我不会责怪他“输掉我的钱”，因为输钱大家都有份，只是我损失多一点而已。

当决策者存有“你花我的钱”或“我的钱，我当然有权决定怎么花”的想法时，组织的信任感就完全被破坏。

这是非常微妙的职场关系。相信我们都有这样的经验：当你在前线努力老半天，但还是和老板的期待有差距，老板无心的一句话：“怎么才这样？”你会有什么感想？不做了！是不是？但因为我和大家一起打拼，我所期待的数字，必须事先和同仁沟通、取得共识才算数。

因此，当同仁所提目标和我的想法有差距时，我还是会同意同仁所定的数字。事实上，同仁之间是会互相比较的。如果目标定低了，结算成绩时难免逊色，为了自己的面子，大家都还是会提出合理的目标，并努力达成。

另一方面，如果企业组织是老板与伙计的关系，利润分享就不可能做到大家都满意的程度。

老板永远会觉得已经给下属太多，而下属也会认为付出与所得不成比例，好处都让老板中饱私囊，结果组织离心离德，失去进步的动力。其实这种事情是没有标准可言的，但如果大家都是伙计，得失与共，即使分得少一些，同仁也不会有怨言。

不当老板，更胜老板

事实上，我不愿意以老板自居，也是为了自己的利益考虑。如果决策者自认为是老板，就会希望下属看他的脸色办事。但信息业是个快速变动的行业，如果大家不能对自己负责，成天看老板的脸色才有所行动，发展方向很容易被误导，工作效率也会减低。

我从来不喜欢同仁看我的脸色办事，如果真有人拿我当老板看，我一定不会欣赏他。

但归根结底，要让同仁能够自我负责，决策者必须先信任同仁，否则下属永远还是看脸色办事。这也就是宏碁将“人性本善”列为首要企业文化的意义所在。

2004年张玉文采访整理

企业从创业开始一直不断发展，在这整个过程中，稳健的财务管理是很关键的一点。

我曾经在时代基金会举办的“创业营”里，对参与的年轻朋友提出“借钱必倒”论。从文字上来讲也许有语病，但这个想法主要意义在于，如果以短期借贷资金来做长期投资，当事业受到内外在因素影响而运营不顺时，这种做法就会造成企业的重大危机。

如果企业不改掉这种“借钱文化”，迟早都会倒闭。四十年前我创业时是这么想，到今天我的想法还是不变。从另外一个角度来看，1997年东南亚金融危机就是由这种借钱做生意的亚洲文化所引发的。

当年我创业时，由于筹资无门，所以对于创业的资本很珍惜，花钱时精打细算。现在资金筹措较过去容易，创业投资业也相当发达，所以现在的创业者比我以前幸运很多。但是也因此在花钱的心态上不像我们过去那么谨慎，就这一点而言，其实并不利于创业成功和长期的永续经营。

我们在创业之初约法三章，包括：公司撑不下去时，由少数人留守，其他人到外面找工作以维持公司运营，共同创业者的薪水打折；创业初期由我做主，如果我的领导能力或财力不足，必要时就找其他人才来领导公司；虽然我和我太太拥有公司一半股权，但若是我的决策遭到半数伙伴反对，就可将其推翻。

这些约定其实已经纳入公司治理的概念，在公司还小时就已经开始塑造尊重公司治理的企业文化，这是宏碁历经四十年挑战而不衰的重要原因。

第二章

营造组织气候

充分授权，
每位主管都能用自己的方法随时随地诠释企业文化，
这样的文化才有生命力。
授权，可能失败；
不授权，唯有死路一条。

宏碁在度过“创业维艰”的起步阶段之后，20世纪80年代开始正式步入成长期。

1981年，我们成立第一家转投资事业——宏碁计算机，在新竹科学园区设立第一个厂房，正式跨足制造领域。

到了第十年，已经成为拥有五家关系企业的集团，其中包括最早成立的宏碁公司（后来更名为宏碁科技，负责内销及代理业务）、生产个人计算机的宏碁计算机（也是日后的总部所在）、专接代工订单的明基计算机、从事软件与出版业务的第三波文化事业（前身为《园丁的话》月刊），以及宏大创业投资公司。集团的总营业额也突破新台币八十亿元大关（包含关系企业之间的营业额）。

培养企业文化

在快速成长之下，公司的知名度慢慢打开，外界开始对宏碁的管理制度产生兴趣。例如，上下班不打卡、员工入股、采购人员的高度自主权及产品创新，等等，都是经常见诸媒体的题材。

许多记者朋友都会好奇地问，宏碁如何让同仁不迟到早退全心投入工作？如何落实授权？如何防止舞弊？如何……我的回答总是："从第一天开始做起。"有人听了不禁失笑："一天之内哪里能做这么多事？"

其实归纳起来，它们都是同一件事，就是营造组织气候。其中最重要的是，建立企业文化和培养授权的组织气候。

在宏碁的发展历程中，"3·18"事件别具代表性意义。

1984年3月18日，为了购置办公总部，宏碁全体高阶主管趁着周日假期，齐赴新店勘查土地，突然传来新竹厂失窃四千万元IC（集成电路）的消息（当时宏碁计算机的资本额仅为九千万元），当下我们直奔新竹处理。

企业失窃IC在台湾并不是头一遭，但遭窃厂商都不敢让消息走漏，因为担心如此一来银行将马上抽银根，供货商会上门追讨货款，最麻烦的是海关会马上要求补税（因为是外销保税货物）。

然而，我们一反企业遭窃时不愿声张的作风，立刻召开记者会坦诚说明，并呼吁请各界提供线索。

当时，外界纷纷谣传宏碁自导自演，谎称失窃，实则想套领保险金；更有人认为是宏碁管理不周，出了内贼，警方也针对若干有前科的同仁展开调查。

但我认为，事实并非如此，在记者会中更坚定强调："我相信不是内贼，而且，宏碁'人性本善'的基本理念，绝不因此而有所改变。"

诚恳相待，以心换心

由于我们采取完全公开的态度，这个案子引起政界关注，警方不但封锁渔港，还在机场海关特别加强查缉。

在各界的协助下，一个月后案情水落石出，宏碁不但追回85%的IC，也证实的确不是宏碁员工所为。公司对员工的信任终于得到回馈，同仁的士气比从前更加高昂，而那几位曾有前科的同仁，往后都有极佳的表现。

让我非常感动的是，在案情未明、耳语四处之际，我收到许多员工家人写来的信，信中全是支持打气的字眼。

即使处在外界怀疑的目光焦点中，宏碁内部也未曾发生信心危机。因为，从创立的第一天起，"人性本善"就一直是宏碁最重要的企业文化。

事实上，选两句响亮的口号作为企业文化并不困难，但当公司发生状况时，往往才是老板能否兑现平日宣示承诺，所谓企业文化究竟算不算数的关键时刻。

从小规模时开始扎根

我常想，宏碁能够快速成长，从有形资产来看，是靠员工投资筹集多数资金（前七年百分之百由同仁投资，1988年股票上市时尚高达七成）；从无形资产来看，是同仁的高度向心力。而紧密结合公司与同仁的力量，就是企业文化。

企业文化是一群人共同的价值观，它的产生除了要有相同的目的、愿景之外，对做事的原则与方式也必须认同。它绝不是口号，而是日常的实际行动，但它需要口号作为沟通工具，因为有效的沟通有助于达成共识。

一般而言，人数越少越容易凝聚共识；反之，人数越多就越不容易达成。宏碁今日鲜明的企业文化，就是从创业初期十一个员工的小规模开始经营。

有些情景，至今仍历历在目。早期员工到公司应征时，我总对他们诚实相告："宏碁薪水不高，但微处理器一定有前途；宏碁能不能活下去，我也没有把握，但我相信只要你努力，即使宏碁倒闭，到处都会要你。"

当时，大学毕业的同仁进宏碁工作，起薪才不过五千元新台币，在同行间是偏低的水平。但这些年轻人并没有因此退却，每当提起微处理器时，他们总是兴致勃勃、眼睛发亮。

姜太公钓鱼的用人哲学

那时，宏碁是极少数从事这个先进行业的公司。于是，研发部门的同仁，如林家和、李焜耀，在很有限的资源下，不眠不休，克服各种困难地进行样本制作与测试，螺丝起子不够，用硬币代替；尖嘴钳子坏了，就用牙齿。

至于业务部门同仁在郃中和的带领下，视加班为家常便饭；兼任研习中心讲师的同仁，白天上班，晚上还要教课，卢宏镒甚至就住在公司。所以，打卡、签到制度对宏碁而言，并不具有太大意义，因为在主管以身作则的情况之下，同仁贡献给公司的远远超过上班时间。

这是宏碁“姜太公钓鱼”的用人哲学。我们相信，过多的承诺往往造成员工错误的期待，而只要宏碁训练的员工符合未来社会发展所需，一定能吸引有抱负的人才到宏碁来“自讨苦吃”。

这个精神的建立，对宏碁的日后发展有非常深远的影响。创业第三年，宏碁开台湾企业风气之先，推动员工入股、分红制度。事前，我开诚布公和同仁沟通：“如果大家对公司发展有长期的承诺与信心，愿意分摊风险，希望大家来投资；至于投资能否赚到预期的获利，大家姑且做个参考，但我绝不能给予太多承诺。”

宏碁企业文化之所以能够落实，就是因为在发展过程中，交卷的成果往往比最初的承诺更多，员工才能一直维持高度的士气与向心力。

上下齐心，共拥愿景

多数人心里都有许多梦想，但往往在发现实现愿望非常困难时就轻易放弃了。而宏碁的企业文化，就是要积极地让员工充分表达实现愿望的企图心。

宏碁的同仁之所以愿意和公司同甘共苦，最重要的是因为“龙梦成真”的愿景，我们希望让年轻人在这里找到志同道合的伙伴，重拾心中的希望。

许多同仁放弃原本在外商公司的高薪，为的就是寻求理想的实现。那时，宏碁拉丁美洲公司副总裁洪铭赐，当年离开IBM进入宏碁时，薪水打了六折。而且他所接掌的拉丁美洲业务，当时可谓“边疆地带”，不仅挑战性高也特别辛苦。经过几年的努力，终于在中南美洲数国击败IBM与康柏（Compaq），使宏碁成为占有率最高的品牌。

从另一个角度看，这种理想性正是台湾企业独特的优势。原因之一是华人被压制太久，所以除了赚钱之外，还想追求一些理想；其次，在台湾地区的社会结构当中，有家庭作为发展后盾，多数人即使暂时失业也不愁没饭吃，不像在美国，失业等于失去依靠；第三，华人还有西方社会少见的储蓄美德，手边多少有些余钱可供投资。

因此，当员工愿意担负一点风险去实现理想，企业也能提供一个实现梦想的舞台时，彼此就组合成“双赢”的伙伴。

宏碁的企业文化，几乎都和中国的传统文化息息相关。

例如，因为对“宁为鸡首，不为牛后”创业精神的认同，我们喊出“小老板的成就”。以员工入股制度让同仁分享当老板的成就感；由于深感到过去师傅传授技艺“留一手”的心态不足为训，我们深植“不留一手的师傅”观念，希望主管都能尽心培养下属，传承知识；再如“接力式马拉松”，则为了矫正过去台湾企业短视近利的不良风气。

但是随着企业成长、员工人数增加，沟通也越来越困难，因此，适时加强维系与更新企业文化就变得非常重要。

早期，宏碁的企业文化缘自创办人的共同信念，虽已在员工间形成共识，但比较没有体系。

化口号为行动

在宏碁成立第十年，我们邀请关系企业董事会、监事会和副总经理级以上的主管，举行“新旧文化研讨会”，将十年来宏碁所揭举的八大精神做了一番检讨，再经由企业八职等以上同仁对会议结论进行票选，归纳出宏碁新的企业文化——人性本善、平实务本、贡献智慧与顾客为尊，以及四大文化的衍生精髓（见图2-1）。

我可以自豪地说，宏碁有今天的企业文化绝非偶然，是下功夫经营而来；我们不但用心，而且有耐心，随时抓住机会不断加强。以宏碁的经验而言，建立企业文化有三个重要关键。

首先，企业文化的形成，绝不能单靠一个人或几次精神讲话就可以做到，要靠各个阶层紧密相系，薪火相传。

图2-1 重新调整后的宏碁企业文化

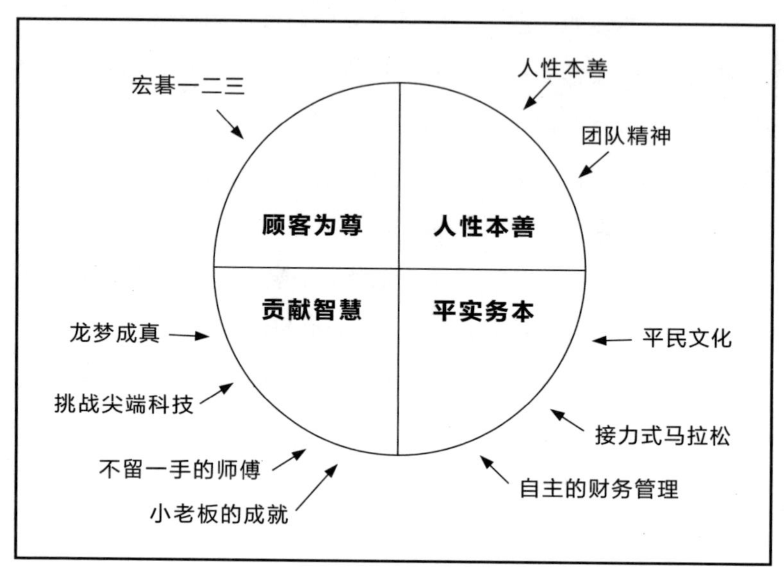

我相信，即使再强势的老板，顶多也只能影响一百个人，如果公司规模上千人，就需要很多人不断向下影响。因此，部门主管对文化认同的深度就相当重要，认同越深、共识越强，越能在日常沟通、工作、面对挑战，甚至是下班时间，自然而然带动同仁融入企业文化当中。

其次，企业文化绝不是嘴上说说而已，必须亲身力行。

例如谈“不留一手的师傅”，光说不做，大家不免还是藏私。早期，宏碁的同仁都称呼他们的主管为“师傅”，主管听到下属如此尊敬与亲切的称呼，很难不倾囊相授。

后来当规模逐渐扩大，我们便将此文化纳入升迁制度，任何主管的升迁得看他培养多少下属，看他升迁之后有没有足以胜任的接班人来决定。这样企业文化才能生根、茁壮。

用有形落实无形

不只落实到制度，更进一步的是，企业文化必须贯彻到决策当中。

宏碁有个“平民文化”（早期称为“穷小子文化”，因同仁不喜欢而修改），因为任何社会当中，平民毕竟比贵族多太多。而宏碁要竞争的对象，是美国与日本的计算机业贵族，因此，我们要与全世界的平民共同携手，一起打这场战争。

我们要诉求的客户是平民，员工是平民，也希望投资人是一般大众，否则不管是比背景还是比资金，宏碁永远只能跟在贵族后面。因此，宏碁的任何决策都必须与平民文化相吻合。

1995年，当宏碁计划发展结合计算机与视听家电的新产品时，有位同仁告诉我，他认识一群制作高级音响的专家，可以做出价值数十万甚至上百万元的产品，必定可以吸引“发烧友”的光顾，宏碁也可从中得到厚利。

但我告诉他，这不是宏碁精神，宏碁不走贵族路线，但如果这个技术可以将高质量的音响量产，降低售价，适合一般大众，就值得宏碁去发展，否则完全不予考虑。后来，这个部门开发出平价路线的“激光VCD”，就符合了“平民文化”的定位。

假若企业文化不能贯彻到决策过程，公司的发展必然与企业文化渐行渐远，这样的企业最终会蒙上“伪善”的阴影。

第三，企业文化的口号，要随执行情况做必要调整。

早期，宏碁有个“马拉松精神”，但是同仁认为，这句话颇有让人感觉达成目标遥遥无期，有一种无法稍事休息充电的压力，不合乎现代化生活的质量。于是我便将它修改为“接力式马拉松”，期许同仁，“在岗位上全力冲刺，交棒时圆满完成任务，使公司永续经营”。

也就是说，经营者要主导一个文化的形成，不能只是把口号宣传出去，而不去追踪考核，也不去了解文化和组织的互动与大环境变迁。要落实企业文化，必须要能敏锐察觉变动，并随时修正或加强，因为有太多状况让经营者失去控制。

宏碁就曾面临企业文化几乎失控的危机，虽然我们一直如此悉心培养企业文化。

重拾企业文化

在1989年前后，宏碁进入快速发展阶段，企业文化也因而发生松动。

原因之一是公司股票上市后，又逢台湾地区股市飙升，部分同仁的价值观开始有些改变；另一方面，在快速扩张的需求下，宏碁不得不引进较多空降部队，但他们接受宏碁文化的熏陶毕竟不深，然而包括我在内的许多主管，因为急需人才又做了过多承诺，使他们不是因想“自讨苦吃”而上门，而是接受利诱而来的。

不仅空降主管如此，一般新进同仁也多半抱着很高的期待进入宏碁，然而我们无法同时满足这么多人过高的期待。加上当时公司绩效不佳、决策缓慢，内部抱怨增多，拼劲也不如往昔。

例如，当时有些同仁在经手采购事宜时，不再像过去严守质量与成本兼顾的原则，只是告诉供货商：“要最好的。”有些同仁因为介入股票或其他事业的投资而分心，无形之中，“平民文化”已经变质。

及时找回核心价值

当我警觉到员工士气与向心力开始转变时，就立刻采取行动找回流失的核心价值。

当时，我们提出“群龙计划”，展开培养一百个总经理的长期人才策略，加强高阶决策者融入企业文化的向心力，并展开企业改造行动，宣传分权管理的长期目标，借此重新凝聚团队精神。

当公司遭遇困境时，运作起来非常辛苦，进度也不快，因此造成人事流动。但是却也因为淘汰一些对公司没有长期承诺的人，内部意见更容易整合，公司不再呈现僧多粥少的状况。士气逐渐回升，反而对企业文化产生正面影响。

经过这次的阵痛，一有机会，我总是不断向同仁与外界重申宏碁“自讨苦吃”的精神。因为企业本来就不该让不能吃苦的人进入公司。反过来说，如果进来的人都不怕吃苦，我们就成功一半了。

在重建企业文化的过程中，我们曾想请麦肯锡顾问公司担任顾问。他们告诉我，如果企业发展受挫，内部意见就纷杂，即使做出正确的决策，执行时也会变得没有信心。

照理说，企业发生问题时是应该进行内部检讨，但往往检讨过度，疮疤越挖越深，反而没有心力对外拓展，结果问题越积越多，也越棘手。

值得庆幸的是，宏碁仍保有一大群对公司有信心、有长期承诺的同仁，他们理解公司需要时间改善“体质”，也愿意耐心等待成果来临。

绩效是最有用的说服

实际上，公司遭遇困难无法解决，往往是改革过程中因缺乏耐心而放弃的缘故。试想，以宏碁这种规模都要花三年时间改善，像IBM那样的大企业当然非五年、十年无法成功。任何改革都不可能短期见效，特别是建立企业文化这种需要长期累积才能产生效果的工作。

和多数台湾企业不同的是，宏碁在逐渐国际化之后，企业文化又面临跨国管理的挑战。要将企业文化贯彻到海外，先天上就有语言沟通的障碍，外国员工原本就对公司没有同根同源的内聚力，更辛苦的是，由于1980年末期宏碁在海外扩张太快，要在短期内融合为数众多、不同国籍的同仁，真不是一件容易的事。

经过一番整顿之后，自1993年起，海外事业获利状况已有大幅度的进展，现在企业文化传播到海外的力量也比以前强了许多。我们正把握这个契机，让海外企业也能尽快形成一个大致类似、且具有宏碁特色的企业文化。

宏碁这段历程也正说明了一件事，企业唯有经营绩效好，企业文化才有说服力；企业不成功，再好的企业文化都不值钱。

赋予企业文化生命力

在多数企业主的想法中，企业要形成强势文化，非采取统一而强势的灌输方式不可。然而，宏碁的做法却恰好相反，我们对企业文化的执行采取高度授权。只要在四个核心理念之下，任何事业部门都可因主管个性、文化、语言的不同，而有不同的诠释。

因此，我经常鼓励各事业部自己去掌握及推动宏碁文化。近两三年来，甚至还要求同仁，不要用总部或创业时期的观念来传达宏碁的价值观，而要能因时因地的不同，赋予宏碁精神新意。

曾有人问我，组织架构分散而授权，岂不是和建立一致的企业文化互相冲突？我的答案是，唯有充分授权，才能让企业文化从死的教条口号变成活的企业精神。

我认为，企业文化不是公司宣传部门的事，如果企业文化变成宣传口号，大家琅琅上口，倒背如流，这种企业文化就有问题了（想想看，我们从小熟背多少“守则”，奉行不渝的又有多少）。

虽然企业文化的精神历久不变，但它适用的意义，却是会随着时间与客观环境而演变，必须有人给它最适时、正确的阐释。

让卓越永续

为什么在汤姆·彼得斯（Tom Peters）写《追求卓越》这本书之后十年，书中许多卓越企业都不再卓越？因为再成功的企业文化，如果没有领导者尽力维系、主导，就会慢慢消散。到最后，行动和口号不能相合，企业文化当然也就不复昔日的凝聚力。

从这个角度来看，授权的管理和企业文化不但不冲突，反而有赋予企业文化生命力的作用。

再强势的领导者总有照顾不到的角落，也会有离开公司的一天，但是在授权的企业当中，各个主管已经充分了解公司企业文化，也能够随时随地用自己的方法来诠释企业文化，这样企业文化才会有生命。

不授权的企业，只是把老板的想法像传声筒一样照章传达，绝称不上“文化”二字。

所以，企业文化要代代相传，必定要建立在授权的基础上，而企业要做到授权，领导者当然不能集权。因此，如何避免落入“一人公司”（one-man company）的窠臼，又成为企业的另一个挑战。

近几年，不少原本创业有成的公司发生困难，寻求官方援助，其中部分创业者希望宏碁能承接经营，事实上，我也相当愿意帮忙。

但是在深入了解状况之后，发现这些企业普遍存在公私不分、资金往来关系复杂难理的问题，导致不管是官方或民间企业都无从着力，只能眼看这些风光一时的企业黯然退出产业舞台。

仿佛当年荣泰经营失利的情节重新上演，让我心中感慨良深。

走出“一人公司”

这是台湾中小企业共同的问题，老板非常打拼，也不希望倒人家的账，但是一旦撑不下去，没有人能够接续经营，最后也不得不倒账，而公司许多无形资产、社会资源，更随着企业的失败一起消失。

若深究问题的核心即可发现，当企业主把企业资源视为己有，大权独揽、资金私用，终将不免步入“一人公司”的险途。

事实上，从积极面看，企业要追求长期发展，要分散风险，必须累积人才、累积资金。在非常有限的条件下，当然需要借重外力；从消极面思考，万一公司遭遇困境，希望有人可以接棒、挽救，让公司得以永续经营，更需要公私分明的财务结构。

因此，从创业那一刻起，我就强烈认识到，不管从资金或管理的角度来看，公司绝不是我一个人的。基于这样的信念，宏碁始终坚定实行授权管理，在多年授权的基础上，发展出今日的分布式组织架构。

谈到“一人公司”，大家总觉得这种集权式的组织绝非长久之计，也难以成气候。然而，尽管多数老板都不愿成为一人公司，但不幸的是，许多企业终究还是步入一人公司的后尘。

原因何在？

容忍与欣赏下属

客观来说，老板是掌握全局的人，任何事情由他来做，当然最有效率。特别是当公司发生状况时，为了立即有效解决问题，老板自然而然会全权做主。久而久之，就会陷入一人公司的窠臼当中。

若要跳脱这样的窠臼，首先，老板必须养成容忍下属做事比自己差的耐心。如果老板不能忍受员工的无效率与错误，员工每每做到一半，老板就失去信心而接手亲为，员工永远不能独当一面，授权管理也成为空谈。其次，老板要能接纳下属和自己不同的做事方式。虽然员工做事方法有所不同，但结果的好坏往往是见仁见智，老板不仅该试着接受，更要学习欣赏。

其实，多数的老板都是聪明人，不会不明白这些道理，但何以许多企业发展到中大规模，甚至开始国际化了，仍旧难跳脱独裁管理的处境。

因为人毕竟存在弱点与盲点。

首先，要老板旁观而不心急，就已经不太容易；还要进一步去欣赏别人，更加困难。最严重的是，有些老板对下属完全没有信心（我认为，这样的人格特质根本无法胜任领导者），权力交不出去，也只有事必躬亲。其次，是没有未雨绸缪，并耐心等待成果。世事往往如此，处于顺境不需要别人帮助时，不会想到要培养人才；而一旦发现必须求助别人要培养人才时，为时已晚。因此，为了在需要时有人可以依靠，就必须在不需要依靠别人时培养人才。

不贪心才能拥有更多

但问题的关键是，培养人才需要五年、十年的时间，如果老板没有长期投资的心理准备，或在少数人离去后便心灰意冷，就会永远陷入缺乏人才的恶性循环里。

认真深究起来，隐藏在最深处，也是多数老板不愿承认的原因，其实就是个“贪”字。贪权、贪利固然是贪，贪效率、贪方便也是贪。因为贪，所以权力一把抓。

从人性的角度来看，一般受过教育、见识也不少的人，都明白什么才是对的。但所有人都会犯错，往往就是因为贪。虽然大家都知道贪是不应该的，但是贪却可以马上获得好处。

因此，要克服贪念，最重要的是要想出一套逻辑说服自己：“不贪，终究会比贪更有利。”更重要的是，要用方法逼自己非贯彻执行不可。

不当永远的领导者

在共同创业的“约法三章”中，我们订下“有朝一日要另请高明”的约定，就是在坚定表达我完全没有永远担任领导者的预设立场。这不是说说而已，1989年，当刘英武出任宏碁计算机总经理时，我赋予他的权力就超过自己，而我也是真心愿意把权力下放。

因为对家族企业的不认同，我从来没有把公司据为私有的想法。早在创业初期，我就宣布绝不让我的小孩进入宏碁工作，因此，我非得努力培养公司内部人才不可。

宏碁现在能有完整的经营接班梯队，正是因为我们已经建立了共同拥有的共识，才能使员工产生长期贡献的忠诚度。

有人说我喜欢开支票，其实这正是为了避免形成一人公司所想出来逼自己落实的方法。因为承诺在先，就必须设法兑现；为了不让自己后悔，最好的办法就是一再重复承诺，把话讲明、讲定，为了不使信用破产，只好尽力实现。

从创业开始，我们就希望创造一个合乎人性、生生不息的企业体系，不管是人性本善的文化，或以员工入股建立利益共同体，都是为了不断强化这个体系的运作。

当多数员工都成为股东时，为了保障这么多人的权益，必须要形成一个能对多数人负责的环境，因此就不能有利益输送或两套账册的做法。如此，公司就自然朝向制度化健全发展。

事实上，宏碁和许多台湾企业一样，在创业之初是由我太太管理财务。但和其他企业不同的是，我们绝无意要把公司变成家族企业，只因当时没有创业伙伴愿意管理财务，才不得不如此。

到了1983年年底，我们邀请大陆工程创办人殷之浩先生投资宏碁，一方面引进资金、分散股权，另外也借此机会交出财务管理的棒子。

聘请专业从业者

回想起来，如果宏碁不是在一开始就强烈表达要交棒与广招高明之士的意愿，我和太太同时在宏碁工作，再怎么解释，都难免被误解为家族企业。

我太太为公司奉献的心情当然毋庸置疑，但必须考虑的是，专业能力能不能永远跟得上公司成长（事实上我也常常如此检讨、反问自己）？既然不希望沦为一人公司，所以当殷先生加入投资，我们就请他介绍财务经理人来协助宏碁。

然而，财务工作交棒的过程并不顺利，因为宏碁成长速度太快，而且有太多资产是无形的，组织又很分散，财务管理实在是件难事。以至于从殷先生的石化业借将而来的主管，不太适应这样快速、巨幅的变动。

但是，我们并没有因此放弃财务管理专业化的目标，后来一直更换到第三位财务副总经理，加上宏碁采用分布式主从架构，各子公司财务独立运作才算稳定下来。

在宏碁，财务人员的任务并不是帮老板看荷包、补破洞，而是在国际化与业务快速增长与日益繁杂的情况下，努力让财务制度化，尤其对分散在海内外的企业而言，财务人员更肩负协助每位总经理有效管理财务、维持企业“健康体质”之责。

因此，在20世纪90年代初期宏碁遭遇困难时，虽然有银行抽银根，但因为能够守住这些原则，并没有造成太大的财务危机。

充分信任，彻底授权

很多理想、理念，若是缺乏方法贯彻，就不可能落实，而我贯彻这套方法的哲学就是“摊着牌打牌”。

许多企业在面对外界的疑问时，总是闪烁其词，或打空炮弹，不愿斩钉截铁地答复。但宏碁不需如此，因为很多事在完全公开的情形下，早已成定论或定局，员工不必“揣测上意”，可以迈步朝既定方向去做。

当然，企业能否确实做到授权，关键在于最高决策者的意愿。

有时，同仁的意见和我并不相同，但只要同仁自认有把握、可行的做法，让同仁试试又何妨？其实，但凡授权别人执行，就必定和自己的想法有出入，想通这一点，就不难接受不同的做事方法和结果。

因此，每次交待工作，我只会概要地表达一些看法，至于如何执行，就完全让员工自行发挥，结果只要差不多就可以了。

长期下来，我总觉得同仁做得比我更好，所以就更乐于授权。如此一来，不但老板省事，如果下属达成出乎意料的好结果，公司更可因授权而获致更好的绩效，授权体系就形成良性循环。

对多数人来说，执行上司交办的工作，与执行自己规划的方案，成就感是不一样的。毕竟大家心里都希望有个舞台展现自己的才华，若有这样的机会，自然会懂得珍惜并全力以赴。

然而，授权不是毫无章法、漫无纪律。授权管理有个非常重要的精神，就是责任，谁当家谁就要做主。老板只能从旁辅导，不能替部门主管做决定，否则主管永远不会成长。

按照授权分工负责，整个公司才会有秩序、有效率。

宏碁在发展不顺利时，曾经发生员工信心不足，产生权责不分的“大锅饭心态”。

我们的解决方法，不是放弃授权，而是让授权做得更彻底。将原来的组织打散，让子公司独立门户、对外竞争，权责一旦分明，情况立刻改善很多。

是学费，而非浪费

但是，在确立分工负责的过程中，老板一定要舍得为员工的成长付学费。

我个人也是在缴过巨额学费后累积经验。过去几年，宏碁的几项投资亏掉几十亿元，但是我现在的经营能力也比过去强很多。只要付出代价后能对公司有所回馈，就是学费而不是浪费。

若要让宏碁成为有自省能力及学习能力的组织，只要员工是无心之过，只要赚的钱比付出的学费多，我们没有理由吝于帮他交学费。

早期，宏碁曾发生一个案例。当宏碁推出“天龙”中文计算机时，颇获外界好评，但业务却迟迟无法推展。有位新进的业务员，费了好一番工夫才卖出一套。当他正为此高兴时，却发现客户原来是间专事诈骗的空壳公司，我们因此损失十几万元。

找出问题，才会进步

事发之后，主管并没有责怪他，反而对他说："这个情况还真有点怪，我们来看看哪里出了毛病。"

于是，他们逐一检视客户信用管理的步骤，发现他的确询问了客户银行账号，也向银行查对，唯一的疏漏是没有进一步查询往来的时间。这是我们当时征信手续还没确实建立的部分。

这件事产生了三个影响：第一，我们的信用管理制度更加完备；第二，由于上司的宽容，这位业务员更加努力工作，后来夺得年度业绩第一名；第三，其他同仁亲眼所见，使"人性本善"的文化更具说服力。这些收获当然远远超过十几万块钱。

其实，换个角度想，宏碁未来要面临那么多未知的挑战，如果不替自己付学费，谁来替我们付学费？又如何能突破瓶颈？

也许有人会质疑，在台湾挖墙脚与跳槽风气盛行的环境下，公司为员工付出学习的代价，最终还不是为他人做嫁衣？其实，只要公司有好的学习环境，流动率自然降低；如果公司不能善待员工，人才终究难留，到头来还是陷入一人公司的困境。

我向来都认为，老板其实无须追问员工对公司是否忠诚，只要问自己，如何营造一个让员工愿意留下来为公司效命的环境。

影响比控制更有力

严格说来，宏碁和我个人的形象结合得相当紧密，甚至比许多家族企业有过之而无不及，而我也以能创办宏碁，并领导同仁不断突破挑战为荣。但是在心态上，我却有做不好可以随时下台，随时退休交棒的准备。因为我们已经培养相当多的人才，因此，交棒时的心情是可以很痛快，并且了无遗憾的。现在，宏碁已经是大家的公司，而我正全力以赴的，其一是把目前的工作做好，称职扮演这一棒的角色；其次是示范一个模式。我想，未来的接班人尽可以有自己的风格，但精神不能差太多，他要为企业的生生不息努力，并且不能让外界对于宏碁精神有所误解。我从不认为“控制”是我的专长，也不相信有人可以用控制的手段延续企业精神，但我却可以以身作则去“影响”。希望通过潜移默化的方式，使往后的接班人能比我更称职地扮演领导者的角色。

突破思考盲点

在与企业界朋友分享宏碁经验时，总会有人问起这样的问题：“领导者要如何才能不贪权，并能自然而然地授权？这能力到底是天生自然的，还是需要有心去克制？”我认为，这是有心培养出来的。

任何理念的成型都是如此。如果发现必须突破的盲点，就必须用心想通；如果不用心，凡事只想一半，往往会使很多原本对的事反而行不通。

例如，老板因为下属的效率比自己差就不授权，那是只想一半，没有考虑长期发展和培养人才的问题，也没有想通如果到头来把自己累死，很多事想做也力不从心。

如果企业经营者做决策时，不仅考虑短期、直接与有形的因素，同时也把长期、间接与无形的因素加入思考，就可以避免很多思考盲点。

其实这并不复杂，只要多一道反向思考的程序就会有极大的帮助。

例如，主管不愿授权是因为想到若失去控制，觉得一切都完了。但是反过来想，“一切都完了”的失控，发生概率其实几乎等于零。

再深一层考虑，授权可能会招致风险；但若不授权，事情忙不过来，公司没法推展，更是死路一条，可能还败得更惨，而授权还可能有活路。更何况，如果授权得当，成功的比例多过失败，公司还能创造更大的格局。

如此一想，一切就海阔天空了。

宏碁的授权管理，是整套系统的建立与运作。这个系统包括了共同愿景（龙梦成真）、凝聚力（利益共同体）及企业文化（人性本善），从而发展出长期的策略（培养人才），以及健全公司制度的制度（透明化的财务管理）。

纵使有失，获得更多

如果要为宏碁付出的学费算总账，我想，“得”比“失”多了许多。在不断学习改进当中，我们尝试一些让企业生生不息的策略，不管是“主从架构”或“全球品牌、结合地缘”，我相信，这些策略只要不断重新审视，并赋予新意即可。

我期待的是，历经这么多挑战之后，宏碁的同仁能发展出适用于21世纪的、未来的、有效的经营模式，那也将会是对社会的另一个贡献。

2004年张玉文采访整理

从公司规模还小时就开始塑造企业文化会比较容易。随着客观环境的变化，以及企业规模的成长，企业文化也必须适时做出必要的调整。企业在不同成长阶段，应该根据新的愿景来检视原有企业文化的基本信念是否适当，是否适用于新环境和新时代。

例如宏碁进行第二次再造时，等到新模式运作大致稳定之后，我们邀集六七十位主管共同讨论制定新的共同信念和核心价值观。宏碁新的基本信念是“以服务为乐，以宏碁为傲”，新的企业文化则强调“获利、服务、专业、效率、活力”。

过去我们强调授权，走出“一人公司”的情况，现在我仍然认为，强势的领导者虽然对企业发展有正面意义，但在面对困境时，还是需要集思广益，众志成城。企业领导者应该不断交棒，追求企业的永续经营，当然交棒过程中难免会遇到瓶颈，这就必须在平时通过充分信任和彻底授权来训练各级主管，而且要为他们交必要的学费，让他们不断成长，终能担当大任。

这些都是我一贯的思维，今天宏碁集团和ABW（宏碁、明基、纬创）家族能够不断发展，我能够顺利交棒，新的接班人能够青出于蓝而胜于蓝，都是因为我一直坚持实行的授权管理。领导者能够为了企业的永续发展而享受大权旁落，这并不是天生的个性或特质，而是必须长期有心慢慢培养出来的。由于我习于反向思考，不断突破思考的盲点之后，才能真正做到享受大权旁落。

第三章

知识产权的教训

技术开放，
把市场的饼做大，
因此获得的效益可以再拿来投资新技术开发，
企业更有竞争力。
同时，累积自己的知识产权，
与其他厂商相互授权，
才能确保自身权益。

还记得电子表笔吗？一种外壳上嵌着一小方格电子表的笔。初期，采用LED（light-emitting diode，发光二极管），只要轻轻一压按钮，时间就会显现；后来改良为LCD（liquid crystal display，液晶显示器），便随时可显现时间。它曾经流行一时，但很多人也许并不清楚，发明电子表笔的人就是我，而且它是从一个失败产品改头换面而来。

1975年，我带领荣泰的同仁研发出电子表，但这项产品与现在的电子表并不相同，它是以LED作为显示材料，而不是如今普遍使用的LCD，使用者想知道时间，必须用另一只手按键才能显示数字，我们称为“双手表”。因此，业界并不看好这项产品，认为它终将会被以LCD为显示材料的表所取代。

挫折，是成长的资产

就在LED电子表走入死胡同时，1976年4月，我前往瑞士参加一项珠宝展，看到有个打火机嵌着电子表，当下灵光一现，何不试试将表和笔结合？既然LED手表使用不便，改成单手操作即可的表笔就没有这个困扰。

在回程飞机上，我和总经理林森便动手画起设计图，回到台湾之后，立刻在荣泰的机械工作室里开动车床制造样本，大约两三个月的工夫，我们就推出电子表笔。

开发成功后我曾申请专利，但未被核准（后来我才知道，负责审核这项专利的专家正是我研究所的指导教授，也算是有趣的巧合）。

然而，此时整个台湾地区已刮起电子表笔的生产风，单价从原先的一百美金，一路下滑到两三块美金。利润虽急剧趋微，却也出尽风头，俨然成为台湾地区的代表特产。

没想到，失败的电子表，却造就电子表笔的成功。我一直秉持这个信念，在创新的道路上，往往布满许多尝试错误的机会，但这些经验却是企业培养长期能力的重要资产，即使一个产品遭到挫败，只要过程中累积了技术实力与知识产权，往往会峰回路转，另外开出一株好花。宏碁的发展历程，就一再印证这个看法。

不断研发求创新

说起来，我和研究发展的确挺有缘分，甚至该算是我的老本行，就业的第一份工作是研究发展，而宏碁也是靠研发立业。年轻的时候，开发新产品一直是我的兴趣，从环宇时期的桌上型电子计算器，到荣泰时期的掌上型、工程型电子计算器和电子表笔，都创下台湾地区第一或世界第一的纪录，为我的就业历程留下值得回味的记忆。

其中，最值得一提的是，1972年成功开发掌上型电子计算器的经验。

当时台湾厂商生产计算器时，IC需靠美国，键盘需靠日本，如果有更新型、更复杂的IC问世，键盘上必须增加按键，此时就只能等日本厂商发展出新键盘。等待往往旷日废时，当我研发掌上型计算器的同时，就决定必须从最关键的技术下手，于是便自己着手开发小型键盘。

当时，为了寻找按键和电路板之间大小、弹性适中的接触材料，我几乎跑遍台北的电子材料行，后来终于在日本找到合用的零件。

结果，这个键盘不但为我获得专利，为公司赚进利润，更重要的是，降低计算器开发成本，缩短开发时间，外形设计也较多样化。因为当计算器从最简单的加减乘除，演进到工程型的计算器之后，键盘上有多达三十五个按键，而亚洲只有我所设计的键盘可以应用。

这段历程让我深深体会，研发新产品时总会有些影响开发时间与成败的关键技术，若能够突破关键技术的瓶颈，便掌握后续的研发能力。

另一方面，从我的角度来看，当年我开发出来的产品所需技术并不太难，但是要把简单的构想转化为赚钱的产品，比研发工作更为复杂而重要。例如，1971年我开发出事业生涯的第一个计算器，就因为没有机会进一步改良，终究没能成为赚钱的产品。

因此，徒有创意并不能造就成功的产品，而是要不断改善，从挫折中学习，使产品能广为市场所接受，投入研发的心力与资源才有回报的一天。

桥牌机的启示

宏碁创业之后，由于过去的经验，我们深知新产品在后期的商品化阶段，风险比前期的开发阶段要大得多。宏碁早期财力单薄，无法负担高风险投资，于是我们选择前半段的工作，只帮客户设计产品，后段的工作由客户自己进行，也暂时不推出自己的商品。

宏碁所设计的第一个微处理器应用产品，是桥牌界名人魏重庆所委托开发的电子桥牌机（由林家和负责执行）。

魏重庆是“精准制”桥牌叫牌系统的发明人，在他领军之下，缔造了台湾桥牌队的全盛时期。有一回，他带队出去比赛，发现对手因作弊而击败中华台北队，心中非常不平，于是他希望发明一种用计算机控制洗牌、发牌、叫牌、打牌、摊牌、计分的机器，让选手分坐四个房间，彼此不能打暗号、做手势，维持比赛的公平性。

因为同是交通大学校友，及我过去在电子界小有名声，魏重庆便委托宏碁设计这项产品。

这笔生意对草创时期的宏碁帮助极大，因为魏重庆总是在还没有开出设计费用的估价时，就一次次地预付费用，稍稍舒缓当时资金短绌的压力。

我们一共替魏重庆设计过三代桥牌机，但是始终没有办法商品化，因为成本实在太高，也找不到够大的市场量产，再加上有一回，美国女子桥牌代表队来比赛，试用了桥牌机，结果选手不习惯打牌时手中没有牌，弄得灵感全失，于是大家就对桥牌机越发兴趣缺缺。

桥牌机的案例，再度证明将研发成果商品化，绝非想象中那么容易。

台湾地区的“发明家”很多，姑且不谈发明的内容为何，许多发明者都把自己的创意当成稀世瑰宝，抱着不放，到头来落得饮恨心死或精神错乱。

我认为，技术发明是永无止境的，一个人认为自己发明了千载难逢的东西，事实上明天就会有更多更好的发明诞生。因此，对一个发明者而言，最重要的是能够实时将发明转换成报酬，也就是将发明变成商品。

但是，发明者必须考虑的是，自己有没有足够的资金将发明商品化并大量制造？即使有钱，有没有能力开拓市场、管理财务？这一连串的挑战，并非多数发明家可以胜任的。

术业有专攻

我以为，有志从事发明的人，应该卖自己的创意，而不是让自己也介入发明产品的生产与营销行列。因为即使发明者的发明能力是满分，但生意能力可能不及格，从发明跨行从商，不但扼杀创意力，而且极可能拖垮自己。

事实上，发明者尽可以全心投入创意，而把发明专利授权给别人生产、营销，赚取智慧的报酬，再把利润投入从事更多的发明，赚更多钱。

或许有一天，发明者认为已经赚足了资金，也觉得有能力学习量产、营销，再去尝试赚取产品商品化过程的钱。届时，经营风险就相对降低许多。

宏碁就是这么起家的。早期，我们帮海内外其他企业从事四十几项产品开发，不但因此累积资金，而且从中培养出不亚于台湾地区大型家电厂商的技术实力。即使现在宏碁的规模已经超越台湾所有的家电及电子厂商，我们还是主张“宏碁除了家人不卖，什么都可以卖”的原则，这当然也包括技术和专利。

敝帚自珍风险高

有句广告词说："好东西要与好朋友分享。"但在一般人的想法当中，和别人分享以后就不能独享利润，然而，独享利润往往也意味着独担风险。

分享固然会降低自己的利润，但也降低风险。况且，企业不会只因一个商品的成功就从此高枕无忧，而是要有千百次的成功才能持续生存。

事实上，分享发明，往往不是利益的流失，而是创造更大的利益。

举例而言，许多国际性大企业都喜欢拥有独家技术，其中尤以日本公司为最，因为独家技术可以确保产品在市场上一枝独秀，坐享厚利。

但是宏碁并不喜欢这么做，因为在科技产业里，今天的独门绝活可能不久便成了明日黄花，还不如趁技术还值钱时和大家分享，一方面可以将发明所换得的权利金投入新的研究开发，以确保技术不断进步；另一方面，开放专利之后，在许多厂商共同介入之下，产品会更为普及，可以借扩大生产规模以降低成本，同样能确保公司的竞争力。

从另一个角度来看，拥有独家技术是很危险的。许多公司之所以必须紧抱独门技术不放，是因为管理、销售费用太高，必须采取这样的方式来获取额外的利润，但如此一来反而看不见问题，延误改善时机。

尤其，企业若以技术的强势，动辄对同行或客户施压，必然令人觉得反感，企业不可能永远不出错，一旦犯错或技术不再强势，他人反击的动作便会毫不留情地接踵而至，届时企业经营的风险更大。

基于这样的理念，宏碁不但将技术开放给外界，并以同样开放的态度对待外界的技术。

虽然宏碁是靠对外贩卖研发起家，也拥有非常多的技术，但是早期的代表性产品却都是和别人合作或购买技术而来，包括"天龙"中文计算机和朱邦复合作，"小教授一号"是以十万元向陈义诚先生（曾任伦飞计算机总经理）购买现成软件，第一代IBM PC/XT兼容个人计算机则是委托电子所研发。

"天龙"中文计算机叫好不叫座

1980年4月，宏碁和朱邦复先生正式展开了中文计算机的合作开发案。

在此之前，朱邦复已经研究中文计算机多年，但是支持与认同的伙伴都逐渐离去，使其计划几乎到了无路可走的地步。他不甘心放弃，就向宏碁购买微处理器发展系统，打算自己着手开发。

然而，购买发展系统后，朱邦复却因为不会使用设备仍无法实行其计划。由于经费有限，时间紧迫，他便通过当时宏碁的销售工程师朱和昌，希望与宏碁合作开发。于是，我和时任宏碁研发主管的施崇棠便前往造访朱邦复。

当时，朱邦复有两个构想，一个是输出技术"向量组字法”，一个输入技术“仓颉字母法”。我对“向量组字法”兴趣甚高，这项技术可以用64K字节的硬设备造出三万个中文字，足够中文字体的需求，而它所需要的储存容量仅为其余输出技术的十分之一。

施崇棠也认为可行，我们就开始进行这项合作案。由宏碁负担开发费用，产品利润双方分成。

独强未必能独活

在工程师不眠不休的努力之下，五个月后，“天龙”中文计算机研发成功，推出之后相当轰动，台视新闻特别报道了这项产品，并获得台湾产品设计的最高荣誉。

为了推广仓颉输入法，宏碁大规模投入消费者教育活动，除了连续举办读者“拆字游戏”的有奖活动外，又在信息周计算机展时，花费新台币七十万元举办中文输入比赛，让这种完全陌生的输入技术逐渐为大众所接受并广为使用。

但当第一位顾客从板桥前来宏碁，指名购买天龙计算机时，我们却愣住了，因为客户的需求必须有软件配合才能解决，但是因为宏碁无法提供软件，这笔生意当然做不成。结果，“天龙”的名气打响了，但是却没有业务。

“天龙”中文计算机的叫好不叫座，足可作为研发人员的借鉴。纯从技术的角度来看，开发出“会动”的新产品其实并不困难，但是要做到好用又便宜，让消费者可以用合理的价格买到方便运用的产品，才是真正的挑战所在。

后来，朱邦复又萌生一些新的想法，希望能发展出更智能的新一代计算机，但是我认为，第一代产品的商品化尚且未能成功，就算真正研发出新一代计算机，还是会遭逢商品化的问题，那是比发明更困难的任务，于是双方便结束合作关系。

中文输入法的百家争鸣

当然，每个人的想法都不一样，朱邦复也许有自己的看法。但我一直有个信念，在科技这个领域，不管发展什么产品，自我实现的成就感是一回事，但要对人类真正有贡献是在于应用广度，否则也只是闭门造车。朱邦复是一位难得的发明家，却不是一个生意人。

虽然“天龙”计算机最后并未成功，但是仓颉输入法却被广为使用，并成为产业标准。这其中有一段插曲。

当时，充斥台湾地区的“苹果二号”仿冒品也渐渐开始中文化，最方便的做法就是采用现成的向量组字法和仓颉输入法，因此这两项技术就通过地下渠道流传开来。虽然宏碁与朱邦复已结束合作关系，但由于双方共有这项技术专利，我便向他提议，将这项技术免费开放给同行使用。当时，台湾正为了中文计算机的产业标准争执得不可开交，有人主张采用类似日本计算机的大键盘，有人坚持沿用英文计算机统一规格的小键盘，各自动用资源，宣称自己的输入法最好，以期技术能成为产业标准，并收取权利金。

宏碁虽然已经免费开放技术，但还是花费许多精力协助信息工业策进会进行评估，最后，信息工业策进会以科学实验评估的数据，推荐小键盘的仓颉输入法，此时才正式确定这项技术成为产业标准之一。

后来陆续也有新的输入法加入，例如大易等，但自从这个事件后，我就不再介入中文输入的任何事务，因为我深感只要牵涉到产业标准，就会参杂政治因素与利益纠葛。

研发的目的是为了带给社会更进步的产品、更好的生活，但结果往往让研发心血染上种种无意义的色彩，实在有违贡献社会的初衷。

事实上，从另一个角度看，英文键盘本来就不是最好的设计，原始设计完全是针对打字机的机械考虑，避免打字速度太快造成字臂卡在一起。尽管计算机没有这层顾虑，但谁能改变这个设计？如果不能改变，争执有何意义？可是一直到今天，类似中文输入法孰优孰劣的争执仍未停止。

“小教授一号”一炮而红

若论宏碁创业初期最具代表性的产品，非“小教授一号”莫属，它不但是宏碁自创品牌产品外销的起点，也奠定日后往个人计算机发展的基础。

掌上型计算机学习机是我从创业第一天就想做的产品，在此之前，计算机学习机体积都相当庞大，而就如同计算尺终究被掌上型计算器所取代一般，如果将计算机学习机设计成掌上型机体，应该会广被接受。

但在上世纪70年代中期，各种重要组件的体积都无法符合轻薄短小的条件，加上宏碁的财力有限，不足以长期支持研发与商品化的投资，我只好将这个构想搁在一旁，先代理微处理器产品。

1978年，宏碁代理全亚电子的“EDU-80”微处理器学习机，全亚是当时台湾唯一生产这项产品的厂商，为了推广这项产品，宏碁与全亚成立了“宏亚微处理器研习中心”。

1980年，宏碁将“EDU-80”推广到外销市场，为应对海外市场所需，必须将“EDU-80”的技术文件（即操作说明书）由中文翻译成英文，于是，我特别请交大教授魏哲和担任这项工作。

对成熟的电子产品（例如电视机）而言，操作说明书是非常简单的，只需薄薄几页，介绍各种按键的功能，消费者自然会使用。

但是计算机产品牵涉到复杂的软件程序与硬件结构，操作手册都是厚厚一册，编写一份技术文件所耗费的精力甚至超过硬件开发。况且对台湾厂商而言，编写外文技术文件，更是一件高难度的工作。

“EDU-80”的英文技术文件，足足花了半年时间才完成。但由于这份技术文件的投资，也促使后来“小教授一号”的推出，因为“小教授一号”的英文技术文件就是改编自“EDU-80”，而这项产品的开发时间，不过才短短两个月。

由于我们特别选在台北与美国电子展的时机推出，因此使这项产品一炮而红，打开宏碁在国际间的知名度。

技术文件影响成败

关于“小教授一号”，另外还有一段插曲。

当时，谢清俊教授在看过中文版技术文件后，觉得其间仍有部分看不懂之处，不够客户导向，于是，他特别介绍政治大学新闻系教授科技传播的学者谢瀛春女士，从最基本的中文技术文件开始，向我们讲解这门当时仍相当新的学问。

宏碁早期能够在业界快速蹿起，不单是产品本身的因素，对于技术文件所投入的心血也远超过许多同行。

即使如此，宏碁早年的技术文件仍不够理想。

1986年，德国AEG集团旗下的一家子公司要寻找厂商代工生产，当时安迅计算机（NCR）与宏碁都在争取这笔生意，虽然安迅在德国生产，价格较高、产品也不及宏碁，但是最后客户仍选择安迅，主要关键就是技术文件。

对客户而言，代工厂商所提供的技术文件若做得好，才能够提供客户有效的服务。

这件事情更加强了我对技术文件的投入。为此，我们特别从联合报系的英文媒体找来担任记者的李崇泉，专门负责技术文件部门，并创立国际科技传播协会的台湾分会。

为了编写地道的英文文件，除了雇用在台美国人之外，还特别从菲律宾延聘近十位工程师负责这项工作（宏碁是当时台湾雇用最多合法菲籍劳工的企业）。

由于长年的投资，宏碁在技术文件方面的成就一直领先台湾其他厂商，现在除了英文之外，也具备编写西班牙文、德文技术文件的能力，这对拉丁美洲与欧洲市场的开发，有绝对的助力。

对台湾计算机厂商而言，外文技术文件不仅与新产品在国际间商品化的成败有关，也是厂商的瓶颈所在。宏碁致力于这项工作的成果，再度印证“突破瓶颈、挑战困难、创造价值”的经营哲学。

建立能力，掌握时机

近几年，产业升级已成为台湾地区的当务之急，而研发正是其中最关键的课题。

但是根据调查，台湾民间企业研发的经费，占营业收入不到1%，投资偏低，转型的速度自然迟缓。

事实上，比起营销、库存与运营成本，研发的费用是很低的，研发花的都是小钱，因此，宏碁对研发的投资始终不遗余力。

在我的经验当中，企业投资研发并非难事，研发工作的困难，是在于如何评估、找出具市场潜力的产品，并做出成熟的商品，这是比技术更重要的工作。

每个研发计划都是一个系统，当中包含许多无形的经验，例如：可量产的程度、质量的稳定度、成本等等，我称它们是技术的“可行能力”，是书本上学不到，必须通过实际投入才能逐渐培养的实力。

当企业拥有这些能力之后，还必须掌握两个关键条件：方向和时机。也就是朝什么方向研发，以及在何种环境与时机着手最为恰当；而这两个条件，更需要专业与经验的累积。

但非常遗憾的是，多数企业的研发人员都是资历较浅的工程师，因为有经验的研发人员往往会升迁成为管理者；另一方面，资深的工程师也不愿长期从事基层工作，使研发人员不断流失。

因此，传承经验便非常重要，靠文件的记录是一种方式，但那毕竟不是亲身体验，效果十分有限，根本之道是必须给研发人员尝试的机会，并给予指导、协助。

宏碁非常重视研发，但不计较研发计划执行成败，我真正在乎的是同仁有没有从中累积经验、有没有学习的心。

研发失败，可能是因为经验不够，也可能是因为整个大环境的技术水准并不成熟，所以不能马上商品化。但是如果能继续累积能力，当客观环境条件成熟了，自然能够转换成赚钱的产品。

思考长期发展的关键

从长期眼光看，研发能力的储备，远比单一计划的成败重要得多。

1984年，宏碁刚刚推出第一部16位个人计算机，当时我们由关系企业宏大创业投资，投资美国硅谷的日技高科技公司，为了借重日技既有的科技实力，便派出一个六人小组，远赴美国移转技术，进行工作站的开发，但是计划失败了。

由于工作站的技术比个人计算机高，有了第一次的取经经验，两年后，同一团队再度到美国，任务是开发32位个人计算机，这一回，宏碁领先IBM推出32位计算机。

1991年，宏碁投入巨资，开发以每秒可执行百万条指令（Millions of Instructions Per Seconds，MIPS）的微处理器为核心的RISC（Reduced Instruction Set Computing，精准指令集计算机）个人计算机，并于1993年推出，结果因为配合的软件不够，在市场遭遇挫败。

1995年底，我们重新整合技术，利用英特尔的奔腾芯片，卷土重来，推出新一代高性能、低成本的伺服机。

宏碁多年来致力于创新，遭到的挫折不知凡几，但我始终觉得，在研发过程中产品也许会失败，但技术的累积不会失败。特别是当全球掀起保护知识产权的风潮，研发能力不只为了成长，更是企业在市场竞争中图存的命脉。

知识产权的挑战

身为信息业的一员，知识产权永远是我们最重要的课题之一。

宏碁创立初期，虽然对专利与著作权这两个名词时有所闻，但当时台湾对知识产权的观念仍是相当模糊。只是，因为我的个性使然，设计产品时若发现与其他厂牌的产品有些微类似，就会放弃原来的设计。所以，宏碁以自行研发产品起家，并没有触及知识产权的问题。

宏碁首度遭遇知识产权的挑战，是引发自1982年推出的“小教授二号”家用计算机。

“小教授二号”是根据“苹果二号”的理念重新设计，但形态有所差异的产品（当时台湾厂商生产的都是与“苹果二号”一模一样的仿冒品），我们下了许多工夫，不但体积较小，设计结构更是精简许多，最重要的是，“小教授二号”与“苹果二号”并不相容。

宏碁从来没有抄袭“苹果二号”的念头，但是“小教授二号”推出之后，因为价格低廉，设计独特，因此在国际间得到许多掌声，不但被德国《芯片》（*Chip*）杂志选为该年度“十大个人计算机代表作”，还上了英国《你的计算机》（*Your Computer*）杂志的封面。

国际间的回响，立刻引起苹果计算机的严重关切，并在全世界封杀这项产品。

当时，苹果计算机在英国与南非等国，对宏碁经销商提出告诉。我们自认理直气壮，决心循法律途径解决，然而当我们深入了解，在这些国家打官司的诉讼费用，实在不是一家年轻公司所能负担时就决定收手，只在亚洲继续销售。

但是，苹果计算机并不因此罢手，又委托理律法律事务所在台湾地区封杀“小教授二号”，但我们无论是法理、气势或诉讼费用都站得住脚，便一直经营下去，直到推出“小教授三号”为止。

洁净室的诞生

事后来看，如果当年推出“小教授二号”时，国际间已经发展出“洁净室”（clean room）的方法，宏碁就不会白白损失一大批计算机。

“洁净室”是为了确保开发兼容计算机软件时，避免侵犯著作权的一种做法。

在知识产权的四个类别当中，专利是要保护发明的观念；而著作权则是要保护表达的方法。

设计兼容计算机的软件，就好比有人写一个类似《鲁宾孙漂流记》概念的冒险故事，如果作者在创作时并没有看这本书，而是自己发展出一个曲折离奇的故事，就没有侵犯到别人的著作权。“洁净室”就是这样的概念。

例如，计算机公司设计IBM兼容计算机的软件，要有两个工作团队，第一组人的任务是研究IBM计算机，并写成规格；另一组成员必须向法院宣示从未看过IBM软件基本输出入系统（Basic Input / Output System, BIOS）原始著作，再按照第一个团队所写出的规格设计软件，如此设计出来的产品，既能与IBM计算机兼容，又不会侵犯他人的著作权。

这个做法于1980年中期在美国逐步推展，次年，宏碁就从芝加哥的律师事务所引进并实行。

“小教授二号”事件使我认识到，过去人类的经济活动，主要是创造有形的财产，例如农产品、房舍等等；未来，人类将会创造越来越多的无形财产。

然而，尽管有形财产交易已有几千年历史，仍不时发生纠纷，不管土地买卖、遗产继承或证券交易，甚至人们对于相关法令仍然一知半解，更何况才新生不久的无形财产权，更难避免问题层出不穷。

全力发展兼容计算机

回台湾之后，我便开始推动与IBM XT兼容计算机产品的开发。然而，当时公司的人力都投入开发与“苹果二号E”兼容的“小教授三号”，于是，便以一千五百万元新台币的高价，委托工研院电子所设计。

在发展过程中，我们想让产品更好，就要求采用新一代的IC、最好的IO（输出入系统），结果反而不兼容，只好再全部修改（兼容产品就是如此，原来的产品不完美，后来发展出的产品也得跟着不完美才行）。

1983年底，当我们打算把这个产品推出上市时，“工业局”却有意见了，他们要求电子所不能独家授权宏碁，必须与其他业者分享，但我们签的的确是独家合约。

于是，当时“工业局”负责人与我协调，最后达成协议，把技术开放给五家厂商使用，宏碁的委托费用降为新台币三百万元。台湾地区的个人计算机行业就在宏碁率先行动、其他厂商趁便跟进的情形下，正式铺开发展道路。

正应验了“万事起头难”这句话，1984年2月，宏碁将第一批个人计算机运往美国，又再度遭到美国海关扣留。这回，是电子所设计的基本输出入系统侵犯到IBM的著作权，幸而经过商讨之后，IBM同意让货物退还重新修改。

和“小教授二号”的遭遇一样，电子所也没有仿冒的意图，只是因为没有采用“洁净室”的做法，为了使产品兼容造成其中部分和别人相同，整个产品就算是侵犯知识产权。

因为客户已经下了订单，当货退回来之后，我们不得不尽速解决基本输出入系统的问题。

由于电子所修改的时间长达六个月，为了尽快出货，我们只好另觅他途，花三千万元新台币，向美国数字研究公司（Digital Research Inc., DRI）购买Concurrent CPM（CCP-M）。

这是IBM在采用微软（Microsoft）的操作系统MS-DOS之前的操作系统产业标准，它的功能比微软MS-DOS强，但因为这家公司姿态比微软高，IBM转而与微软合作，最后便逐渐没落。

向DRI公司高价购得授权之后，我们才得以顺利出货，这个代价也使宏碁能掌握先机，将个人计算机推向市场。

虽然宏碁吃尽了不兼容的苦头，但却也因此成为台湾最早体会兼容的重要性，并死心塌地发展兼容计算机的业者。

“天龙”中文计算机失利的原因，正是无应用软件可以配合。1982年，施崇棠所领导的研究小组灵机一动，何不采用英文规格的计算机硬件与软件，发展成中文计算机，如此，就能应用一般英文软件来处理中文。于是，宏碁首开世界观念之先，提出中文计算机的“透通性”（transparency）概念。

当时，设计中文计算机的厂商，如王安、IBM、惠普、神通等企业，都是利用特别规格来处理中文，这和通行全球的英文规格完全迥异，后来纷纷遭到挫败；而宏碁提出“透通性”概念之后，就成为日后全世界中文计算机的统一做法。

在全世界个人计算机发展过程中，日本计算机业是唯一没有采取“透通性”做法的特例，他们独树一帜发展特殊规格的计算机。这个做法让日本计算机业保住了当地市场，不受外商的竞争，却也因此始终无法扩大在全世界的占有率；他们赢得日本市场，却输掉了全世界，可以说占尽便宜也吃足了亏。

这个概念现在说来并不难懂，但在早年，要深切了解其中的重要性，还非得有亲身体验不可。

当IBM兼容计算机成为产业发展主流之后，信息业者就难免会在知识产权问题上和IBM交手。台湾业者的经验尤其丰富。

1987年，IBM对台湾兼容计算机的厂商进行技术授权，签订授权合约本身并无争议性，问题是合约的内容却是不平等条款，不但授权范围很小（例如：授权仅及16位计算机），IBM甚至可以随时片面终止授权，因此许多同行都无法接受，不愿签约。

于是，台湾IBM法务部门便采取“以小逼大”的策略，先与小厂商及贸易商签约，利用小厂商在市场以“有IBM正式授权”的招牌，打击大厂商；另一方面，更以“已经有这么多厂商都签约，其他厂商没有理由不能签约”的说法，要求大厂商签约。

漫长的授权谈判

平心而论，当时小厂商之所以愿意签约，部分是没有深入研究合约内容，部分则抱持“签约归签约，遵守与否又是另一回事”的心态，但这样的心态与做法，是注重长远规划的厂商无论如何都不会认同的。

于是，宏碁联合其他五家同行，由郑中人主办，与海外律师深入分析合约的每项条款，开始和IBM展开长达一年多的谈判过程。

我们之所以聘请美国律师，就是要兼顾美国企业的认知角度，争取他们可以接受的条件。斡旋到最后，仍有一个条文双方相持不下，IBM坚持，只要他们认定授权厂商有侵害专利的行为时，就可以终止授权；但我们认为，合理的做法应该是在法院判决成立，而厂商仍有侵害之行为时才能终止。

IBM始终不肯松口，理由是他们在日本也是同样做法，而且MIT以仿冒出名，非得将一把利刃架在厂商的脖子上，才能防止自己被侵害。

最后，在李国鼎出面、官方的关心下，IBM同意给官方一份信函，协议从通知到制裁会有段缓冲期，如果期限内未解决才采取正式行动，而此行动也必须得到官方默认。至此，双方才正式达成协议。

在这段历时一年多的谈判当中，面对强势的对手与未知的前途，个中压力真是难以言喻。

九百万美元的巨额学费

1989年5月12日，和IBM签约后没多久，IBM法务主管前来通知，宏碁再度侵害IBM的著作权。这真是晴天霹雳，我们当然不敢置信，但当他们把证据送达公司，证实问题出在基本输出入系统当中键盘的控制器。

事发之后，时任执行副总的童虎到日本谈判，原本就打算付钱赔偿，因为这部分对整个产品影响甚微，我们估计合理价格最多赔两百万美金，但IBM的代表竟然索赔数千万美金的天文数字。我清楚记得，童虎回来时苍白着脸，整个人几乎瘫掉了，我也完全没料到IBM会如此狮子大开口。

当企业在面临类似情况时，诉诸政治渠道是最迅速有效的解决方法，但宏碁从不愿以此方式来解决自己的问题，打算独力面对问题，和IBM长期周旋到底。

但是到1989年11月，当我们正在召开“天蚕变”会议的同时，同仁告诉我，部分未经修改的产品仍在市面流通。听到这个消息之后，我原本坚定的态度软化了，因为一旦被IBM发现这个状况，势必要求更高额的赔偿，甚至终止技术授权，届时将造成业务中断。

在和出身IBM的刘英武商议之后，我们决定妥协，匆匆以九百万美元解决这桩案件。

那一年宏碁的盈余不过一亿多元新台币，却出现这笔两亿余元新台币的赔偿金，原本处境已相当艰难，此时更是雪上加霜，但除了认赔了事，也着实想不出更好的方法。

在这段期间，第三波文化事业也发生另一起案例。

1989年，第三波发行一本由台湾教授撰写，解释IBM基本输出入系统的书。作者在书中以IBM基本输出入系统的使用手册作为附件，被IBM逮个正着，索赔五十万元新台币。

这的确是于法不合，我们二话不说就付了钱，而付出这个代价，无非希望同仁能够体会切肤之痛，学习谨慎小心。

事实上，无论是《看漫画学计算机》或这本书，作者们都应该尊重知识产权，问题是大家长期对知识产权的漠视，如果未经亲身教训，往往都不会警觉。

全力发展专利

宏碁在知识产权方面得到的教训之多、付出的代价之高，相信在台湾地区至今无人能出其右；但也因为如此，宏碁管理知识产权的制度化，“启蒙”得比别人都早，1982年开始，就陆续建立知识产权的管理规章。

这套制度分成两部分：保护措施及发展策略。

且1985年开始，宏碁就将知识产权的规范纳入员工的雇用合约中，包含营业机密、知识产权归属等等，都规划得清清楚楚。

实施之初，有些同仁不愿意签约，我分别与他们当面沟通，也根据他们的意见做必要的修正，但仍有少数同仁不愿配合，理由是台湾地区其他企业无此先例。

可是我们认为，这个制度是为了保护多数同仁的权益，不能因少数人抵制而放弃，便下达最后通牒，不签约的同仁只有忍痛请他离职，最后大家总算都签了约。

直到今日，公司与员工从未发生知识产权纠纷。

另一方面，我们有一套鼓励同仁发展知识产权的制度，还要求并协助他们申请注册。这些年来，宏碁所拥有的专利数量，超过台湾地区其他同行的总和，而且质量越来越高，早期以新式样的专利占大多数，现在则是以发明和新型为主。

奖励从不吝啬

宏碁从不吝惜奖励同仁发展知识产权，并设有专利评估小组审核同仁的成绩。这套奖励制度分成几个层次：

第一，研究别人的专利并撰写心得报告，公司就发给润笔费。

第二，提出专利构想，也核发奖金。

第三，如果专利构想被公司内部评估小组审核通过，法务人员会协助提案人一起写专利，并提出申请。

第四，在海内外正式得到专利之后，公司会针对专利的性质，如新式样、新型或发明，再给予不同程度的奖励。

第五，当专利授权外界而让公司能够收取权利金之后，提案人还可以分红。

近两年，也有同行仿效这套做法，但是从广泛性与周延性而言，宏碁都应算是最有基础的。

在制度化奖励专利的措施之下，1992年，宏碁在台湾地区首届发明奖当中荣获第一名，由于主办单位规定获奖企业需在三年后才能再提申请，而宏碁时隔三年之后又再度获得第一名，这证明了宏碁的研发实力在台湾地区的地位。

不单在台湾地区，现在宏碁已和许多海外高科技公司相互授权，因为宏碁拥有的专利已有相当的质与量。

我们当然不会就此自满，和世界一流公司相比，我们仍有相当大的努力空间。我也认为，台湾地区的科技业要更上一层楼，也必须有更广、更深的专利发展能力。

但我可以肯定地说，宏碁如今能够在技术上和国际大公司平起平坐，而同仁也能够深切了解知识产权的重要性，并全力发展专利，是用很大的代价换来的。

令人遗憾的硅奥事件

令人遗憾的是，当1992年宏碁以“硅奥技术”（chip-up，以更换单一微处理器便能使计算机升级，大幅提升执行速度）得到专利，而要求使用这项技术的厂商支付权利金时，同行却以这项专利是“常见”、是大家都知道的简单技术为由，不愿支付权利金。

换个角度来看，很多今日大家都会制作的物品，例如回形针，我们不能说它的最原始构想是“常见”而不是创新。

专利的前提就是创新，在宏碁提出“硅奥技术”时，全世界并没有人提出这项技术，它不但在台湾地区有专利，在海外也能申请专利。

许多同行不愿付钱，就拿大帽子扣在宏碁头上，说此举将迫使产业外移。令人遗憾的是，不但同行反弹，媒体也站在同情“弱者”的角度报道此事，甚至有半导体厂商为了讨好客户在一旁起哄。

宏碁辛苦创新，只是要求合理的知识产权，却反而变成众矢之的，沦为挨打的角色。

若是比照外商的作风，宏碁早就不留情面地诉诸法律，因为我们于法完全站得住脚，只要上法院控告，同行便不得不付费，但宏碁并没这么做。事实上，宏碁过去也曾有过专利被侵犯，但同样也没有骤然采取法律行动。

1987年，我们发现市面出现第三波的仿冒软件。在有关部门的协助下，同时在台北、台中、高雄查获三十八家仿冒厂商，而我们处理的方式，只让每家赔偿区区五千元（还不够那次追查仿冒的成本），并写承诺书保证不再仿冒，再犯则将付诸法律。

一时的委曲求全

当时仿冒是属于刑法犯罪，一旦被起诉，后果是相当严重的。而宏碁如此低调处理，是因为我们了解在台湾地区的大环境下，一般人对知识产权的认知还不够，所以我们愿意牺牲一些权益，扮演教育与推广的角色。

由于“硅奥事件”发生时，正值康柏开始降价，市场竞争激烈，我们体谅同行正处于转型期，便退一步，主动在公会召开说明会，向同行解说我们的专利范围。

平心而论，任何国际性企业都不会如此大费周章，只会以一封来函告知便开始索费，至于对方要花多少人力与金钱来研究专利范围，是完全不予理会与体谅的。

我们甚至还特别提出许多优惠措施，但其他同行却还是不愿付费，最后只好同意在“硅奥”取得海外专利才开始收权利金。

但是，当1994年美国任尼（Zeny）公司以“硅奥”侵犯其知识产权为名，向法院控告宏碁获不起诉处分，我们要依约收费时，同行又开始反弹。

比之国际间惯常采取的做法，宏碁已太过让步，却仍得不到认同，让我相当感慨。但是因为我们自觉是整体产业的一分子，所以对大环境的不成熟与同行认知不足，也只能暂时委曲求全。

直到“硅奥”问世之后四年，这项技术也在美国取得专利时，同行才无话可说，同意签约付钱，“硅奥事件”也终告落幕。

付出代价，保障未来

在“硅奥事件”的过程中，有业者讥讽宏碁，因为曾经在知识产权上吃了大亏，所以就如法炮制，对付同行，这是相当错误的心态。

今天，知识产权已经在全球科技业蔚然成风，潜心于知识产权的厂商遍布全世界。姑且不论这些厂商投入的资源与应得的回馈，假使业者不能认识其中的重要性，得过且过，不愿付代价来学习，终有一天会引爆定时炸弹，对方绝不会像宏碁这般处处让步，届时公司可能就很难生存。

遗憾的是，有这种认知的台湾企业经营者并不多见。

有一回，我参加信息工业策进会主办的一场知识产权研讨会，全场都是基层人员，没有一位企业负责人到场听讲，不禁当场表达我的感慨。知识产权关乎企业发展决策，决策者非深入了解不可。宏碁过去的确蒙受过损失，但却也从中获得经验与能力，保障未来不会出大纰漏。

从1993年发生英特尔“338事件”，就可看出宏碁与其他同行的不同。

当时英特尔公司引用美国“338号”专利，指控使用美国超微（Advanced Micro Devices, AMD）微处理器的伦飞计算机侵犯该公司专利，要求伦飞改买英特尔的微处理器，或缴交计算机售价的1%作为权利金。

这原本是英特尔与其他微处理器厂商之间的专利纠纷，但台湾地区的计算机厂商因使用这项零件，间接受到牵连，夹在半导体公司之间无端受害。

累积实力，化解难关

不过，宏碁并不太忧虑此事，因为在累积多年的实力之后，我们和英特尔有相互授权的合约，包括硅奥技术。因此，即使英特尔引用《338条款》，也不一定能为难宏碁，因为宏碁比同行多一些筹码可作为交换条件，这就是重视知识产权的有利之处。

但是，这并不意味宏碁的专利已经足够到可以高枕无忧，所以，当我们计划投资动态随机存取内存（dynamic random access memory，DRAM）厂时，就采取技术来源由合资伙伴德州仪器全部提供的方式，如此一来，即可免除侵犯知识产权的顾忌。

换个角度来看，台湾地区半导体产业之所以能有目前的荣景，部分利润正是来自少付知识产权的钱，因为部分厂商游走在侵犯他人专利的边缘，但是这个利益能持续多久？过去，因为台湾市场规模小，海外厂商暂时不予理会，但当台湾地区已发展为世界第四大半导体生产地，难保别人不会眼红。

事实证明，目前海外厂商索赔行动已然接踵而至，部分厂商虽然被提起诉讼仍不愿付钱，显然他们的看法并不同于宏碁。究竟哪种做法是正确的？相信十年之后将不辩自明。

解题宜早，莫待事到临头

我始终认为，企业面对知识产权的问题，千万不要等事到临头才开始规避、抵御，而是平日就要储存这方面的能力。要做到“平日有储蓄，临时不用急”，除了企业主需对其有所认知之外，还是老话一句：要培养人才。

当企业规模不大时，可以仰赖外面的专业人士；一旦规模够大，就要建立专业的人才库。宏碁这一路走来，备极艰辛。早期，台湾地区几乎没有一位处理知识产权的专业律师，如今，台湾相关的人力资源已经不可同日而语，不管是官方或企业，都应更有能力来从事这方面的努力。

回想起来，由于宏碁国际化起步较早，当多数企业仍局限于台湾地区的认知来做决策时，宏碁已经不得不依照国际上的游戏规则经营。正因为宏碁经常走在政策与大环境的前面，总是不免要比别人多付出心力。

不仅只于知识产权方面，当我们开始制作并推出通行全球的广告时，台湾地区也没有任何一家广告公司有类似经验；财务会计更是如此，因为没有一家企业是将全球事业的财务报表合并到台湾总部，以至于会计师事务所在初期也无法跟上宏碁的脚步。

同样，当宏碁成为台湾地区企业在国际间自创品牌的开路先锋时，更是遭遇重重挑战。

2004年张玉文采访整理

根据微笑曲线的理论，面对知识经济的未来，在知识财产方面不断研发创新，是未来企业及产业竞争力的发展关键。如何确定知识财产的发展是根据市场需求而进行，并非孤芳自赏，也是企业从事知识产权开发时必须非常注意的一点，否则很可能变成叫好而不叫座，技术虽好，却没有市场，这是创业者或拥有技术的人常犯的错误。

在新的知识经济里，创造新的经营模式也算是另一种知识产权的开发，尤其创业者必须建立能够长期获利的模式，否则也可能落入孤芳自赏、叫好不叫座的命运。宏碁为了掌握市场需求来进行技术和产品的开发，设立了价值创新中心，从使用者的角度来思考如何设计产品。

知识产权的争执是高科技产业的宿命，尤其发达国家运用知识产权的争议作为重要的商业竞争手段，台湾地区同行难免受到他们的牵制，这是我们不断要面对的挑战。企业必须尽量事先防范，避免有侵害他人知识产权的机会，例如外聘律师，充分了解知识产权法律的概念，或者确定自己不会引进可能侵害知识产权的技术；一旦碰到相关的争执，企业在处理时应该兼顾商业与法务的考虑，由专业人士来研拟争执双方都能够接受的解决方案。

第四章

打破MIT诅咒

当年“MIT”形象不佳的时候，
不少厂商陷入杀价竞争的泥淖。
但是若没有足够的利润空间，
怎么投资提升形象？
而想要打品牌，
就要从公司还小的时候开始做，
逐渐培养能力，
以免等到公司长大，
反倒因顾忌太多而不愿冒险。

1995年可说是宏碁国际形象的丰收年，除了蝉联“国际知名度最高的台湾品牌”之外，还被美国《商业周刊》（*Business Week*）评选为“能够持续企业开创精神的亚洲新巨人”。而《远东经济评论》（*Far Eastern Economic Review*）所策划的亚洲年度领导企业选拔当中，宏碁首度取代台塑，成为台湾地区的领导企业。

公司的表现使我因此沾光，获得国际间颁发多项“年度企业总裁”奖项。

这是多年来挥汗播种，从瘠地里耕耘出的一点果实。

回想1981年，当我们开始在海外推广第一项自创品牌产品“小教授一号”时，收到一封新加坡进口商的回函，信上写着：“台湾不是生产计算机的地方，我没兴趣。”宏碁是在形象被如此完全否定的劣势下，踏出国际化的第一步。

这些年来，我经常受邀对外演讲，分享宏碁塑造形象与自创品牌的经验，因为这两者与企业营销能力关系至大，而营销能力正是台湾企业最弱的一环。

众所周知，台湾企业一向以制造见长，如果为台湾企业制造能力打分数，大概可得七十至九十五分；研发能力次之，介于三十至七十分；营销能力大概只有五到三十分。

因此，大量生产的产品无法有效营销，只能靠杀价竞争，如此一来更难以摆脱低质量形象。在国际间甚至有“MIT＝30% off”（“台湾制造”代表杀价三成）的“惯例”。我常感叹，台湾企业的形象，往往不如硅谷一家破产公司。

因此，要建立营销能力，必须提升企业与品牌形象。而企业就如同一个人，名字是其生命体的代名词，生命体怎样活动，就赋予了品牌怎样的形象。

塑造企业形象

1988年，宏碁进军日本，那正是新兴工业国家产品开始登陆日本市场、日本人充满危机意识的时候。宏碁的加入，自然备受媒体关注，从NHK到大大小小的报章杂志，合计发行了超过四千万份的报道，提供许多免费提高知名度的机会。

当时，计算机产业的低价革命还未发生，而台湾地区计算机业在国际间的形象就是杀价竞争。日本记者怀着极高的戒心，单刀直入地发问：“宏碁的定价如何？”他们期待宏碁也采用低价策略，如此便可以用低价低质量来大做文章。但出乎他们意料之外，宏碁的定价竟和日本计算机一样，走高价路线。

因为，宏碁绝不愿自己的科技与创新实力，初亮相就被扭曲为“便宜无好货”。

这是深思之后所采取的策略。在日本人当时的防御心理下，宏碁在日本的销售空间非常有限；况且，即使有为数众多的消费者愿意购买，我们也还没有足够能力去服务，所以必须从长计议（我们称登陆日本市场是“八年抗战”）。

而正因为宏碁刚起步就塑造了很好的形象，因此虽然宏碁目前在日本市场销售量还不算大，但是一直稳步成长。

形象是什么？我认为，形象比事实先被接触，形象也比事实简单。而且，不论企业或产品形象，由高定位调整为低定位很容易，但是从低定位调整到高定位却相当困难。更重要的是，在整体产业形象已经处于弱势的情形下，如果还把产品放在低定位，就更难扭转劣势了。

以“创新”为形象定位

宏碁建立形象的诉求重点是“创新”，因为领先的技术与创新的产品是提高品牌形象最好的工具。而经营形象的方法首重长期塑造定位，其次才是追求知名度。

但光靠高喊创新并无法赢得创新的形象，因此，建立企业形象的第一个挑战，就是如何培养“名实相符”的能力。

早期，宏碁每年以营业额的5%投入研发，不断以先进技术与产品营造创新的形象。

1986年，宏碁领先IBM推出32位个人计算机；四年后，将这两项32位的计算机技术授权给美国优利系统公司。

1992年，整合计算机与消费性电子技术，领先开发兼具通信、教育、娱乐、视听的多媒体个人计算机Acer PAC；随后，又推出“工作站功能、个人计算机价格”的Acer Formula，更新64位个人计算机架构。

1995年，“渴望”（Aspire）多媒体家用计算机，更堪称是宏碁近年新产品中的代表作。

企业塑造创新形象的最佳时机，莫过于推出有力的新技术或新产品时。Acer PAC获美国《财富》杂志评选为“焦点产品”（Product to Watch）；而宏碁64位个人计算机问世之后，《远东经济评论》与美国《商业周刊》分别以《亚洲的王牌》与《超越追随、领先群伦》两篇报道，介绍宏碁的成就。

在诸多创新当中，“渴望”家用计算机更是宏碁形象大幅提升的重要契机。

在美国有线电视新闻网（CNN）报道中，被誉为“为家用计算机重下定义”的“渴望”家用计算机，由于外形大胆突破，功能领先同级产品，很快就吸引了国际媒体的注目。如CNN等多家电视网、《华尔街日报》、美联社、路透社，都纷纷撰文介绍这项产品。

这使得宏碁完全摆脱“30% off”的定位形象，与康柏等计算机巨头的价位差距也拉近至3%。

穷人营销手法

多年来宏碁致力形象的提升，固然投资不少金钱，但相较之下，投入的精神更为可观。我称这个精神为“穷人营销手法”（poorman marketing），也是“穷小子文化”的具体实证，简单来说就是“众口铄金”。

以宏碁的资源而言，不可能像可口可乐一样，耗斥巨资，大打洗脑式广告，所以我们的策略是用不断跟进的新闻事件，传达相同的精神，用潜移默化的方式建立一致的形象。

虽然，宏碁在美国市场受限于知名度，要突破众多计算机巨头的强势广告，不得不采取较大量的广告手法，但在日本与第三世界国家，媒体的报道相当频繁，曝光率不下于在总部，所产生的效益比广告大得太多。

从新闻的角度来看，媒体不可能帮企业传达一成不变的消息，他们要的是新鲜的东西，因此，塑造形象必须有心，持之以恒地通过各种有吸引力、有新闻价值的消息，不断反映同一个形象。

例如，宏碁早期因技术创新而吸引媒体的注意；近两年，管理的创新成为媒体报道宏碁的重点。如果宏碁没有持续在创新议题上推陈出新，媒体失去报道的兴趣，社会大众可能早就遗忘了宏碁。

形象要有定位，而定位要符合企业目标，以及达成目标的承诺与能力，绝不是靠短暂的新闻炒作与包装就可以做到，为了短期目的所做的宣传不但效果有限，还可能造成负面的结果。

我们常见企业为了股票上市或促销等短期目的，对媒体做过度宣传，日后一旦出现与宣传不一致的消息，不但冲淡了先前塑造的印象，甚至造成社会大众与媒体的不信任感。

塑造形象必须靠长期的策略，而在国际间塑造形象，更需要缜密的策略思考。关于这一点，有两个经验值得和大家分享。

1986年宏碁领先IBM推出386计算机，突破以往追随IBM的形象，颇受第三世界国家媒体与学术界津津乐道。

但另一方面，1991年宏碁发展出独步全球的“硅奥技术”，我特别前往纽约，向《华尔街日报》与《商业周刊》等媒体宣布这项突破时，并没有获得回响，因为这不是美国人的成就，美国读者没有切身感，重要性因而被打了折扣。因此，同样是技术创新，美国企业与非美国企业在美国所获得的肯定，有如天壤之别。

类似的例证不胜枚举，这也是宏碁策略改弦更张，实行“全球品牌、结合地缘”策略的原因之一。

结合地缘，提升形象

乍听之下，“结合地缘”与塑造形象的关联性似乎不大，但事实上，却是突破MIT刻板印象的重要策略。

对发达国家而言，宏碁实行本土化经营，又是当地的上市公司，当地人就没借口挑剔宏碁的产品。而在发展中国家本土化，让当地伙伴拥有过半数的股权，宏碁虽拥有国际性品牌，却没有一般跨国企业经济侵略的做法与形象，消费者更愿意接纳宏碁这个朋友。

另一方面，也因为这个创新的管理模式，再度吸引国际媒体对宏碁的注意力。

《世界经理人文摘》（*World Executive's Digest*）称宏碁这个策略为“第四种国际化模式”，与美国、欧洲、日本的国际化模式相提并论；哈佛大学把宏碁列入“企业国际化的杰出个案”；《日本计算机》杂志誉为“将改写明日计算机产业的教科书”。

由于媒体的肯定，《时代》与《亚洲商业》（*Asia Business*）等杂志，更分别评选宏碁为“台湾最具国际知名度的企业”与“最受赞赏的亚洲高科技公司”。

为了有效突破MIT的刻板形象，宏碁可说是费尽心思，发展出一系列的策略，也得到了回馈。

品牌无国籍

当然，企业界也并非没有努力的空间，台湾地区产品如果有好包装、好的沟通，还是能突破现有的形象。

值得注意的趋势是，在现今商业活动当中，商标不仅逐渐变得无国籍，甚至已有跨国际的趋势。

例如索尼所推广的“Made in Sony”形象，宏碁也正在三十几个国家推展“Made in Acer”的概念（两者不同之处在于，宏碁的海外事业股权本土化，自主权更高），因此，企业开始有机会突破原始生产国的刻板印象。

如果一家企业的产品能成为世界知名品牌，而且制造地点遍布各国，从短期来看，可以减低原产地形象所带来的负面影响；

长期而言，则能顺势改善国际间对原产地的观感。

宏碁开始迈出国际化的脚步时，就已经深入思考这个问题。在创业的第三年，我们一度想把总部放在美国硅谷，但考虑到形象必须靠企业不断活动来累积，而宏碁的决策与活动都在台湾，单把总部搬到硅谷并不能彻底解决问题，于是放弃这个念头。

事实上，过去的佳佳科技就曾经运用这个策略，以ARC（American Research Company）为名，总部设在硅谷，在台湾运作，成立初期得到许多帮助。

宏碁没有实行这个做法，但运用了这个概念，刚开始并不强调台湾生产的形象，等有成果出现时，就塑造全球企业的架构，然后再慢慢让媒体了解到，台湾企业能创出这样的局面，和欧美企业平分秋色，是值得给予正面评价的。现在，从某些层面来看，台湾企业的形象反而成为宏碁的优势。

但整体来说，台湾地区总体形象仍是负面多过正面，因此，我们也不希望扛着MIT的形象到处造势。我衷心希望，能有更多台湾企业一起加入成为表率的行列，如此，对MIT的形象有极大帮助。

过去，日本产品也曾经形象恶劣，但通过为数众多的企业一起努力，让全球的人在日常生活中都离不开日本产品，无时无刻不在传达他们的创新与质量，现在，日本产品在国际间的形象已经完全改头换面。

自创品牌，顺势而为

20世纪末期，建立企业识别体系（CIS）在企业界颇为流行，但在1987年，当宏碁开风气之先，把品牌从Multitech更换为Acer时，外界却不以为然，甚至连宏碁的同仁也质疑，为什么轻易放弃价值两千万美金的品牌？

关于旧品牌，曾经发生过一段小插曲。1981年，宏碁推出“小教授一号”时，在世界各地颇获好评，德国《芯片》计算机杂志特别撰文报道，但却把宏碁的英文名字错写成Microtek，正巧就是生产扫描仪的全友计算机的英文名字，于是大批的样品订单全跑到全友去了。

在全世界，以“－tech”为名的信息公司不胜枚举，原来的名称既没有差异化，又因雷同性太高，在很多国家都不能注册，导致无法推广品牌，因此，当宏碁加速国际化脚步时，就不得不考虑更换品牌。

当时还有人劝我：“行不改名，坐不改姓，老祖宗不都这么教诲我们吗？”我反驳他们，中国的伟人改名或改字号的大有人在，想想有多少人小时候叫作“狗子”“柱子”，后来中了科举、当了大官，难道还用这些名字？

所以，根据老祖宗的教诲，企业在长期发展当中为了不同的使命与任务，就应该修改不合时宜的名字，而且大可以改上三五次。

沟通方便，事半功倍

不少企业界朋友在国际间推广品牌时，也面临和宏碁类似遭遇，他们总在舍不得与不甘愿的心情下，犹豫不决，我总会告诉他们，未来比现在更重要。

所以，当宏碁考虑到如果新品牌可以在全世界注册、打广告，可以在广告瞬间抓住观众的目光，未来的效益显然比眼前的价值高时，当然也就无须留恋现在。

Acer就是在这样的概念下，从数万个名字中筛选产生。它是个拉丁词，是“积极、有活力”之意，简短响亮、没有负面联想的谐音，还隐含王牌（Ace）的意思。最大的好处是，在各种展览与数据索引中，只要厂商是按照字母排序，Acer经常名列首位，顾客即使惊鸿一瞥都会印象深刻。

直到今日，许多台湾地区的大企业仍坚持沿用中文音译的品牌，但我认为，中文名称是和华人沟通，英文名称和世界沟通，不必强求彼此间的相关性。因为名字本来就是代名词，重点在于是否便于沟通，例如，我的英文名字是Stan，对外国人来说，Stan比Chen-Jung好记得多。

根据美国的鉴价公司估计，1994年“Acer品牌”已经价值一亿八千万美元，是台湾地区价值最高的品牌，但我认为应当不止于此，现在就算有人出价十亿美金，我也不愿意卖。

兼顾代工与自创品牌

自创品牌一直是我的心愿，宏碁刚成立时就有自创品牌的计划，但直到第五年才付诸实行。很多人认为，自创品牌是大公司的专利，但在我的想法里，自创品牌的成败与公司规模并无太大关联，微软、苹果计算机等国际级企业，都是还在车库创业阶段就自创品牌，因此若有心自创品牌，最好从小规模开始。

对于台湾企业而言，比较自创品牌和委托代工两种经营模式，前者更有助于小企业的成长与日后转型。

第一，通常代工的订单都是标准化、大量生产的产品，而自有品牌产品是少量多样，因此如果厂商规模不够大，不容易争取到代工订单。另一方面，从小订单开始再进入生产大订单，较符合企业成长趋势；如果先生产大订单再做小订单，等于是走回头路，会产生设备与人员闲置的问题。

第二，代工厂商一旦要自创品牌，等于和原来的客户竞争，客户会钳制厂商自创品牌的行动，或者不再下订单给厂商，厂商马上会面临生计问题。如果先自创品牌，代工客户再找上门，自然没有理由可以钳制厂商。

第三，从业务的角度来看，代工业务开展容易，而以自创品牌开拓业务较为困难，企业先适应难度较高的工作，培养足够的能力，成长会更加顺利。

第四，相同的道理，代工生产资金周转快、库存低，而自创品牌不论在资金周转或库存管理方面都难度较高，如果习惯代工生产的管理模式再进入自创品牌阶段，常因此而适应不良。

因此，不难发现在台湾地区以代工起家的大企业，在开始发展自有品牌产品时总是显得举步维艰，甚至多半前功尽弃。

而能够从代工进入自创品牌的企业，例如：巨大机械、光男公司，则因具备了机会与决心双重条件的配合，先发展出有别于代工订单的新产品（众所周知，创新是企业自创品牌的第一要件），并且非常有毅力地撑过代工客户抵制的难关。否则，先从事代工生产再创品牌，并不容易成功。

相互提携，锻炼竞争优势

话虽如此，宏碁也并非只一味追求自创品牌，我认为，代工与自创品牌是互补的，因此最好是两者兼顾，当年我在荣泰就是采取这种做法。如此一来，不管从分散业务风险、扩大生产规模，或是技术的学习与相互为用，都有所帮助。

在这样的考虑下，即使企业暂时迫于情势无法使两者平衡，也要以达到均衡发展为长期目标。

也就是说，当自有品牌业务遭遇困难时，当然必须多接些代工订单；或者，如果代工客户停止下单，自然当仁不让地多卖些自己的产品，但假若一方有所斩获，就要将所产生的资源用于另一方面，使它获得相对的成长。

举例来说，当企业从自有品牌产品中获得利润时，可用于投资扩大产能，服务代工客户；而当代工的大量生产带来降低成本、增加收入效益之后，可以将获利投资研发，扩大自有品牌的规模。如此，就能造成互相提携的良性循环。

曾有不少外媒好奇地询问，在台湾地区的计算机业中，宏碁规模比别人大四五倍，为什么成长率还能比别人高？答案就是这种互相带动的策略。

事实上，同行常以宏碁自创品牌为由，鼓动代工客户不要下单给宏碁，在同行策略性抢夺客户的手法下，宏碁的确曾经被抢走一些订单，但是流失的订单终究还是都转回来，宏碁的代工业务丝毫不比其他同行少。

其中的关键，正是因为宏碁兼顾代工与自有品牌的互动成长，锻炼出技术、成本、规模、交货期等各方面的优势。

自创品牌，何罪之有

20世纪末期，台湾有些自创品牌的企业遭遇危机，外界多半认为是自创品牌导致企业失败；在宏碁竞争失利的阶段，也常在媒体上看见如此论点。但我认为这是个似是而非的论调，品牌是企业的无形资产，当然值得长期经营，因此自创品牌的策略并没有错。那么，问题究竟出在哪里？

表面看来，自创品牌的企业失败比例之所以高，是因为自创品牌企业的形象层次与知名度，一般而言比代工厂商高，因此即使两者的失败率一般高，自创品牌企业失败的曝光率也比较高，所以，外界难免会存有自创品牌风险较高的印象。

就实际业务运作层面来看，自创品牌的复杂度的确高过代工生产。

在相同的经营环境下，自创品牌必须更加努力于产品创新与形象塑造，代工厂商不需要打品牌，客户少、订单大、付款条件单纯；而自创品牌的订单小、客户多，还要牵涉到营销体系的放账、库存，管理难度比较高，如果没有健全的管理能力，失败的可能性的确高于代工。

另一方面，由于代工的流程较为短而单纯，发生问题时决策者可以直接、实时地应对；自创品牌的流程长而复杂，当问题发生时往往无法立即而正确地掌握，便会误导经营者对长期投资有效与否的检讨，反应的速度也就比较迟缓。

如果企业在本土市场获得初步成效后跨足国际，而国际化牵涉海外人事与资产管理，由于距离遥远控管更加困难，因此不难发现，跨国形态的自创品牌，受挫比例又高过内销形态的自创品牌。

自创品牌本身无过，问题的关键是企业的能力。以宏碁而言，当年的失利是源自公司“体质”变弱与国际化管理能力不足。

建立平衡体系，才有市场竞争力

从宏碁自有品牌的业务分析，1992年以前，由于产品运输补给耗费时间过长，当产品到达客户手上时已经过时；再以代工业务来看，由于代工业务的市场周期短，要求的是速度快与成本低，但宏碁当时产品开发速度慢、成本高，客户的需求无法获得满足，订单马上就转走了。

当宏碁流失代工订单时，幸亏拥有自有品牌的营销能力，因为自有品牌的市场周期较长，对速度的要求不像代工那样急迫，便发挥了互补平衡的作用。

事实上，在企业发展的过程中，不可能永远没有困境与错误，因此，最重要的是，要尽量确保企业在困境中平稳度过的能力。

宏碁从创立开始，就不断在建立稳定的筹码，包括人才的培养、技术的累积，以及产品多元化与客户多元化。追求自创品牌与代工的平衡，就是多元化政策下的一个筹码。试想，如果企业只仰赖一两个客户，姑且不论企业因犯错而导致客户取消订单，万一客户有个三长两短，企业也难免受波及。

因为未雨绸缪地建立了这样的平衡体系，所以当宏碁在进行改造工程，并以快餐店模式在市场当地进行组装，加强经营的速度与弹性之后，便重新拾回市场的竞争力。

跨国管理风险多

平心而论，在企业自创品牌过程中，真正最难度过的关卡在于跨国管理的风险。宏碁在经营海外市场时就曾吃了很大的亏，付出巨额的代价。

一般而言，台湾企业经营的外销业务，多半只是单纯的贸易，货物只要出了海关就完成销售程序。宏碁从1981年推出“小教授一号”，到1987年更改品牌以前，就是采取这种做法，因此自创品牌的进展一直都很顺利，规模也日益扩大，所需具备的能力与对客户的承诺也相对增加，因此便需进一步介入市场营销，开始一连串繁复的跨国管理工作，困难度也就越来越大。

跨出营销的第一步，是建立各国、各地区的总代理体系，因此必须先找到既熟悉当地市场、又懂技术的合作伙伴，双方各负担一半的广告经费，开始着手品牌的宣传。

在宏碁目前的合作伙伴当中，不乏合作十年以上的长期伙伴，然而在刚起步时，却有三成的伙伴表现不佳必须汰换，另外四成的伙伴虽然短期间还算称职，但长期下来却无法跟上宏碁的成长脚步，于是我们得花费许多心力沟通，协助他们调整、转型，或者减轻这些伙伴的任务，降低其重要性，另觅更具实力的伙伴取而代之。

战线拉长，越陷越深

这些工作说起来容易，但由于相隔遥远，进行起来格外困难。

逐渐地，当经销商和宏碁结合得越来越紧密，对宏碁的依赖度越来越高时，他们也会考虑到合作的风险，因此，为了争取经销商更大的信任感，宏碁就得到当地设立公司，就近服务。然后，应业务成长所需，必须提供更多的存货，给代理商更大金额的放账，战线越拉越长，脚步越陷越深。

在计算机产业发生革命之前，虽然存货与放账造成资金积压，但因为市场状况稳定，还不至于构成问题；但是当计算机产业掀起革命浪潮，原来的高利润骤然变成低价竞争，宏碁放在各地的存货立刻因降价而产生损失。

更严重的是，整个经销系统因产业巨变而布局大乱，例如宏碁在欧洲的经销商，倒闭的倒闭、被收购的被收购，于是宏碁在推展营销多年有成之后，突然被迫全盘重整、重新出发，宏碁的欧洲与美国公司也因此产生巨额亏损。

海外孤军奋战

回顾这段历程，可以总结出几个自创品牌与国际营销的心得。

发展中国家的企业在发达国家设据点、管理当地的人，企业文化的说服力原本就比较弱，也较难找到好的人才为企业效命。但如果企业海外据点的成员在十人以下，管理、营销费用低，作业形态单纯，不牵涉广告、放账，问题也不会太大。宏碁自创品牌初期得以顺利推展，原因便在于此。

然而，当海外据点规模随市场成长而扩大，因为距离产生的成本也随之增加，比之当地同行，管销费大、管理效率低，竞争必然落于下风。即使实力雄厚的日本索尼，在并购美国电影公司之后也同样亏损累累。但是，日本企业拥有独霸世界的制造力，就算营销管理效率稍差也能够撑过去，台湾企业可就没那么轻松了。

以宏碁而言，不管在哪个国家，竞争对手不仅包括欧美计算机巨头，还有当地业者。夹在强龙与地头蛇中间，如果要以他们的手法来竞争，必得扩大库存、放账，如此一来就弱化了自身的竞争力。

如果不这么做，选择和其他台湾企业一样，只管生产、出货，单赚生产的微薄利润，将其他附加价值留给海外的进口商去赚，问题虽然小得多，但这不也等于浪费多年建立市场的心血，重新走回头路吗？

因此，当1992年宏碁在美国发生亏损时，记者一再追问：“宏碁要不要从美国撤退？”我就坚决表示：“绝对不行，一旦撤退无异于倒退十年。”因为如此一来，不但前功尽弃，士气遭到打击，若要卷土重来，还得耽搁十年。

欲速则不达

台湾企业国际化能力本来就弱，加上各方的反对声浪，想要赢得市场，真可谓备受艰辛。

当然，这并不表示台湾企业自创品牌完全没有胜算，而是要更努力、更有策略地突破瓶颈。宏碁采用“结合地缘”的国际化策略，就是另辟蹊径。这样一来，不但有当地伙伴一同分摊风险，而且他们熟悉门路，比较能掌握节省成本的方法，更重要的是，本土化之后才能招徕好人才为宏碁效命。

自创品牌是一条艰难的路，路程远、回报慢，但却是打通营销瓶颈的关键。在担任台湾自创品牌协会理事长期间，我常常以这段话和会员朋友共勉：“在激烈的国际竞争当中，我们已经没有时间犹豫了，只有及早下定决心，一步一步踏实地往前走。”

这些话听来或许稀松平常，但却是宏碁一路走来最深刻的体会，它包含几个关键词汇：“及早”“决心”“一步一步”以及“踏实”。在此，我将这四者分成两方面来谈。

首先，自创品牌是长期工作，不是非赚即赔的买卖，所以不能孤注一掷。它就像长程赛跑，最终目标是要到达目的地，而不是追求瞬间速度，所以必须运用策略调配速度；如果半途冲得太快，将体力耗尽，终究只能退出比赛。台湾企业自创品牌遭到挫败，有许多正是因为操之过急而后继乏力。

例如，光男曾在网球拍产业自创品牌颇有斩获，但又选择跨行科技业，如同马拉松选手分心去参加十项全能，而且扩张过于迅速，造成体力不济，结果没有完成任何一项比赛，导致前功尽弃，造成让人非常遗憾的结果。

但是，实际运作的困难是，在自创品牌之初，往往无法预知自创品牌需要消耗这么多力气，宏碁早年把战线拉到海外，也同样面临这个问题。因此，“长期经营”是个基本概念，在经营过程中，必须凭借经验与对自我实力的了解，究竟体力如何？距离目标还有多远？逐步调整前进的速度。

曾有人贴切地比喻，自创品牌就像在许多座山头间跳跃前进，如果不能一跃而上就会掉落山谷，投资也等于白费；因此，企业必须准备充分，一举过关，再就地培养实力，准备下回的跳跃。

因此我认为，自创品牌有几个要件：制订阶段性目标、看得远、出发得早、小碎步前进、体力不济立刻稍作休息；最最重要的是，绝对不要放弃。

稳扎稳打，步步为营

企业必须避免自我膨胀，而且要更自觉地稳扎稳打。企业在自创品牌之后，媒体报道多，知名度较高，甚至外界的评价也会比较高，但企业主千万不能存有炫耀的心情，做出炫耀的举动，更不能错估自己的资源与实力，从事超过自己能力的投资或其他活动。

这就像运动选手在满场观众的嘘声与掌声中比赛，除非自己的稳定度够高，或是身经百战、经验丰富，否则必然会紧张失常或得意忘形。

企业在自创品牌之后，就像是被置于放大镜下面，一举一动都备受注目，偶有佳作，会有一片溢美之赞；但若是出状况，也会引起外界扩大解释问题的严重性。

对以制造为导向的台湾企业而言，自创品牌有个特殊的决策陷阱。

在一般状况下，企业从事制造，本钱一块钱的产品大约可创造五到十块钱营业额，但跨入营销的初期，因为信用膨胀，一块钱可创造十到二十倍营业额，表面上看来，成长并非难事，但若没有相对建立管理能力，企业迅速膨胀却虚有其表，便会开始出现质量不良、库存积压等问题，然后资金周转变慢，经营效益也开始变差。

在这种情形下，如果决策者不能认清这种本质的差异，高估自己的能力，只会加速问题的恶化。例如，在股市指数达一万两千点时，若有家公司拥有市价一百亿元的股票资产，用以向银行抵押贷款三十亿元投入营销，当股市暴跌到三千点，资产骤然缩水成二十五亿元，但三十亿元的负债不但不会缩水而且还要付利息，于是企业马上就周转不灵。

宏碁向来注重财务的稳健度，早在成立的第二年，我们就提拨退职金等各种准备，我太太管理家里股票资产也向来非常保守，既不以净值计价，也不是市价打折，而是用面值来计算财产。

有一回宏碁增资发行新股，我们为了认股向银行借了点钱，虽然资产仍远超过负债甚多，但这笔负债却老让我们心里不踏实；即使如此，都不免因环境的鼓励，做出不当决策，让公司陷入困境。

审时度势，及时修正

事实上，当公司面临困难时，只要能够及时修正，还不至于无可挽救，但如果企业是“一人公司”，决策者又不够内行，无法判断形势，及时激流勇退，损失将更为惨重。尤其在变化快速的信息产业，更是如此。

我在电子业打滚二十几年，对产业可谓内行，而IBM更不能说不专业，但是当产业发生变化时，却是出乎IBM与宏碁意料之外。

也就是说，我早就知道有风险，也紧盯着风险处处提防，但账面出现的却是一个我完全不能接受的数字，对诸多分心跨行其他产业的人而言，更是身处风险而不自知。当时，许多同行已经大祸临头了，还在为高速成长与略有斩获的品牌知名度而扬扬得意。

当宏碁陷入低潮时，媒体一再抨击宏碁自创品牌的策略错误，如果我当时钻牛角尖急着和媒体辩论，等于是浪费心神去做没有生产力的事，不但延误改善的工作，还可能越描越黑。

但是从人性的角度去看，企业主很难不为自己所遭到的误解辩护，甚至企业为了避免品牌遭到损害，影响业务，还会干脆把问题掩盖起来。如此一来，问题反而更严重，本来企业遭遇困难可以自己寻求解决，但是一旦被放在大众的目光焦点下，还得承担外界的压力，变得更难痊愈。

因此，自创品牌的企业在面临困境时，根本解决之道是必须更坦然地面对批评、更有毅力地改善问题，如此才能尽快重新巩固品牌的信誉。

经历一连串考验后，我们终于度过这段阵痛期。如今宏碁在国际间的表现，也证明自创品牌绝非台湾企业可望而不可即的理想。

然而，品牌形象的提升是永无止境的。对宏碁来说，今日的成功，是带领企业进入另一个风险的开端，这是企业的宿命，也是宏碁永远无法松懈的原因。

2004年张玉文采访整理

台湾企业的国际形象不佳，加上岛内市场太小，造成台商在自创品牌、塑造形象、国际化管理时，必须比其他地区面对数倍的挑战，这是台湾企业的宿命。

过去多年来，宏碁处理最多的问题还是品牌在国际上运营的挑战，岛内企业看到宏碁在国际上经营自有品牌的艰苦历程，有些企业因此而裹足不前。这一方面是企业本身的问题，也是台湾地区大环境造成的问题，除了企业本身要努力之外，如何让企业一起来塑造台湾的形象，是一个必须长期共同努力的议题。

就宏碁而言，早期能够兼顾自有品牌和代工，但是近年来两者互相牵制使得宏碁无法顺利成长的情况越演越烈，因此不得不破天荒做出分割的决策，在第二次再造时把研展制造和自有品牌分开，成功转型。跨国管理的风险很多，宏碁在“再造宏碁”时期提出许多解决方案，初期虽然有效解决很多困难，但是长期又出现新的挑战，那些策略再次无效。

宏碁的应对之道是，把SBU（Strategic Business Unit，策略性事业单位，掌管研发、制造）跟RBU（Regional Business Unit，地区性事业单位，掌管地区营销）整合为GBU（Global Business Unit，全球事业单位），虽然略有成效，但是自有品牌和代工并存的根本问题仍未解决。

到了2000年年底推动第二次企业再造时，又以“三一三多”策略取而代之，暂时算是解决了问题。未来是否会出现新问题尚未可知。

王道心解

懂得分享，才能创造未来

回顾宏碁的成长，曾经历三次再造，分别是：1992年、2000年以及2013年。

在“再造宏碁”的过程中，第一次，是宏碁成立十六年时，我提出三大策略：“全球品牌、结合地缘”“主从架构”以及“快餐店模式（模块化生产）”。对当时的经营观念来说，算是一次不小的改变。

尤其通过模块化制造的管理模式，我们可以随时依市场需要，快速装配出不同产品，并应对组件的最新价格，实时反应降价。

此时，正值美国个人计算机（PC）市场高增长热潮，于是宏碁美国公司转亏为盈，并写下之后连续三年净利增长八成的好成绩。

利益共享，不分国界

“王道”精神，是我近年来才总结出的观念；但在当年宏碁国际化时，所谓的“全球品牌、结合地缘”，也是王道管理的应用。

宏碁在海外聘用当地人才，变成当地的企业公民；同时又结合当地的外籍员工，让他们可以参与决策、分享运营成果。这种不分国界、人种的利益共享，当然是王道精神！而且，也为我们解决跨国企业并购可能面对的利益冲突。

其中一个例子，就是宏碁在1997年并购德州仪器笔记型计算机部门时，加入宏碁的意大利籍大将兰奇，后来更在2005年出任宏碁公司总裁及首席执行官，借重他在欧洲渠道的影响力，发展自有品牌。

不过，接下来的变革需求来得很快，仅仅八年之后，就出现第二次再造的挑战。

适时切割，共创双赢

2000年时，宏碁品牌和代工并存，成长发展变得两难。

此时的宏碁，组织成长之后，因为规模过大、员工过多，开始出现管理挑战；不仅如此，代工与品牌事业混在一起，对客户来说，难免心生质疑与不满，有意“跑单”。

天下事合久必分、分久必合，这时的宏碁需要切割。于是，我把公司分做三大集团，果然，在分家之后，各自都有大幅成长。

原本自有品牌不赚钱，必须仰仗代工滋养，但在分家后，宏碁品牌一路向上，纬创也在代工的路上开创佳绩。而我，也在那时完成传承接班的工作。

由于宏碁坚持2%净利润的商业模式，秉持低运营费用、利润与渠道分享的原则，终于在PC时代中胜出。金融风暴期间，全球产业受创，宏碁却成为唯一逆势成长的笔电品牌，跻身世界前三大计算机品牌中，仅次于惠普和戴尔。

PART 02

脱胎换骨

随着计算机产业革命的悄悄来临，宏碁面临成长的瓶颈，加上并购高图斯的海外投资策略失败，宏碁曾于1990年前后的国际化过程中发生严重亏损。然而，在宏碁渐进式改造工程下所衍生出的“快餐店模式”“主从架构”及“全球品牌、结合地缘”的发展策略，使宏碁绝处逢生，反亏为盈。

第五章

跳出财务管理的陷阱

借钱扩张或许能在景气热潮中获利，
但若遇上不景气或投资受挫，
却可能因周转不灵而一败涂地。
要能真正获利，
唯有为顾客着想，
提供他们需要的产品，
生意才能长久。

在创业之前，有几件事对我日后财务管理的决策逻辑，有相当深远的影响。

小时候家里做小生意，我偶尔也会帮忙，便发觉文具和鸭蛋是两种不同的生意：文具利润高，但资金周转慢；而鸭蛋利润微薄，可是资金两天就可周转一次，结果，我们从鸭蛋买卖中所赚到的钱比文具还多。

这让我明白了一件事：不同行业、产品与定位，就有不同的经营形态，我称之为“运营模式”（business model），必须先掌握运营模式，才能发展出正确的财务运作。

母亲做生意价格公道，不和客人讨价还价，而且不接受赊账。我常看长辈为了收欠账，一大早就到欠款人家里喝茶聊天，耗上大半天才收到一点钱，空手而回的也多有所见。

台湾有句俗话：“做生意会收钱的才是师傅。”催收账款之难、付出代价之高，可见一斑。

进入社会之后，我深切体会到台湾的银行实在太好，好到足以陷害企业倒闭。

了解银行往来程序的人都知道，银行提供企业信用证[①]接单贷款、购料贷款，只要有保证（老板可轻而易举以家产做保），很容易就能借到钱；如果企业的“公关”做得够好，还可以超额贷款。企业经营者手头宽松，就会扩大投资，发展顺利就再扩张，造成信用过度膨胀，只要有一回合遭遇不顺，事业就像骨牌效应一样整个垮掉。

举例来说，当时许多企业老板手头缺钱，就去买一张信用证向银行贷款（换言之，实际上并没有订单进来），因为银行业是看抵押品来决定贷款与否，只要文件与程序完备，银行并不会深入研究。但这只能勉强撑上三五个月，因为根本不会有货款进来，接下来不是无以为继，就是以债养债。

这是台湾地区外销导向经济结构之下非常特殊的陷阱，除非老板极为自我约束，否则很容易掉入其中。

在萌生创业念头之前，我对企业稳健管理财务的重要性不但有认知，而且非常认同，但是即使在我刻意留心之下，宏碁都不免发生失误，放眼企业倒闭的案例，多数就失败在这个关卡上，足见其复杂与困难。

① 信用证（Letter of Credit，L/C），国际贸易中最主要、最常用的支付方式。是指开证银行应申请人（买方）的要求，按照其指示向受益人开立的、写有一定金额的、在一定期限内凭符合规定的单据付款的书面保证文件。

掌握资金结构

由于就业时期的前车之鉴，我从宏碁诞生的第一天起，就把公司资金与个人财务划分得清清楚楚，也经常提醒同仁一定要厘清资金的归属，不能混淆运用。

从法律来看，个人挪用资金便触犯了法律，绝不能等闲视之。这原本是相当基本的概念，然而企业主往往为图方便，不重视问题的严重性，导致企业财务公私不分，才刚起步就种下错因。

另一方面，公司资金又有长、短期之分，例如股东投资的资本金，可供长期投资使用；银行贷款有长期也有短期；供货商放账则仅供短期周转。企业经营者必须有能力区分资金的性质与用途，否则以短期资金做长期投资，破坏财务健全性，企业不免陷入入不敷出的恶性循环。

长久以来，台湾企业界流传一个看法："做生意不借钱是傻瓜。"我则有"借钱扩张必倒论"，也就是说，如果企业长期以借钱来扩张规模，固然可以在景气热潮中获得较丰厚的利润，但是一旦遇到不景气或运作不顺，马上就周转不灵，供货商与银行也难逃池鱼之殃。

我相信，唯有坚持正确的财务观念，企业才能长期发展，也正因为如此，宏碁虽然历经大风大浪，难免受挫，却仍能保住元气，并迅速调整脚步，恢复成长。

要专业，也要有生意头脑

落实到实际执行层面，我非常重视两个关键，一个是运营模式，另一个是财务结构。以宏碁而言，由于跨足计算机、接口设备、半导体、出版等不同领域，各有不同的运营模式与财务结构，而这些模式与结构，还会随着时间而有所变化。

所谓“运营模式”，这个概念说来有些抽象，我举宏碁的实例加以说明。

我曾经告诉同仁，将个人计算机毛利率定于15%太高，赚不到钱，必须设定10%才会赚钱。乍听之下，同仁都无法置信，低毛利怎么可能比高毛利赚钱？这完全不合理，但最后同仁不得不认同我的看法。

因为依照15%毛利定价，造成产品比同行贵，销路减少，于是管理、销售费用相对提高，结果虽然毛利是15%，但是管理、销售费用是17%，便呈现2%的亏损；而设定10%的运营模式，促使效率提升、业务增加、周转变快，反而能够赚钱。

说穿了就是“薄利多销”的道理，但是如果不能想通这个基本观念，就永远不得要领。试想，如果负责决策的是自己，会不会采取这样的解决方案；既然15%毛利不赚钱，就把毛利提高到20%？如果真这么做，结果可能是业务萎缩，亏损越来越多。

可能有人要问，何以见得是10%，而不是12%或5%？这就得靠专业了，决策者必须有经验与能力才能做最适当的决定。

这就是决策者必须先具备整体模式观念的原因，因为各种运营形态都有不同的经营手法，是走利基市场或薄利多销？周转频率如何？利率多少？风险多高？资金多寡？凡此种种都会影响运营模式。

因此，我一直相信：专业能力＋生意头脑＝无往不利。

随时调整运营模式

常有企业界朋友以毛利高低来判断生意好不好做，我认为这是错误的观念，因为还得看成本的高低。例如，有两种产品，甲产品毛利五成，成本45%，乙产品毛利两成，成本10%，显然毛利低的乙产品好做。

其次，资金周转也是重要因素。例如丙产品毛利五成，成本四成，一年只做一次，获利率是10%；丁产品毛利10%，成本8%，但是一年做十次，年获利率是20%，结算下来，当然是低毛利、高周转的产品较有利可图。

这还只是两种产品的简单比较，实际运作则复杂得多，因为还牵涉到库存、管理、销售费用、生产力等因素的控制和调整。特别在现今产业快速变迁的情形下，要建立运营模式与财务结构，以中型企业而言大约需要三年，因为模式的正确度需要时间证明与调整。

以重新修改毛利率为例，固然可在一夕之间改变决策，但接下来的执行动作却相当繁杂，更需要长期努力来配合，例如：需不需要降价以扩大业务量？还是要裁员？或是要提高运作效率、降低成本？可以下手的地方非常多。

建立财务预警系统

凡此种种，没有经过时间验证，是无法看出成效并形成有效的共识，但也因为建立模式存在验证的过程，企业必须具备一套预警系统。

一般而言，企业多半根据财务报表做决策，这是正确的，因为财务报表是企业的总成绩单；但从另一个角度思考，财务报表已经是企业活动之后的结果，完全仰赖报表会产生时间落差。

例如，今天接到的订单要几个月后货款才会进来，因此决策者必须在财务报表出来之前就已心里有数，如此才能够敏锐捕捉到整个模式的变动方向，实时采取对应的措施。

所以，决策者平日就必须对企业的毛利、营收金额、开销费用，以及任何会影响运营模式和财务结构的决策，具有整体概念。

许多管理者往往只以单纯对数字的心态看待这些指标，不关心其背后的意义，因此当经办人员发生笔误而下错决策时往往无法察觉。我在参考每个数字时一定有我的思考逻辑，只要数字有点出入就马上可以发现。这不只需要用心，还需要彻底弄清楚数字之间的关联性，才能有整体观念。

就如同人的体检报告，包含血压、胆固醇指数等身体状况指标，财务架构也应有合理范围的指标，超出这种指标就会有危机，预警系统的作用就是提醒企业主及早发现病因，并找出有效的治疗方法。

适当的自有资金比例

在前面曾经提过“借钱扩张必倒论”，也就是说，公司要兼顾成长与财务健全，必须维持适当比例的自有资金。

以宏碁为例，假设年增长率目标是100%，自有资金当然也要增长100%，但在运营模式不变的情形下，钱从哪里来？单凭获利能赚到100%吗？不可能。能达到25%就很了不起了，所以必须寻找其他财源。

宏碁早期的做法，除了将盈余转增资之外，就靠员工入股来筹资，保持一定自有资金比例以求稳健成长。

后来因为股票上市筹集了很多钱，便积极用于投资，结果造成财务结构出现问题。此时，公司盈余成长又同时减缓，眼见就要发生财务困境，我们采取双管齐下的解决方案：第一，变卖闲置资产；第二，提高资源运用效率。

宏碁在1992年与1993年，分别处理龙潭总部与新竹厂房两笔闲置资产，获得三个好处：现金增加、创造额外的盈余和减少资产闲置成本。这样一来马上就改善了财务结构。

但处理资产并不是说了就能立刻办到，宏碁在发现财务结构变弱之后，马上决定处理资产，刚好当时房地产相当景气，但尽管如此，还是费时经年才完成。所谓“不动产”，就表示它很难动，从决策到真正出售，幸运的话也得半年到一年，运气不好两年都卖不掉。因此企业必须及时做决定，否则仍然无法救急。

提高资产运用效率

宏碁在处理闲置资产后，虽然结构改善，但资金仍然短绌。对宏碁而言，更重大的改变是资源运用效率的提高，也就是动用较少的资源做更多生意，等于是重新建立运营模式。

例如，宏碁在台湾地区的厂房，从以往每天运转八小时，增加到十六至二十四小时；以往每年创造一百多亿元的营业额，现在相同的厂房，一年营业额却成长到六百多亿元，生产力大大提升。同样的资产，多做了几倍的生意，资金运用当然也改善许多。

改用新的经营方式后，宏碁增加了许多新业务，例如生产主板等零部件，以及增加代工产品的比重等等，虽然利润率没有过去高，但是净利总值提高，也使宏碁以相同的资金多做了许多生意。

宏碁这些调整运营模式的措施，看起来不难，但其实过程相当复杂。

例如，当我们决定生产主板时，许多同仁都不赞成，我要说服大家先去尝试，等投入生产并产生利润，大家才会对这项改变心生认同。这段过程，没有一年是不可能看出成效的。

何以调整运营模式会产生分歧？因为几乎所有的改善计划都会造成阵痛。例如，宏碁在台湾的劝退计划以及美国的裁员，刚开始看起来是相当不利的，不但有损形象，还要付遣散费，但长痛不如短痛，宏碁精简人事后，运营就变得顺畅多了。

近两年，美国企业转型比日本企业顺利，原因也在于此。以IBM而言，光是一次整顿企业的费用（包括遣散费）就高达八十亿美元，当时就将损失冲销掉，往后就比较轻松了；但日本企业不愿这么做，包袱老是背在身上，就很难达到改善的成效。

运用越多，越有竞争力

宏碁为了转型，几乎用遍所有改变运营模式的措施，从处理不动产、精简人员、提高空间使用率、增加生产力与资金周转率，到改变产品结构。好比有经验的医生开药方，会同时使用几种药，既对症下药又保护病体，如果一桩桩分次解决，可能就会延误病情。

做生意的要领，其实就是让资源做最有效的运用。在拥有相同资金的情况下，一年做四次生意的人，就无法和一年做十次生意的人竞争。因为在资源的成本（例如利息之于资金）上，大家条件都差不多，越能多运用几回，就越具备竞争的实力。

因此，做生意究竟是薄利多销好？还是高利润好？事实上并没有绝对的好坏，关键在于周转速度与效率高低，能否优于其他同性质的企业。

总而言之，只要企业存有呆滞的人或物，就要付出成本，资产会折旧，人员要发薪水，资金要付利息、分红，凡此种种，表面看起来无关紧要，其实已经悄悄侵蚀企业的竞争力。

一般而言，企业最严重的资金积压，就属放账与库存，因此，要提高资源的运用效率，必须从这两方面对症下药。

从内部挤钱比较健康

要保持财务健全度，我一直有个信念："内部挤出来的钱，比外面找来的钱更健康。"

早期，宏碁的财务工作由我太太负责，她一天到晚绞尽脑汁在内部挤钱，例如经常到仓库走动，看到产品库存过多，就催促业务部门赶快销售。她收账非常勤快，但付账时则是以最快速的汇款方式，掐准最后期限才付款。

刚创业时宏碁的资金有限，接订单的同时就请客户先付款，我们利用这笔钱购买原材料，制成产品之后出口。

如果物料进口与产品出口时间能尽量缩短，对于资金周转当然帮助极大，因此，海关、航空公司，每一关都不能稍有耽搁，于是我太太亲自与这些单位交涉，例如到海关陪着验货，让每个手续都能在最短时间内完成。

因此，当时宏碁规模虽然不大，财务基础却还算稳固。何以从内部挤出来的钱比较健康？因为在一般的情况下，只有缺钱的人才会去借钱，但往往越是缺钱用，外面越是不愿借你钱。

相反，外界却相当乐于将钱借给经营良好的企业；但如果企业一缺钱，可以很容易调到钱，内部管理就会开始松懈，竞争力一天比一天弱，最后便走上衰退之路。也就是说，从外面找钱，不管难易程度如何，都有其副作用。

维持企业信用很重要

但企业发展不可能不依靠金融体系，为避免这种副作用引发经营陷入恶性循环，企业必须有一套制度来自我约束。

刚创业时，我从和银行打交道的经验中发现，找银行等于造成缺钱的形象，如果让银行对企业的信用产生质疑，那就非常麻烦。

自此之后，我就不再主动找银行，而是让银行上门来找我们。除了在1991年左右，我亲自到银行做业务转型说明外，宏碁和银行往来的模式，是随时让银行了解公司的状况。由于保持这样的形象，几家往来时日较久的银行，一直都很支持宏碁。

但在1992年，宏碁也遭到部分银行抽银根的困境。这些银行其实并不十分了解宏碁，也是因为看宏碁发展不错才和宏碁往来，后来公司一发生困难就立刻抽银根，我们也配合到期日还款，绝不拖泥带水。

相较之下，宏碁与多年往来的银行，更能够始终维持互信、双赢的伙伴关系。事实上，银行就如同企业的供货商，银行贷款给企业，企业让银行赚利息，双方地位是平等的。

放账的信用管理

宏碁财务管理的另一个重要原则是：尽量少“放账”（意即先出货、后收账）。由于在荣泰工作期间曾经发生被经销商延票、倒账的经验，我对客户的信用管理非常小心。实际上，把货交给经销商就等于借钱给他们，银行放款需要征信，交货给别人同样需要信用调查。因此，宏碁以不放账为原则，如果要放账，就要信用管理。

刚创业时，宏碁往来的对象都是官方机构、学术单位与大型企业，放账风险不大，后来推出“小教授一号”，开始建立经销体系，才有放账的需要。

我们以产品创新的优势，要求经销商如果订货数量较多，必须支付现金或资产抵押才能提货。因此，宏碁科技在经营台湾地区市场这十多年来，被倒账的比例一直比同行低很多。

但是尽管如此小心翼翼，我们还是吃了倒账。刚创业时，有一个国际友人到我办公室急着调零件，价值大约三千多块台币。我看这个友人急需货源，而且金额很小，就破例放账一次，结果这位友人终究还是没付钱。

“吃一次亏，学一次乖”，后来我们规定所有外销业务，一定要有保证，不管是信用证或银行保证，绝不放账，但是同仁仍不免因为争取业务而出问题。

有一回，一家厂商以争取时间为由，声称保证程序已经在进行当中，于是同仁没等保证手续完全确定办好就交货，结果这一个疏失，造成好几千万的呆账。

我常告诉同仁，计算机是个低利润的行业，净利不超过5%，被倒账一千万元，就必须多做两亿元以上的业务量才能弥补这个亏损，真是大意不得。

宁可苦一点，也不要功亏一篑

严格说来，在台湾地区经营计算机出口生意，坚持不放账并非易事。原本做外销都是凭信用证交货，但不幸的是，因为计算机业的蓬勃发展，有太多新加入者参与这个行业，为了抢订单，许多人便以放账争取业绩。

这对台湾地区信息业的发展非常不利，有些美国的营销公司就利用这个弱点，买空卖空，赢了钱就放进自己口袋，输了钱就是台湾地区信息业要赔钱。有好几家台湾知名的大企业，就这样被美国相当有规模的计算机营销公司倒账，吃了暗亏却不敢声张。类似的案例，至今仍在重复上演。

要做到不放账，不仅企业经营者要有清楚的认知，还必须要每一阶层的人员都有这样的理念才行。坚持原则如此困难，但放松原则的理由却多不胜数，例如业务压力、人情关系。

事实上，要业务人员不去羡慕别人的业绩是很难的，他们总是抱怨："别人放账都那么多，也做了那么久，你要不要做生意？"这是很具有说服力的说辞，而我的回答是："我当然要做生意。但是为了长远的安全，我们要挑质量好的业务做，宁可苦一点、多花点工夫，这样晚上睡觉也安稳些。"

换个角度想，我们耗费多少心力在创新、质量、管理、竞争力等各个层面，当然要挑选好的业务做，如果在最后一道关卡“晚节不保”，岂不是功亏一篑?

我也常常告诉同仁，宏碁曾经因为“体质”变差而遭遇挫败，这是我们自己种的因，也就认了，但是像客户倒账这种外来因素，一定要特别小心地约束自己，不要把这种长期包袱往身上揽。

海外事业的财务风险

在将自创品牌推展到海外初期，宏碁“从内部挤钱”“不放账”等稳健管理财务的原则，遭逢极大的挑战。

照理说，海外分公司缺钱，应该尽快消化库存及催收应收账款才对，但是库存品本就滞销，收账款也非易事，因此分公司的负责人，不管是从台湾派去还是当地聘用的人，一定会找最容易要钱的地方下手，于是就向台湾母公司伸手要货，因为新产品总是比较好卖。

另一方面，从业务人员的角度来看，他们希望客户要货有货，不会去考虑库存多少，于是每个品项都多订一些摆着，他们考虑的是佣金多寡，而不是账款拖欠严重与否，所以业务人员通常会高估业务目标。

如果决策者不明就里，还以为生意畅旺、形势大好，就难免出现在财务陷阱里越陷越深的危机。

当宏碁的海外事业对总公司财务发生负面影响后，我们开始推动一项制度，对各种活动都设定指针、目标与限度。例如，总部对每个海外事业有一定出货、放账额度，如果账款没有如期收回，总公司就暂停供货。

另外，1992—1993年，我花很多时间到全世界各海外事业单位，和同仁沟通运营观念。而宏碁较具优势的地方，是我们很早就推动员工入股，全球许多员工都是利益共同体的股东，如果各事业单位没将财务做好，多数员工都受害，于是内部就会产生压力去进行改善。

归根结底，最重要的解决方法，还是在于创造一个能促成制度有效执行的环境，如此一来，即使制度不完美，仍有自动调节与控制的力量，内化成同仁自动自发的压力。

真心为客户着想

回想起来，当时宏碁真是好不容易才控制住局面。当母公司开始紧缩供货，海外事业也开始积极对外收款，信用与库存管理也变得较严谨。现在我们不但能控制分公司的存货管理，连海外经销商的存货也开始纳入管理范围。

我们要求海外子公司严守不将过多产品放在经销商的原则。有些业务人员认为多放些货给经销商，他们才会有努力贩卖的压力，但在部分国家，当经销商有产品卖不掉时是可以退货的，这时压力就会反弹回来，导致整个订单与资金周转循环发生问题。

因此，宏碁非常关心经销商的销售状况，如果客户销售状况不好，我们不会供货，否则等于是害了他们，这是为客户着想。

要推动这个制度，业务人员必须非常了解每个经销商的状况，而且要让客户知道我们是出于善意，他们才会接受我们的“多管闲事”。我相信能做到这个地步的公司并不多，因为多半的企业连自己都管不好。

这也是一种反向思考。台湾地区的餐厅就是典型的负面例证，多数餐厅总是鼓动客人点过多的菜，不停帮客人开酒、斟酒，即使客人不喝仍不断地倒，最好客人的酒杯里都是九成满。这种完全不帮客人着想、浪费的做法，是非常短视的。既然宏碁把客户的重要性摆在第一位，就要尽可能照顾他、帮他设想，这样生意才会长久。

无知的财务陷阱

相信许多管理者都明白财务管理必须稳健的道理，但是却不见得能精确掌握公司财务结构，主要原因之一是会计制度不健全。而会计账的不健全，可归结于有心粉饰与无知的失误。

在台湾地区，部分企业会为了税务考虑或股票上市而粉饰会计报表，这种做法可能让企业短期获得利益，但是许多本地企业被海外事业拖垮，往往就起因于失真的会计账让企业决策发生偏差。就好比病人体检报告有误，把救命的时机都给耽搁了。

无心的失误往往起因于经营者外行，造成企业虚盈实亏，在信息电子业这种情况更是屡见不鲜。

从事电子业二十多年，我深刻感受到这个行业的特殊性：技术快速更新、价格不断调降、产品生命周期极短。

也因为如此，信息电子业有一个其他行业经营者不会面对的特性：新一代产品的价格，比上一代产品的零部件价格还要便宜，而且功能倍增。因此，用上一代零部件生产的产品，送人都没人要，个人计算机就是最典型的例子。

在其他行业，例如建筑业，原料和产品闲置还会涨价，他们无论如何也想不到，库存原料与产品会有贱价难售的事情发生。

因此，当没有经验的人进入这个行业，在会计制度方面就会产生无知的误差。例如，原有购入价格一百元的材料或设备，因为技术的汰旧换新，市价已经跌至十元，而企业浑然未觉，仍然以一百元记账，年度结算时还以为账面赚了五十元，实际上却是反亏四十块。

另一方面，和许多产品一样，计算机需要售后服务，这在会计原理上叫作“期后成本”，意即成本会发生在买卖之后，所以每做一笔生意都要在账面上提列售后服务的成本准备（个人计算机的硬件大约是2%–15%，软件业至少10%–20%）。

随时预留各种应急成本

许多厂商没有这么做，看起来当时是赚了钱，其实未来还是要付出这项成本。如同许多企业不愿预留员工退休金准备，看起来企业是赚钱，其实责任未了。

更严重的是，许多没有提高售后服务资金准备的业者，以为可以降价来拼业绩，尽管降价后业绩鼎盛，但随之而来的大量售后服务就完全无能为力了，最后，老板往往连怎么失败的都搞不清楚。这种例子时有所闻。

因此，要有健全的会计账，企业就必须随时提列各种应该付出的成本准备，如放账就有呆账准备，有库存就有降价准备及呆滞料准备等，这都是公司必须建立的制度。

但信息业最棘手的问题是，太多新加入者既外行又“勇敢”，用一套自以为赚钱其实是亏本的模式来报价，或运用一些似是而非的理论，例如低价是为了抢占市场，有些人甚至连策略也没有，迷迷糊糊进来打乱行情，又迷迷糊糊地退出市场。这都是因为无知造成的财务陷阱。

生意是全盘且整套的

我无意打击读者创业的信心，但经营企业真的非常复杂。

我经常接触全世界许多企业界人士，他们都有多年经营企业的经验，说起生意也头头是道，但真正具有全盘且环环相扣的概念者，实在不多见。

在我的想法里，生意人必须是“整套”的，必须把生意的整个循环，分门别类分配成每个人的任务，执行的人也许只清楚属于自己分内的任务，但决策者不仅要知其所以然，而且前因后果都要了解得清清楚楚。

企业发生问题时就像人生病，不一定完全知道病源在哪里。借由这些经验之谈，希望提供一些概念，有助于企业主管将这些概念转换成管理原则，而一般员工也可以认同这些原则，并实际运用到工作之中。

我曾经在宏碁内部研讨会中以一段话和同仁共勉：“资材管

理是高度影响企业利润底线的要素，如果我们不知道如何管理得比产业标准更好，那么最好立刻放弃经营，否则结果必然损失惨重。”在这里也将这些年来深切体会的由衷之言，提供给企业界的朋友。

2004年张玉文采访整理

企业在国际化时，常因为无法有效管理资产而陷入困境，其中以应收账款和库存管理这两项是永远的挑战。宏碁的两次企业再造，可说是通过不同的组织架构和经营理念来解决自有品牌的这两项挑战。

台湾地区高科技业有些企业莫名其妙地倒闭，绝大部分可以归因于采取单一报表，没有与海外子公司采取合并报表，因此无法实时反映整个企业在海内外的运营状况。管理者无法及早发现问题，或者是管理者虽然知情却隐匿不报，包括证期会、会计师、投资人等各界，都无法在问题萌发之初就采取必要的应对措施。

第六章

改造工程浴火重生

人世风雨是常态，
企业遭逢危机也绝非异常，
关键在如何化危机为转机。
当企业成员拥有共同利益，
为自我负责，
就能为企业的最大利益而努力。

1988年，宏碁计算机股票上市，借着台湾地区股市空前的荣景，我们筹措到充裕的资金，开始向国际化大步前进，同时邀请原任职IBM副总裁的刘英武加盟宏碁担任总经理，员工士气高昂，对未来前景充满信心。在外界眼中，宏碁正进入全盛时期，我们当然也这么认为。

而事实的真相是，当时宏碁的竞争力已经开始走下坡，但包括我在内的所有成员都未曾察觉。

那时候，同行像雨后春笋般一家家冒出头，但我们却并不以为意，总认为这些厂商的规模相较于宏碁简直像稚龄幼子；更何况他们生产主板，而我们是系统厂商，怎么能够等量齐观？

听闻同行推出“未附微处理器主板”（motherboard without CPU）与“未附内存主板”（motherboard without memory），我们还感到万分诧异：怎么会有这种东西？主板怎么能缺少大脑（内存）和心脏（微处理器）？

当时，我们并不知道，一场计算机产业的无声革命已经悄悄展开。

这场革命是在台湾地区主板厂商与全球各地进口商联手主导下，形成一个兼容计算机的组装联盟，从统合模式走向分工整合模式。

旧的系统厂商，不管是IBM、康柏或宏碁，在初遇这些新敌手时，犹如秀才遇到兵，一再斥责这些新手不按牌理出牌。双方正式交锋，系统厂商却是吃足苦头。

后来，康柏首先被迫用降价手法，以组织战配合价格战来扳回颓势，计算机业利润低、淘汰快的游戏规则大致确定。

而宏碁也开始以“快餐店模式”在各地组装计算机，用正规军和新厂商对决，重新进入高成长之路。宏碁能够破茧而出，就是凭借着改造工程。改造工程赋予宏碁新貌，也使宏碁不但能够度过危机，并且发展出更健壮的全球性高科技企业。

成长的危机与转机

其实，20世纪80年代末期的计算机产业革命，并不是宏碁第一度遭逢危机。

1981年2月，《工商时报》以头版报道《传神通即将并吞宏碁》的新闻。论财力，当时的宏碁自然比不上有家族集团背景的神通，于是新闻披露后立刻引起各方揣测，部分供货商开始暂停供货，银行也密切注意宏碁的财务状况，甚至同行发行的刊物上也刊登《业界盛传宏碁财务堪虑》的文章。

对于这个没来由的谣言，我们深知，如果处理不当，极可能造成银行抽银根，厂商追索货款的连锁反应。所幸，宏碁对财务管理一向谨慎，客户都必须以现金提货，而供应厂商则多在海外并未得知这个谣言，因此财务未受严重影响。

另一方面，我们立刻开诚布公地和媒体沟通，我也亲自写信给同行澄清谣言。没多久，上游厂商又恢复供货，一场莫须有的风波也就此化险为夷。

而宏碁却也因为这个危机事件大大提高了知名度，真可谓因祸得福。

企业什么时候会发生危机是难以预料的，在我的想法里，企业发生危机是常态，没有危机才是异常，因此必须有随时应付危机的准备。

就如同人类建筑坚固房舍是为了防范天灾，而不是为了好天气。风雨是常态，所以企业遭遇大风大浪也非异常，既然我们懂得不要等到风雨来袭才盖房子，企业也不能等危机发生才培养能力。更重要的是，当企业发生问题时应尽早解决，因为危机的爆发，往往都是原本无伤大局的小问题所累积而成。

长保组织活力

企业是生命体，就如同人一样，它不只是要存活，而且要不断成长，未来才会有希望。然而在我们周遭，高龄七十岁的人比比皆是，但存活超过七十年的企业却少之又少，若说人的成长必经苦痛，那么企业成长所遭遇的困难，显然千百倍于人的成长历程。

由于发展难免受阻，一旦企业陷入停滞，就只好在内部进行更新换代，才能保持组织的活力。就如同军队无法持续扩张规模，必须靠强制退役制度来维持组织的士气与活力。因此早在多年前我便公开宣布，如果宏碁连续三年增长未达15%，我将退休让位。

这并非信口承诺，后来在宏碁转型发生困难的阶段，我的确准备要这么做。

或许有人不解，企业要新陈代谢，何以先让责任最重大的领导者退位？因为，我的退休可以带动每个人都往上升一级，将对提升士气产生立竿见影的效果。我要寻找生涯的“第二春”并不难，总不能因为一个人，影响几千个员工的成长与企业的活力。

任何企业或政治体，如果领导者不这么思考，就很难让组织生生不息。

和人一样，企业的增长不只是高度和重量的增加，还包括思考和能力的发展，而组织的增长比人类更为复杂，因为它不但需要个别成员的能力增长，也和组织的有效运作息息相关。

企业成长为何如此艰难？因为成长条件并非一朝一夕便可建立，而且养成时间多半长达三年；也就是说，如果企业今天不成长，那是三年前没有预做投资或转型的准备。而正因为当中存在时间落差，企业的发展策略就会产生过与不及的偏差。

策略延误或不及，企业的发展自然是有快有慢，而快与慢之间并没有绝对的对错，因为不同的客观环境会造成不同的结果，重要的是，如何因着企业能力与客观环境而调整脚步。就如同耕种，雨水充足时多种些秧苗，干旱时则少种一些；种子不好要改良，土质不佳要施肥。

七分为现在，三分为未来

对孕育长期增长的条件，宏碁向来有个理念——企业的日常活动七分为现在、三分为未来。也就是说，目前的力量七分放在赚钱，三分用于训练人才、培养能力等非为现在赚钱而做的准备。

而在七分努力所产生的利润当中，又有三分的利润必须用于投资未来，所以，眼前的获利实际只有四分。如果年终报表上显示出这样的结果，那是最理想的，表示企业永远都有四分的获利，我将它称为“七三四模式”。

但这毕竟是理论，实际运作会受客观环境变动影响。

20世纪80年代末期，当计算机产业发生低价革命时，我们发现，七分努力却只得到三分获利，因此如果我们按照原来模式，将三分获利用于长期投资，结果就是一分获利也没有。

双管齐下的投资策略

此时，当然不能任由企业长期处在亏损边缘或就此停止投资，于是我们采用双管齐下的做法。

首先，提高组织效益，以同样七分力量去获得更高的利润率。其次，暂时先减少长期的无形投资，增加更多心力于获利，从七分调整到八、九分，让企业尽快获利。在恢复稳定利润之后，立刻重新恢复“七三四模式”。

就像建造水库来防洪灌溉，企业平常要储备实力，建立长期调整的机制，才能够防范恶劣的天候，企业才能安度危机，稳定成长。如果企业把利润完全利用耗尽，不保留任何弹性，等到危急时就没有筹码可供救急。

这段陷入困境、调整模式、恢复成长的过程，就是宏碁的再造工程，但这段历程却非三言两语可以道尽，首先得回顾宏碁陷入困境的起因。

宏碁曾有一度因扩张太快，被外界指责为“好高骛远”，深究起来，有两个比较可以讨论的扩充行动：“龙腾国际”计划及并购高图斯。

“龙腾国际”的失利

1986年，我们开始积极进入国际化的阶段，便在报上刊登大幅征才广告——“龙梦成真，指日可待”，大举招兵买马，进行“龙腾国际”计划。以现在的眼光来看，这个计划的方向是对的，但模式是错的。

当时我们订下目标，开始积极征才、买地、建厂，然而这些目标都以过去的经验为基础，按照往年成长幅度比例制订，例如：人力成长20%、生产力每年提升15%。

但这个计划才起步就遭遇产业变革，此时生产力每年提高15%已经无法存活，必须提高二到三倍才能和同行竞争。所以，按照旧结构所规划的扩张计划，造成人员过剩、资产投资过多，于是固定成本、管理、销售费用就显得偏高许多。

例如，根据人员成长推估，在龙潭新购置的土地，是预备在新竹科学园区之外再供一万个员工的规模所需。但是直到今天，我们在台湾地区总共不过七千名同仁，因为有许多组装工作移到海外进行，但当时无论如何也想不到会发生这种情况，总以为生产部门毫无疑问会全部集中在台湾。所以，根据旧的经验法则，就使扩充计划产生盲点。

另一方面，这个计划的确引进众多优秀人才，但因为模式有误，业绩的成长不如预期；没有足够的成长，人才的发挥空间就相对受限。于是人员扩增效率却递减，决策与新产品推出速度缓慢，导致成本偏高，公司运作开始进入负面循环，竞争力也开始衰退。

就在问题逐渐酝酿、尚未出现明显征兆时，刚好宏碁计算机股票上市，又逢股市飙涨，“平实务本”的企业文化开始松动，不仅同仁与公司之间风险、报酬与共的关系无法密切配合，公司的投资决策也变得大胆而不缜密。

于是，1990年，我们以九千四百万美金并购了美国高图斯公司，这也成为宏碁付出学费最多的投资案。

“高图斯”效应

并购高图斯之前，宏碁曾有参与并购美国慧智（Wyse）计算机的机会。事实上，以我向来的想法都是只参与投资，或找其他企业一起投资，但是时任总经理的刘英武比较倾向IBM的作风，主张宏碁应单独并购高图斯。

我尊重刘先生的决定，因为毕竟他有管理世界级大企业的经验，于是宏碁百分之百买下高图斯，也失去投资慧智的机会（后来，慧智由神通、和信、嘉新等集团共同并购）。

当初并购高图斯的着眼点，在于这家公司拥有迷你计算机的技术能力，而且在欧美已有相当程度的国际化部署，希望借由并购提高产品附加价值，以及增强国际化的实力。但是，当我们并购之后，整个计算机产业主流已经由原来的大计算机、迷你计算机，转向个人计算机。

更严重的是，这家公司原有的同仁仍活在过去“少量、高利润”的时代里，已经不符合计算机革命之后的新思维，沟通起来非常困难；另一方面，要维持这些高薪人力的管理、销售费用极为沉重。于是，宏碁在美国与欧洲同时出现大量亏损，使原本已有组织膨胀问题的台湾总部，经营更加困难。

此时，宏碁经历了十几年的顺利发展，却也背负快速成长带来的沉重包袱。

归纳起来，导致宏碁“体质”弱化的病因有五种：资金太多引起“大头症”，组织大而无当造成“肥胖症”，缺乏忧患意识的“安乐症”，反应迟钝的“恐龙症”，权责不分的“大锅饭心态”。

幸而，宏碁是个习惯变动，也颇具有变革意识的企业，当组织发生问题，我们便开始试图寻找解决之道。

转型两部曲

宏碁的转型，分成两个阶段。

第一个阶段是1989年将组织更改成多利润中心，以及推动“天蚕变”，这些工作还称不上是改造工程，而是精简规模或调整结构。

第二阶段是1992年起，修正运营模式，改采“快餐店模式”与“主从架构”分布式管理，发展出创新的管理架构与经营哲学，这才真正进入改造工程。

严格说来，推动第一阶段转型的原因，并非意识到产业革命来临，而是为跨国经营预做组织调整，以便建立起权责分明的制度架构。

首先，我们依照各事业业务性质的不同，区分为营销导向的地区性事业群（Regional Business Unit，简称RBU），以及制造导向的策略性事业群（Strategic Business Unit，简称SBU）。这是跨国企业经营的基本模式，算不上创举，但是这个模式为日后宏碁创新的“主从架构”建立了基本雏形。

也就在此时，宏碁长年的问题开始浮现在账面上。这一年，宏碁有史以来第一次盈余未达目标，但因为全球同行获利都欠佳，大家对这个成绩觉得还算能够接受。

另一方面，同仁却开始普遍感受到组织气候出现问题。因为组织太散，产生山头主义；权责不清、赏罚不明，导致部分同仁不愿负责的心态，事情很难推动。于是，我们召开“天蚕变”会议，借此机会进行沟通，并开始落实组织扁平化，推动以绩效为考核标准的人事制度，厘清责任与授权的分际。

劝退员工，改善“体质”

在第一阶段改革期间，宏碁做了一件相当重要的决定，1991年的劝退计划，在台湾地区劝退三百位员工，在美国裁员一百人。

劝退的原因，是由于过去的成功，导致部分同仁缺乏成长的驱策，而无法适应新的工作挑战。而早在“天蚕变”会议当中，我们就已形成共识，各部门要建立合理的考核制度，并想办法淘汰3%最不适任的人，以便建立健全的组织基础，不知不觉中，也为劝退计划做了铺路工作。

即便如此，当真正决定要展开劝退，却仍是一波三折。我们花了两个月时间不断开会，迟迟无法决定。有些主管主张，赚钱的部门不需要裁员，应该只让赔钱部门裁员；有些主管认为，在绩效良好部门垫底的同仁，不见得比绩效不佳部门的优秀员工差。

但是，改革考虑的重点并非仅是短期的赚与赔，更重要的是未来发展与整体效率的提升，我们要解决组织老化及调整新旧业务的结构性问题。就像让过于臃肿的人，不只减重，还要让他比例匀称（shaping）。

后来，我们提出更优惠的劝退条件，那些不愿意配合执行劝退的主管终于同意，也趁机整顿组织，最后决议在两周之内完成劝退工作。

然而，因为消息走漏，为了保护公司的知识产权及同仁工作环境的安定，我们在第十天就快刀斩乱麻，一天之内完成劝退手续，并发新闻稿公布消息（企业因裁员而发新闻稿，在台湾这还是第一遭）。

被劝退的员工心里的难过，自然是可以想象的，但为公司长远的发展却不得不如此，我们也尽可能地把该做的都做好，例如工作介绍信、给员工家人的说明信等等。事后，劳委会也把这些处理方式，作为企业处理类似事件的典范。

劝退之后，同仁因为担心有第二波裁员行动而人心惶惶，我直接面对同仁进行沟通，但在当时的情况下，我无论如何不能承诺只此一次，但我也告诉同仁，绝不希望有第二次。一方面我不能让大家丧失忧患意识，但另一方面又要安抚人心，的确相当辛苦。我们紧接着将高图斯并入美国分公司，在陆续几次裁员之后，公司渐渐稳定下来。1992年圣诞节，原本状况不佳的澳大利亚事业也劝退8%的员工。两个月后，账面开始平衡。

当公司运营开始好转，留在公司的同仁便认识到精简人员是正确的。不管如何，被劝退的总是少数，我们要照顾的是多数人。“去除病因”“改善体质”之后，多数人才能受惠，但若是经过几次手术仍不能使情形好转，那就非常棘手了。

扩充的盲点

因此，在调整过程中，主管的角色非常重要。一般同仁难免因不了解情况而有所疑虑，而了解情况的主管就必须发挥中流砥柱的功能，稳定人心，不能人云亦云，自乱阵脚。

在宏碁艰困的转型期，所有高层主管都相当尽责，也发挥极大的功能，我愿意用“表现可圈可点”来形容（虽然这句话应该留给社会公评才是）。

当宏碁进行精简人事时，外界有一种说法：“宏碁请刘英武来，是要借刀杀人。”从实际产生的效果来说，刘先生与我，的确都有心要解决十几年来成长的旧包袱。

事实上，正因为宏碁愿意面对、不逃避问题，寻求有效解决方案，才使得宏碁能在挑战困难的过程中，赢得正面的形象与能力的成长，我认为这也是宏碁有别其他企业的特点。

劝退计划执行之后，宏碁的经营虽有起色，但效率的提升仍然抵不过产业变动的速度。1991年底，宏碁发生历来最大幅度的亏损，而且亏损金额（新台币六亿七百万元）远超过预期。

事实上，当时台湾宏碁仍是获利状态，但海外事业的亏损比平常报表追踪的数字多出许多，这个结果带来极大震撼，由于欧美事业是由总经理亲自负责，因此刘先生便于1992年4月辞职。

在担任宏碁总经理期间，刘先生非常努力，也规划了第二代经营者的人选，对于“天蚕变”的推动贡献相当大，只是整个产业大势所趋，过往大企业成功的决策逻辑不见得能再奏效。

但另一方面，刘先生的离去，为宏碁的责任制树立了典范，这也是“天蚕变”最主要的宗旨之一。

刘先生的“身先士卒”，对日后各部门的独立运作，以及经理人的责任感，影响非常深远。

回顾这段历程，宏碁在外表看来发展顺利、追求高成长时，内部却已暗藏危机，这并非宏碁特殊的遭遇，企业界类似的例子俯拾皆是。究竟企业在进行扩张策略时，存在什么陷阱？

企业要成长，一定有许多策略可以选择，但是一般人总会选择自己熟悉、已经印证过的模式去发展。因为过去一直处在顺境，扩充时自然而然会用过去的认知去思考与行动，但是再好的策略，都是在适当的时空环境下才会成功，而环境会随时空改变，过去成功的策略并不保证未来仍然可行。

所以最重要的是，当企业发生危机时要面对问题，并寻求改善的方法，这样才能化危机为转机，所谓“山穷水尽疑无路，柳暗花明又一村”。于是，在刘先生辞职之后两个月，宏碁的改造工程也正式开展。

塞翁失马的改造工程

从投资回报率来看，高图斯并购案导致宏碁蒙受损失，是个失败的个案，但是从日后的发展来看，却是“失之东隅，收之桑榆”。

因为它除了让宏碁的美国事业更具规模之外，最重要的是，我们为了解除危机，被迫比其他跨国企业更早发展出分布式管理架构，包括：经营模式的改变（快餐店模式）、组织结构的改变（主从架构）、经营理念的改变（全球品牌、结合地缘）。日后的发展趋势，也证明了这些模式的前瞻性与未来性。

好比下棋被对手“将了一军”，被逼着下一步棋，可能会产生两种结果：一种是走错棋，全盘皆输；一种是出奇招，全盘皆活。宏碁的改造工程，就是险中求胜的奇招。

早在进行改造之前，我就尝试针对各种理念与同仁沟通，包括策略、任务、愿景等等。

但是，这些追求分散、授权与速度的想法，和一般以“控制”为主要思考的国际化管理，几乎是背道而驰，有些甚至是前所未有的，因此我必须先说服同仁接受这些“破天荒”的想法，才可能进一步执行与落实。我经常举一些其他领域既有的、简单易懂的实例，例如鸭蛋与文具、化妆品等，让同仁愿意先尝试，进而产生效果。

快餐店就是其中最具代表性的例子。所谓“快餐店模式”，就是将原来在台湾生产系统，转变为台湾生产组件，卖给海外事业单位，在市场当地组装，提供市场刚出炉、最新鲜的计算机，加快新产品推出与库存周转速度。

事实上，早在刘英武担任总经理期间，我就已经提议让宏碁计算机由生产系统转型为主板厂商，但被海外事业单位否决。原因是初期受限于规模，成本偏高，以至于我们卖给海外事业（即自有品牌产品）的价格，会比卖给其他厂商的价格（即市场价格）高。

但因市场状况日益吃紧，生产主板已是势在必行，我再度说服海外事业单位：“如果不让宏碁计算机转型，改为主板厂商，总有一天你要向其他计算机买主板，你愿不愿意？”最后，同仁终于愿意一试，但问题是，我们生产主板的成本太高，因此根本之道还是要具备市场的价格竞争力。

自立门户，面对竞争

由于宏碁自有品牌的海外营销网已经建立，短期内尚可承受高价，于是我们决议给负责供应海外子公司业务的副总经理施崇棠九个月的时间，九个月之后，卖给子公司的价格要与销到外面的价格一致，以免自有品牌产品处于不利的竞争地位。

这么一来，一方面策略性事业群有缓冲时间，另一方面，海外营销单位为了配合策略性事业群扩大经济规模以降低成本，愿意做短期的牺牲。有了这个共识，大家同舟共济，一年之后，问题就完全解决了。

当然，任何改革措施都不能在一夕之间完全转向，以“快餐店模式”而言，在喊出这个口号之前，组织运作已略具雏形。

原本，宏碁是个典型的垂直整合企业，从生产计算机开始，为了降低成本、掌握技术，发展出生产接口设备（如键盘、显示器等）的明基计算机，以及生产“特殊应用集成电路”（application specific integrated circuit, ASIC）的扬智科技，但多数是供应集团本身所需。

因此，虽然技术能力领先，但因为过于依赖内部，当规模越来越大，包袱也越来越大（许多企业集团也都有此问题），便不得不让明基与扬智开始对外营业，面对外界竞争。

在全面改变成组件模式之后，不但每个单项产品都有和外界竞争的实力，而且都是领先者，不管是主板、显示器或光驱。观念一改，同样的努力，所获致的成长速度完全不同。

海外事业的“本土化”

后来，我们把这种分工整合观念发展到极致，变成各事业独立运作的“主从架构”，并让各海外事业本土化，包括本土化的组装、由当地人管理，以及当地拥有过半股权并就地股票上市，宏碁的再造工程也因此更加周延、完备。

以海外跨国企业管理模式的演进而言，多半仅仅从策略性事业群与地区性事业群的架构，发展到对外运营的利润中心，但是更进一步成为不受母公司控制，在各地独立股票上市，就是突破性的想法。

我们常看到美国、日本的企业到海外投资，姿态甚高，满脑子都是“管”字，更别提让各地完全独立自主经营。宏碁会反其道而行，最初当然源自国际化资金与人才的不足，但重要的是为了降低风险与有效经营。

在经营模式、组织架构与经营理念三管齐下的改革之后，宏碁从1993年下半年起有了明显的改变。制造部门管理费用降到原来的六分之一，存货周转天数降低一半，员工的平均营业额则成长了数倍。

渐进推动，不伤元气

回顾这段夹杂煎熬与喜悦的蜕壳新生，可以归纳出几项宏碁改造工程的心得。

首先，企业进行改革过程中，运用反向思考有助于突破瓶颈。

跨国企业应对变局主要有两种方式，日本企业通常不做大幅调整，不敢做太多改革的结果，就必须长期苦撑；欧美企业多半先更换最高决策者，甚至高层经理人也换掉一大半，革命性地狠狠开上一刀，伤了元气就认赔了事。因为旧决策者往往习惯旧的思考模式，无法转换成新的思考模式有效解决旧包袱，所以必须靠大量换血，以期收改头换面之效。

而宏碁改造工程最大的不同，是仍以原来的决策者与干部为主导来做调整，因为我们运用反向思考发展出新的模式，并且以渐进的方式推动，任何措施都有缓冲时间，视情况与制度调整，以不伤及元气为主。

取得共识，才能落实

其次，新的经营模式必须通过沟通来形成共识。

企业转型难免会有冲突，如果决策者从悲观面看待冲突，就会唯恐公司产生混乱局面，宁愿息事宁人；但事实上，从积极面来看，冲突就是共识形成的过程，因此只要沟通得宜，通过时间消除分歧、达成目标，冲突自然就会消失。

当企业运作遇到困难，内部总会提出改善意见，但是往往因为未能取得共识，无法进一步落实。严格说来，决策并不困难，问题是员工有没有执行的共识，所以一定要强力沟通，让大家愿意照新模式去做才行。

最后，要有贯彻执行的信念，并适时宣传战果。

推动改革的过程中，因为结果的不确定性，必然会产生反弹与茫然，所以决策者必须有坚持与贯彻的毅力，而且必须订立阶段性目标，一旦达成阶段性的目标，要适时宣传成果（但绝不是渲染），鼓舞士气，让大家可以感受到努力的成果。如果等到完全达成才宣布，恐怕旷日费时，军心早已涣散。

领导者的角色

近两年，我与企业界朋友分享企业转型的心得时，总会有人问起，在企业改造的过程中，领导者应该扮演什么样的角色？

身为领导者，我有较多机会到处走动，理所当然要比同仁多许多观察。我也不松懈地动脑筋，想很多新点子，然后不断从各种角度想出不同的说服点，而且天天强调、推动，并不停更新招数，发掘一些新成果以证明成效，并且给还没有成果的单位信心与压力，让大家知道我是玩真的，公司就这样不断动起来。

例如，为了让大家强烈感受宏碁要朝分工整合的方向转型，我喊出一个口号：“宏碁除了老婆、先生不卖，什么都卖！”这句话的意思是说，宏碁不只卖系统与接口设备，也卖组件、技术、服务，只要价格合理。这句话是让大家在觉得有趣之余，感受到宏碁转变的精髓与决心，进而认同这个突破性的看法。

另一方面，当领导者提出创新概念的同时，若是实际负责的主管能够称职地加以诠释与执行，效果会更加彰显。因为位居前线的主管会比领导者更了解实际需要，所以由他们来传达这些模型的概念更具说服力。就如同在团体中，随便一个人喊：“开动！”大家会心存观望，但如果是最高领导者发号施令，底下各层主管也跟着喊：“开动！”传令下去，大家就会步伐齐一、开始行动。

也就是说，领导者的任务，首先是提出创新思考，并将原本概念模糊的新策略具体化，在内部沟通、形成共识，然后明确宣示行动。其他同仁则扮演将策略传承、执行与放大的角色，环环相扣，都非常重要。

塞翁失马，焉知非福

对宏碁而言，经历过一连串的困境后，有两个影响让我们确信未来会更好：其一，挫折使我们认识到，未来什么情况都可能发生，这种心态的调整，让我们更小心、更警觉地面对环境的变动；其二，因为身经百战、累积经验，所以有了更强的免疫力，加上不断用心改进，建立更多的免疫功能。

长远来看，这些条件也会随着时间而改变。人会老化，组织也会老化，这个力量能维系多久？传承之后仍能维持吗？所以我始终认为，要有个最源头的力量，让企业一路做下去不会出错。

这股力量，还是回归到机制的构建。

举例而言，企业要训练人才，不能用短期资金去做长期投资，这些都是非守住不可的原则，但光有想法没用，要建立一个机制，让企业不断投资人才，及确保长期资金的来源，所以宏碁才有“七三四模式”。

有这样的机制之后，就不致出现不预做长期投资准备的危险。否则，在没有构建机制的情形下，任何动作都可能为将来埋下不定时炸弹。

企业的存活之所以比人延续生命困难许多，是因为企业是由一群生命组成的，出错、失控的概率比单一个人大太多。但是如果仔细想想，一个人的成长必须接受多少教育，那么企业所受的教育应该更多才对。

实际上，企业领导者是否提供组织成员足够的教育？显然，多数的企业并非如此，因此当企业身负众多风险而不自知，没有时时预防，才会如此轻易夭折。

对宏碁而言，由于过去致力于培养人才与健全财务，才使我们终能度过危机，未来，更没有松懈与疏忽的理由。

松绑而获利的哲学

在宏碁实施改造工程之后，常常有人问我，组织如此分散，万一失去控制怎么办？我的回答是：“我宁可失去控制而赚钱，不愿控制而赔钱。”想通这一点，就不会整天战战兢兢害怕失控了。

我常做这样的比喻：假设有三个小孩，一个唯命是从，但是光会花钱、没有营生能力；第二个不愿遵照父母的事业安排，但是认同家族传统，独立闯出一番天地而光宗耀祖；第三个不但不听话，而且完全不认同家族，破坏家族形象。

如果宏碁的事业发生这三种情形：第一个小孩是败家子，根本不应该让这样的企业存在；第二个小孩当然还是我们的家族成员；第三个小孩就让他离开家族，但也不能再分享所有权利，或者要他变成第二种，在家族规定的大原则下创造自己的事业。

对海外联属企业而言，宏碁的角色是提供品牌与研发的奥援。如果将来任何一家事业的董事会决议脱离宏碁，我们也会尊重他们的决定。

当然，这样的情形至今还未曾发生，但我必须让伙伴们有选择的余地，否则大家永远没有满意的一天。换个角度来想，归根结底，关键在于宏碁要能够保持强盛的实力，让大家主动愿意加盟宏碁。如果存着老大心态，不求实力长进，企业还是不免分崩离析。

这两年，不少国际性学术单位，针对宏碁特殊的管理模式进行项目研究，当然其中不免有正反两面的评价：学者专家对于宏碁的高度授权，给予相当的肯定，但也认为宏碁未来最大的挑战，是来自如何防止组织过度松散。

曾经有人问我，能不能接受并认同这样的看法？我的回答是："当然认同，宏碁也会全力以赴去迎接这个挑战，而且，我们衷心以有机会去克服挑战为荣。"

2004年张玉文采访整理

企业在顺境时，都会想要多元发展。

一方面扩充原有事业，一方面积极推动新事业，这是企业在成长时常会出现的一种挑战。尤其是在企业资金比较充裕时，无效投资自然就会增多，累积一段时间之后，企业就会陷入困境，不得不启动企业的再造需求。

如果企业勇于面对挑战，进行改造，那么还有再生的机会；如果不愿意面对挑战，或因面子问题，或因再造工程过于困难复杂而不进行改造，那么企业终将会被淘汰。在产业和企业的竞争不断加剧、加速的客观环境之下，不同规模的企业再造工程是企业突破成长极限的必然手段。

在这个关键时刻，企业领导者扮演绝对关键的角色，常常是因其一念之差，决定企业的成败。企业领导者必须面对现实，换脑袋，采取新愿景和新模式，否则就应该换人。

第七章

国际化的挫败与再出发

本土化是大势所趋，
必须乘势而为，
找出有效的管理方法。
但要有效国际化，
必须找出适合自己的模式，
跟着一流企业走，
最多只能成为二流、三流的企业。

1991年，宏碁海外投资发生巨额亏损，一时之间，各方压力齐至。

当时，我们继续到海外投资的计划，遭到官方的质疑；新闻媒体批评宏碁“冲得太快”；甚至股东与同仁也都摆明不支持的态度。有些同仁还直截了当地挑战我：“我们辛辛苦苦赚来的钱，为什么要拿去海外输掉？”

宏碁走过近十年平顺的国际化历程，似乎正面临难以突破的瓶颈。

我被逼惨了，只好不断动脑筋想办法。忽然之间灵机一动，在这种情形下，唯一有机会说服同仁与投资人的方法，就是海外伙伴也投入资金共担风险，我们出钱、他们出更多钱，我们赔钱、他们赔得更多。如此，我才能继续将资金拿到海外投资。跳出这个思考窠臼之后，宏碁发展出“全球品牌、结合地缘”的新策略，一举消除如财务、品牌形象与管理效率等困扰宏碁国际化的难题。如同身染数疾终得对症下药，多重问题一并获得解决。

从1993年起，宏碁一举囊括拉丁美洲、东南亚、中东三大区域的第一品牌；次年，原本连年亏损的美国市场不但转亏为盈，还在强敌环伺下跻身第九大品牌，使宏碁品牌进入世界前十，名列第七。这个策略并不是偶发灵感，凑巧奏效，而是历经无数的教训、挑战、压力，才累积出宏碁特有的国际化模式。

建立有效的跨国管理

如果要从头细说，我个人最早的国际化经验，应该是在荣泰电子工作时，奉派到洛杉矶支持美国分公司。由于人手少，凡事都得自己来，例如，笨手笨脚地打电报交换机（Telex），这是一直担任工程师与管理者的我，从未尝试过的新鲜经验。

那时候还发生过一个笑话。有一回，我们卖了一批货给梅西百货（Macy's），左等右等货款始终没进来，最后终于搞清楚，原来我们没给发票，他们也就乐得不付账。在台湾地区做外销，只要接单、出货、拿信用证去押汇，就大功告成了，所以我们连给发票这个最基本的动作，都完全没有经验。

这个例子让我认识到，国际化的学问远比想象中复杂得多。在人生地不熟的环境下，有时候要收一笔账都困难重重，如果管理者不谨慎，还要为争取业绩而放账，一旦有人存心赖账，人海茫茫，真不知道从哪里找起。

有了这段经营海外事业的经验，在宏碁创业的同时，我就计划成立美国分公司。恰好那一年年底，我的同班同学张国华从美国回到台北，他原本在硅谷的惠普科技工作，我邀请他加入宏碁，负责经营美国业务。因为张国华从来没有做过生意，我就临时为他恶补了一堂“如何做生意”的课程，他还非常郑重其事地录音。

就这样，宏碁跨出了国际化的第一步。

找人合伙，人财两得

1977年，宏碁美国公司正式成立，张国华占60%股份，宏碁投资40%。

成立美国分公司之前，我们代理美国供货商的产品，每笔生意仅能赚到5%—10%的佣金，而且佣金结算的速度很慢。美国公司成立之后，由张国华向供货商进货，转卖到台湾，宏碁再和美国公司结算佣金。

如此一来，供货商给美国公司较大的折扣，产生较大的价差利润，而且佣金结算又快又有保障；更重要的是，美国公司可以向供货商赊账，有时张国华也会帮忙先垫钱，他的财力比宏碁所有合伙人的总和还要雄厚。靠着张国华的帮忙，经营状况始终都相当理想。

宏碁的成长过程，可说是一部不断合伙的历史。

创业时是几个人共同创业，成立美国公司是与人合伙，1979年成立台中与高雄公司，也是由宏碁出资40%，另外找三个同仁各出资20%，把公司成立起来。台中有邱英雄、林铭瑶和张光瑶（已离职），高雄则是林宪铭、梁秋生（已离职）与刘文蔚（后来因故未到职）。

日后，宏碁“结合地缘”，让海外事业当地股权过半的策略，可说是早有渊源。

合伙网络的建立，对宏碁早期发展有莫大帮助。前五年，宏碁主要业务之一是代理海外产品，由美国公司负责供货商的联系与采购，高雄、台中分公司负责当地的教育推广与市场营销，各司其职，市场渐渐打开，合伙人也都赚了不少钱。

1989年，我们以换股方式，合并美国、台中、高雄分公司，成为宏碁百分之百转投资的事业，我将这个做法称为“人财两得”。因为合并之后，公司资产增加，且分公司负责人在事业单位里，生涯发展都到了极限，等于是大材小用，让他们换到比较大的鱼池里，才能发挥所长，而宏碁也因而获得更多好的人才。

大口吞并，人财两失

宏碁少数没有以这个思维进行的并购案，以1987年买下汇点（Counter Point）和1990年的高图斯并购案最为外界所熟知，而结果就是截然不同的“人财两空”。

这两桩并购案都是采取溢价并购的方式，也就是除了净值之外，还多付许多钱来买无形财产权，不但多花了钱，而且这种一大口吞下的合并方式，导致严重的消化不良，原有人员未能实时融入宏碁的企业文化，市场状况不佳更让他们信心不足，人才就慢慢流失。

宏碁先失财、再失人，蒙受双重损失。比较合并台中、高雄分公司与并购康点、高图斯，前两案的股东换得宏碁的股票，成为我们的合伙人，资金与人才皆留在公司“打拼”；后两案的股东卖了股票换现金，管理团队留在宏碁“打工”，“一起打拼”与“为人打工”两种截然不同的心态，自然也产生迥异的结果。

放账造成恶性竞争

宏碁的国际化，在企业规模不大时都算相当成功，因为当时的业务以单纯代理、接单为主，没有库存、放账的问题。

但是当宏碁扩大国际化的业务范围，为了推展自有品牌产品而放账、增加库存时，就产生两大问题：第一是资材的损失（包括催收不回来的应收账款，与产销预测错误产生的库存），第二是管理、销售费用失控。多数企业国际化所遭遇的问题，大概也都类似于这两种情况。

应收账款牵涉到信用管理，而信用原本就是无形的东西，要建立管理无形的信用制度，比管理有形的资产更需耗费较多时间，而这制度不单因产业环境与客户条件有所差异，更棘手的是还牵涉到市场竞争态势。

也就是说，当市场竞争激烈时，放账便成为相当关键的竞争条件之一，于是业务与稳健便无法兼得，即使有心进行放账管理，执行起来却非常不容易。

试想，许多企业从外销进入内销时，即使是在自己国家，都不免会因无法有效管理信用而吃倒账，何况是在海外管理外国人？除了以下两种情况例外：第一，公司经营独家生意，那是绝对的强势；第二，产业的商业基本环境就是现金交易。

以多数产业而言，惯例都是放账一个月，甚至在少数行业当中，客户进货是开六个月的期票（台湾俗称“竹竿票”，取其票期很长之意），那么就很难降低风险。

信息业的基本商业环境在1990年左右急遽恶化，几乎可以用“说有多糟就有多糟”来形容。内行与外行业者竞逐市场的结果，厂商一旦发生产销失衡的状况，与其把产品放在公司仓库折旧，不如放在客户那里还有机会卖掉，于是就开始陷入放账的恶性循环。

建立信用管理系统

宏碁比台湾同行更困难的地方，是我们在很多国家同时需要放账，特别是在发达国家。

在第三世界国家市场，宏碁都是与当地极具规模的进口商合作，并采用信用证交易，加上第三世界国家又正在高速发展，利润高、风险低，但是在美国与欧洲，却有将近十个国家都面对放账难题。

在欧洲，我们特别投保坏账险，但是买保险并不能一劳永逸，保险仍需成本，而且理赔时间往往拖上三五年，还无法全额理赔。就这样，经过多年缴交学费累积经验后，宏碁才在发达国家慢慢建立信用管理的系统。

首先，我们建立起信用调查制度，对没有把握的客户尽量收现，对有把握的客户尽量分散客源。

其次，建立市场交易状况的预警与应对体系，例如，培养同仁敏锐的觉察力，当市场稍有风吹草动便能提前预防；当客户逾期付款，也有一套体系来应对与调整。这种内化成组织自然行为的工作，我称为“组织的基础建设”，至少需要三年工夫，而且是在人事大致稳定的情况下才可行。

库存问题不容忽视

除了应收账款之外，在国际化过程中，库存管理也是个棘手难题。因为库存必然牵涉到对市场的预测，市场又经常处于变动状态，而海外市场因距离遥远得预留更长时间，往往是对半年以后的市场状况进行预测，万一预测不准，不管是数量或机种失准，都会产生库存问题。

库存一多，就会产生四个连锁反应：

第一，资金周转出问题。

第二，为了资金周转降价求售。

第三，畅销机种缺货，而滞销机种又大量积压，就得开始和海外业务单位与经销商沟通；也就是说，经销商或销售人员只要随便找个借口蒙混，总部的决策方向就产生偏差。

第四，若库存始终消化不掉，有市场竞争力的新产品便无法上市，因为一上市无异打到自己为数众多的旧产品。

不只是宏碁有这样的问题，1994年，IBM个人计算机事业的营业额是一百亿美金，亏损十亿，其中七亿是会计确认库存损失。康柏计算机也因为486计算机库存过多，无法实时推出奔腾芯片的机种。

这好比沐浴时调整水温，当水龙头与热水器距离越远、水管越长，水温就越难控制得恰到好处。当水温过低，要调高水温，需经过二十秒才会转热，也许在第十秒时我们就等不及再度加温。等二十秒到了，水已经过热，于是又赶紧降低水温，过十秒还是太烫，再调低水温，如此反复调整，忽冷忽热。

当供货点与市场太远，就永远存在时间落差的问题。1988年之前，宏碁是与国际进口商合作，采取出口卖断（Free on Board, FOB）的外销方式，当时从付钱买原料、加工制造，到出货取得货款，大约只需四十五到六十天。

但在介入国际营销市场，将货放到前线之后，产品从制造到出口至当地市场需花费一到两个月的时间，市场当地库存两个月，放账出去能够在两个月之后收到钱就非常不错了，于是资金周转天数起码六个月，是原来的三四倍。

换言之，假设以前一块钱可做一块钱的生意，现在要三四块钱才能做。这就是国际化的苦恼。

有效管理模式，兼得前后段利润

当然，国际化也不全然吃力不讨好，它的好处是可以赚取更高的附加价值，也就是说，以前我们把后段营销部分的价值让别人赚，现在拿一部分回来自己来做，当然就要担负这部分的风险，但如果能够管理得宜，是可以兼得前后段的利润的。

后来，宏碁采取“快餐店模式”的做法，就是将供货点移到前线，即使各地供货系统的能力有所差异，由于距离较短，调整到与市场同步的机会还是比较大。

更重要的是，采取快餐店模式之后，库存周转从一百天降到五十天，这不但使得我们的资金变得较为宽松，而且风险大为降低，因为库存积压到后期五十天的风险，比最初五十天高出十倍。因此，宏碁从1993年之后，开始能够兼享前后段的附加价值。

当然，“快餐店模式”不可能适用所有企业的资材管理问题，但是各种解决方案万变不离其宗，都要从产销预测、账务管理、库存与费用控制几个方面着手。

要找出有效的管理模式，最关键之处是经营者是否内行，而所谓的内行又可分为两种，一是对产业内行，二是对管理内行，这样才能够在压力之下萌发创意，并适用于企业本身的需求。

举例而言，即使同是快餐店，肯德基与麦当劳的经营模式也不尽相同，到底要学习快餐店的哪一部分？要如何融入企业，组合出适合的管理模式？正是因为如此，作为企业领导者除了必须具备突破性观念之外，真正要落实时，还是要根据实际状况与时空环境的不同慢慢调整。

管理、销售费用居高不下

除了放账与库存导致资材管理失控之外，国际化的另一个难题，就是管理、销售费用的易放难收。

当企业采取小规模的国际化，并不至于产生太严重的管理、销售费用问题，但是小规模所产生的效益必然有所局限，因此当企业国际化获得初步成效之后，一定会扩充规模，以取得更大的成效。当人员日益增多，海外据点也必须建立更复杂的体系，来应对复杂度日益提高的管销费用问题。

宏碁美国事业开始出现问题，就是从并购康点开始。并购的目的是为了增加业务，而增加业务就代表人员扩充，管理、销售费用、库存与应收账款增多，形成一个成本膨胀的循环。

但是，康点毕竟还仅限于美国，并购高图斯之后，由于一并接管高图斯在欧洲的事业，使宏碁在欧洲原本单纯的组织架构快速倍增。不巧又碰上产业获利由高转薄，问题一下子全爆发出来，包括费用、资材管理以及企业文化与管理效度的问题。

当时，一方面企业在海外已经处于失血状态，另一方面却还要继续往前行进，这场仗打来格外辛苦。海外事业因为距离遥远、人地生疏，运营成本比台湾地区高本属合理，但多数企业的海外事业运营成本都是不合理的偏高，主要有两个原因：

第一，基于企业对海外市场的期待，海外单位通常会积极扩张，但是业绩往往不理想，因此成本相对提高。

第二，海外事业并不是当地管理者所有，对于控制支出并没有切身利害，所以决策必然产生两种倾向：营业额大、花钱多。因为营业额大，权力就大；钱花得多，当然也比较好办事。因此运营成本就随着市场的开展，越发水涨船高。

海外投资本土化

早几年，宏碁由于完全授权当地管理者，始终无法解决这两大问题。采取管理本土化的原因，一方面是因为当时台湾地区无适合的高层主管可供外派，海外单位的当地同仁都相当资深，台湾地区派出去的人总自认为条件不足；另一方面，我们始终认为本土化是大势所趋。

但宏碁早期的管理本土化并不成功，因为当时这些海外负责人并不了解宏碁，也欠缺归属感，于是相对的，我们也很难对他们有足够的信心。直到进行再造工程精简人事之后，我们才大致能够掌握海外事业。海外事业开始审慎过滤业务，放弃没有把握的部分，集中资源在少数有把握的产品及渠道上，例如放慢迷你计算机、网络与工作站的脚步，先集中资源发展个人计算机。在台湾与海外事业加强沟通、建立共识并厘清方向之后，就能以比较健全的制度，恢复原先既定的发展计划。

同时，也由于多年积极致力于培养人才，宏碁逐渐能够派出合适的人管理海外事业，加上过去失败的经验，派遣到海外的管理者在进行改革时更加师出有名。

特别是1995年和1996年。当大型计算机公司运营状况都不好时，宏碁却能逆势成长，这使得宏碁的管理制度与企业文化更有说服力。

平心而论，当时宏碁国际化管理方式犯了两个错误：

第一，我们太早授权给当地管理者，当他们对宏碁的认同感还不够强时，自然也缺乏为公司着想的心情。但我们并没有就此放弃本土化，而是更进一步“结合地缘”，让海外事业的决策者成为股东，如此他们对节制费用便有切身利害之感。尤其是现在个人计算机的利润已经降为2%到3%，浪费一笔钱，就得多做五十倍的业务才能弥补，省一块钱当然比做五十块生意要容易，如此一来，管理、销售费用就不会漫无节制地膨胀。

第二，早期我们外派的管理人员采取任期制，外派满两年就调回台湾，结果这些同仁才刚了解状况就要打道回府，回台湾后又没有合适的任务，就纷纷被挖墙脚成为同行派驻海外的管理者，而宏碁海外业务却是生手轮调。1991年之后，我们将制度做了改变，将海外经理人的任期延长到五年以上，近几年我们才能在内部人事布局大致安定的情形下，加快对外拓展的脚步。

企业进行国际化，原本就是比较繁杂艰巨的任务，而台湾企业由于起步较晚，经营能力已经居于劣势，而最遗憾的是，台湾地区的大环境对于企业国际化往往还横生阻力。我们的做法，是自己设法开出一条路来走。

面对误解，泰然处之

正因为社会大众对国际化仍有未尽理解之处，在宏碁国际化遭遇挫折之前，偏巧济业电子刚发生问题，所以外界将两家公司的问题混为一谈。

这让我相当不平衡，因为将宏碁的国际化架构和其他企业老板私人海外投资的情况相比，根本是两张题目完全不同的考卷，怎么能够等同视之?

另一方面，不管是媒体或官方，总以其他代工生产计算机厂商的经营绩效，与宏碁自创品牌及国际营销的经营制度相比，一再批评我们应收账款太多、库存周转速度太慢。

他们未曾考虑到，自创品牌和代工根本是两种不同的运营模式，当然更无法理解，周转速度慢是提高附加价值与拉大战场的结果，这两者无论如何不能相提并论。

最不可理喻的是，当时有媒体以宏碁计算机单一企业的营业额，除以整个集团的员工人数后指出，宏碁是全产业生产力最差的企业。在那个节骨眼上，因为宏碁表现不好，造成媒体随便找到一个“证据”便大肆渲染。事实上并非如此，但我们不可能到处去辟谣、辩论，那只会越描越黑，让我们更徒增困扰。

在那段时间，甚至有外媒报道，因为台湾地区相关部门不希望宏碁倒闭，所以全力资助宏碁渡过难关。事实上，当时官方也曾询问宏碁是否需要协助。对于相关部门的心意，我们心存感谢，但当时宏碁已经自己找到解决方法。

因此，与其运用政治手段，还不如采取正常商业交易，例如向银行融资。在宏碁采取完全透明化的做法下，交通银行、台湾银行等银行都相当支持我们；尤其交通银行是台湾地区投资银行的龙头，交银的决定当然也会影响其他银行。

当时，就有外商银行总经理打电话给交通银行董事长梁国树，询问交银的态度，梁总裁毫不犹豫地表达支持之意，这也使部分外商银行陆续加入配合宏碁转型的行列（在此，我必须对这位已故的银行家表达感谢之意）。

入籍当地，畅行无阻

也许读者开始可以体会，宏碁为何必须实行分布式管理，让生产导向的策略事业与营销导向的地区事业独立经营。唯有如此，宏碁才无须为效率高低的问题徒费唇舌，我们不怕别人拿宏碁做比较，因为我们每个策略事业都可以和任何同行相比而毫不逊色。

大家也许也都能够体会，由于企业对外投资面临重重关卡，而海外管理又是复杂万端，宏碁采用“全球品牌、结合地缘”，推动海外事业当地股权过半，就是要同时解决资金汇出、海外管理者的归属感，以及品牌形象等多重问题。

回想台湾地区引进外资的经验，我们曾经对台湾地区的汽车业与家电业都有过很高的期待，但遗憾的是，许多厂商因为受制于日本合伙人，始终未如大家所预期的分享最新技术，并让产品有效地国际化。

我们不只希望能在第三世界发展中国家有所斩获，还要进军发达国家。如果我们已经入籍这些国家，当地的同行如何能像以往公然在广告上侮辱“Made in Taiwan”的质量？

而且，这个做法更能突破保护主义的市场障碍。

几年前，宏碁开始拓展韩国市场时，曾有家企业向我们购买计算机，负责人十分慎重地千拜托、万交代，要求我们绝对不能对外声张。因为在韩国，如果有人开着外国车在路上行驶，必定会招来指责；假若韩国人知道这家公司购买台湾生产的产品，肯定吃不完兜着走。

如果宏碁能够通过合伙，变成当地企业，就不需要如此偷偷摸摸做生意了。我从不认为台湾企业应该照着欧美与日本企业国际化的模式发展，因为跟着别人走，顶多只能成为二流、三流的企业。但是这个策略有个重要的先决条件，企业经营者要愿意授权、愿意分享利润，否则根本不可能做到。但我相信，这条路一定走得通。

调整心态，强化硬件

经历多年国际化的成败起伏，我最想给企业界的忠告是，国际化真的是急不得的。

要累积国际化的实力，人才是第一要务。因为台湾地区经济是对外贸易导向，营销的人才相当欠缺，这是大环境的问题，因此企业必须自己花时间学习并培养人才。正因为国际化的工作必须持续不断，所以企业不妨早些着手进行，如果尝试错误，尽快修正，但千万不能冒进。

其次，企业千万不能把在东南亚设厂的制造国际化，当成国际化的全貌。因为加工生产毕竟是对内的，比较简单且容易掌握，真的要对外跨入营销国际化，其中的“把戏”是复杂万端的。

举个最简单的例子，如果业务人员到外面随意贱价售货，公司要不要做这笔亏本生意？没有长期培养人才，做好内部控管，轻率地走上营销国际化，那真是后患无穷。

台湾企业到海外设厂，成功的案例很多，但是国际营销的失败案例却不绝于耳：济业在海外失败使母公司连带受累，普腾在美国的亏损靠家族全力支持后才逐渐稳住，诠脑则因为在欧洲的库存拖垮公司等。事实上，这些公司原来在台湾也都有相当不错的基础。

台湾企业要国际化，还有相当大的努力空间，我个人有两个想法，提供大家共同来思考改进。

我经常在海外参加国际性会议时，看到各地企业主都相当积极参与，连经济实力落后的东南亚国家也不例外，而台湾地区却总是只有我一个人，不禁让我感慨良深。

另外，在台湾根本找不到一个像样的大型国际会议场所。宏碁每年举办的全球经销商会议，与会代表多达上千人，而台湾地区居然没有一个合格场地可以容纳一千人一起开会；甚至连找个能够一起进餐的饭店都成问题，唯一一处空间够大的圆山饭店顶楼，却又被一把火烧掉了。

即使是召开一般规模的国际会议，只有国际会议中心勉强可用，其他饭店不但场地过小，整体视听设备都不合格。

另一方面，台湾在语言方面也呈现劣势。其实，不管是新加坡、中国香港，或菲律宾、马来西亚，由于过去都是英美两国的殖民地，英语相当通行。相较之下，在台湾地区举办的国际会议比东南亚国家少。企业家没有太多机会在本地的国际会议上露面，到国际上露面的意愿和机会也就降低。

我认为，台湾有国际化的条件也有国际化的必要，因为台湾地区幅员狭小，只有对外发展才能支持经济发展。然而，不管是企业或官方，国际化不仅要有意愿，而且要营造这样的环境。国际化当然值得我们努力，那么，何不从现在开始为将来长期投资？

2004年张玉文采访整理

宏碁第一次再造时采取的重要策略，例如“全球品牌、结合地缘”，在当地上市，都是为了克服国际化的风险。

初期我们的策略相当成功，但是在全球各地区努力本土化之后，却造成各地区的运营规模不够。

随着信息产业竞争的全球化，我们因为规模不够反而造成竞争力下降，不得不改弦更张，纷纷在各地下市，在新加坡和墨西哥都是如此。后来把SBU和RBU整合为GBU，可以说是两次再造在经营理念上最大的改变之一。

尤其之前台湾总部与海外公司各是一个利润中心，彼此对内部转移价格总有争执，第二次再造后“新宏碁”放弃制造，全球变成只有一个利润中心，就可以消除这个争执，专心面对市场竞争，这是第二次再造成功最重要的因素之一。第二次再造最需要处理的问题有两个，包括库存管理和管理、销售费用的有效控制，之前放账的问题到第二次再造时，因为已经有了保险不再是大问题。

管理、销售费用的有效控制可以靠全球是一个事业部门的概念来解决；此外，第二次再造时，以新经销运营模式来取代快餐店模式，也有效解决了库存问题。

第八章

长期投资，苦尽甘来

古人说：“有土斯为有财！”
但是企业在黄金地段投资不动产，
可能反倒变为成长发展的包袱，
拖累本业的竞争力。
要求永续，
企业要建立营销能力，
发展应用性更高的产品，
带动上游投资；
疏通下游，
中、上游才不会泛滥成灾。

宏碁企业发展历史上有三大投资案，除了前面提过的高图斯并购案之外，还有成立德碁半导体与“安家计划”。这两项计划同时在1989年开始进行，但如今却呈现完全不同的结果：前者成为近两年集团当中成长最快的事业，而后者至今尚未回报投资。造成两者有此差别的原因，可以简单归纳成：科技是宏碁的本业，而房地产不是。但深究整个决策与发展背景，个中却是复杂而曲折，甚至也可说是台湾地区长期投资环境的缩影。

筑巢计划，自力造屋

在地狭人稠的台湾，土地始终是一个重大议题。一般大众为了能拥有一个自己的“窝”，终生奋斗；企业为了寻觅成长空间，费尽心血。在此大环境下，创业前二十年，宏碁总部共经过二十八次搬迁；而为了提供同仁安居的环境，向来坚持专注于本业的宏碁，介入了“安家计划”的投资。

对宏碁而言，“安家计划”完全是一个意外。宏碁股票上市时，正逢台湾地区股市狂飙期，泡沫经济效应不断发酵，投身股市者，害怕成为最后一只老鼠；没有投入股市者，眼睁睁看着财富差距越拉越远。

宏碁的同仁拥有股票，手头宽松了，自然产生理财的需求，而投资决策也变得较积极而大胆，有人卖了股票离职去创业，有人转而投资其他事业；而伴随股市热潮，地价也随其飙涨，于是也有部分同仁开始投资置产或改善居住质量。当时，科学园区的企业开始流行“自力造屋”——组织一群人，自己买地，招标盖屋。台北也有同仁想如法炮制，就开始三五成群展开组织伙伴及看地等行动。

站在公司的立场，一方面不希望同仁分心，另一方面考虑到零零落落的造屋计划力量过于单薄，房地买卖牵涉资金庞大，而且过程复杂、纠纷不断，以少数同仁非专业的能力，风险实在相当高。

于是，干脆由公司统筹进行“安家计划”，如此一来，有专人负责买卖谈判事宜，同仁不必再分心，更重要的是，由于公司的资源比同仁多，成功概率也会比较高。

“安家计划”的原始出发点，无非只是安定浮动的人心，但怎么也没想到，这个决定在日后宏碁的发展过程中，竟然扮演极为重要的角色。

今天回想起来，投入这股热潮的人，大都过度低估了投资房地产的困难度。

在一般人根深蒂固的想法里，总认为盖房子一定会赚钱，这个观念严重误导了一般人的决策。事实也证明，后来房市陷入长期低迷，房地产业从人人艳羡的生意变成艰苦行业，从此就很少听人提起“自力造屋”的计划了。

当宏碁决定进行“安家计划”时，已经决定将总部迁往龙潭，于是自然也把“安家计划”设在龙潭。从地点而言，龙潭位于台北与新竹之间，距离都在一小时车程以内，而且邻近修建中的第二条高速高路，当时的地价也还算合理。后来我们看上一块完整的平地，就开始着手进行。

但是，真正介入后才发现，问题比我们预估的还要棘手许多。相信有土地开发经验的人都曾遭遇相同的困扰，土地在还没有人出价时，价格通常并不太高，但是只要有人表示购买意愿，地价立刻呈现三级跳。由于这块土地是许多地主分别持有，我们始终很难买到恰好符合计划所需的完整区域，为了让整个面积完整，购买的土地只好越来越大。

置产，超乎预期地复杂

整个谈判过程历经波折，若不是后来股市走下坡，有几位地主还打算继续抬高价钱，最后我们仍然没买到所有的地，部分地主是在合作开发的条件下，才愿意提供土地。

整个谈判过程延续了数年，这段时期股市由盛转衰，不但公司资金由宽松趋向紧俏，同仁也面临相同的问题。

由于同仁投入资金数目是固定的，增加的成本就得由公司负担，原先是公司与员工各出资一半，最后公司付出的成本比预定计划多出五倍，高达二十亿元新台币。庞大的资金遭到冻结，对公司运营的影响之大，不言而喻。

原本，共有约六百户的同仁参与“安家计划”，后来因为拖延太久，总部又从龙潭迁回台北，就有一半的同仁中途退出。幸而，当初我们采取了预防措施，整个计划是采用合伙的方式，才能一起撑过这段时间，否则时间拖这么长，大概每一户都会要求解约、退款。

由于是合伙的关系，公司对于计划延迟有道义责任，但没有法律责任。我们明白这个计划是许多同仁辛勤努力的希望所系，也尽全力达成，但平心而论，公司并没有立场来承担这些未确定因素。

现在回顾起来，还好宏碁对风险的责任与义务，看法未曾迷失，否则这个计划恐怕已经胎死腹中。

好不容易，第一期工程已经完成变更地目手续，预定1996年中旬可以动工，“安家计划”很快就能成型，看着同仁兴奋地按照自己的想法，规划心目中理想住家的外观，多年的辛苦总算有了初步成果。

规划当中的第二期工程，将与第一期的居家、研展、教育训练中心等区域结合，计划将它变成智能型工业园区，我们替它命名为“宏碁多功能智能园区”。

推动这个计划的原因，主要由于集团近两年成长脚步很快，原有厂房已经供不应求，“安家计划”已从单纯提供同仁居住环境，变为解决公司成长空间的问题。

此时，距离宏碁为了解决资金短缺问题，卖掉龙潭总部与新竹厂房的闲置资产，不过才两三年的时间，整个情势峰回路转，完全出乎预料之外。这整个决策的来龙去脉，必须追溯到宏碁找寻栖身之所的过程。

台北居，大不易

宏碁在创业前几年，已历经将近二十次的搬迁，那时我们丝毫不以为苦，因为资金少，买不起办公场所，而扩充速度又快，也就别无选择地频频搬家。还好这个阶段的宏碁规模还小，租用办公室的范围也仅限于台北东区，感觉不出明显的变动，而搬家总是代表成长，是一种喜悦，大伙也就以办喜事的心情来搬家。

但当宏碁的规模日益扩大，常常搬家并非良策，便计划购置合适的办公场地，然而，在台北地区想找到理想地点，并不是一件简单的事。

特别是股票上市之前一年，我们找过无数个掮客，每个周末都在台北近郊看地，从新店到林口，甚至还曾看过淡水山上一所即将迁址的学校，但是多数的土地光是变更土地使用用途就不知道要到何年。

经过几番周折，1988年，我们买下龙潭一个已经停业、占地十三点五万平方米的纺织厂，作为公司的总部；后来还在汐止另外购置半栋兴建中的工业区大楼，打算作为台北地区的基地；同时，新竹科学园区也开始扩建厂房。这些扩充计划，正是为了提供“龙腾计划”十年长期发展所需的空间。

但由于第二条高速公路迟迟不能通车，交通问题无法解决，人才的寻觅便非常困难；另一方面，公司也未如原定计划成长，预留的空间反而变成运营的负担，为了解决资金短缺的问题，我们只好准备出售多余的资产。

出售龙潭总部

当时，我到瑞士探望在国际管理发展学院进修的李焜耀，他建议干脆把总部搬到“安家计划”区内。

当时我的脑海立刻浮现出售龙潭总部的诸般好处，因为龙潭总部位于都市计划内，又临近大马路，和“安家计划”相距不过几公里，但单价相差了三四倍；更重要的是，那时龙潭总部只是以旧厂房改装，还没有投资改建，如果宏碁要重新建造新的办公大楼，当然要选择地价便宜的地点。

再经仔细一想，我们在汐止还有一个基地。当初我们以为宏碁很快会有数万个从事高附加价值产品开发的白领阶级，因此除了规划龙潭总部与新竹工厂之外，还在汐止买下几层办公室，以供另一批人在台北进行开发工作，但没想到后来计算机变成低利润行业，人才需求仅止于原定计划的四分之一。

如此一来，光是汐止的空间就足以提供总部员工所需，于是我们决定将总部搬回台北，暂时租用民生东路的大楼，等待汐止大楼完工后再行搬入，并且出售龙潭总部。

由于我们决策速度很快，而且时机恰当，所以出售的过程与价格都还算理想，也为宏碁带来及时的财务注入。因此外界常说，龙潭总部虽让员工尝尽奔波劳顿的辛苦，但也在关键时刻做了很大的贡献。

出售龙潭总部之后，我们也决定出售部分新竹科学园区的厂房，一方面也是为了筹措长期资金，另一方面，经过公司改造工程，我们的空间利用效率提升，于是将多余的厂房分两批卖给生产显示器的美格科技。

没想到才两年时间，宏碁整整成长了三倍，原有的空间已然不足。事实上，卖出第二批厂房后不到三个月，我们就察觉情况有变，但后悔也来不及了。企业总有许多想做的事，但是有时候在现实环境下，并无太多选择的余地，如果因为太过执着于未来的憧憬，对解决眼前的问题有所迟疑，最后可能只有倒闭一途。

人算不如天算

处理闲置资产之后，宏碁的发展道路就开阔起来。

也许有人认为宏碁卖掉资产无异于走回头路或缺乏前瞻性，但我认为，企业为了保命，有些时候是可以选择走回头路的，尽管如此可能造成资源损失，但当一切既成事实，即使造成亏损也不能后悔，只能尽量寻找让亏损换得更好价值的途径。

以德碁刚创立时为例，我们一口气向科学园区租了九万多平方米的土地。事实上，德碁第一期工程大约只需要三万平方米，但我们刻意将第一厂扩大到近六万平方米的规模，先使用一半的厂房（我们称为第一A厂）。

当时，半导体市场还在景气低谷，我们虽然仍保持该有的经营模式，努力训练人才，提高良率，但对何时能止亏为盈，却充满了不确定感。

但人算不如天算，1992年日本住友半导体环氧树脂厂爆炸，市场呈现产品短缺的现象，德碁的业务开始往上翻升。紧接着个人计算机市场蓬勃发展，内存的需求持续成长，半导体市场已经完全跳脱过去四年一个景气循环的模式。

当时，我们的心情简直是三个月一小变、六个月一大变，为了不错失机会，每隔一段时间，就要重新调整更积极的策略。因为赚得越多、成本越低，筹码便越来越多，承担风险的能力提高，投资风险也相对较低（做任何决策先考虑风险，已经是我们养成习惯的反射动作）。

这时候，原本闲置的半边空厂房立刻派上用场，成为德碁的八英寸晶圆厂（称为第一B厂）。一般而言，建造一座类似规模的厂房需要一年多时间，因为省下这个过程，德碁虽然投资八英寸晶圆厂的起步比其他同行晚，但却能首先进入量产，并在1995年迅速获利。

在这段过程中，德碁做了两个并不符合我做事原则的决策。第一，德碁花了好几千万元盖了一个很坚固的临时办公室，两年后拆掉它来盖厂房，因为要掌握扩厂时机，办公室也必须挪出来。这么做的确是一种浪费，但却可以因此多赚好几亿元，不这么做又要怎么办?

此外，德碁还花了六七亿元盖一个可停近千辆车的钢架停车场，我询问他们何以不改用成本较低的钢筋混凝土？他们的回答是，钢架停车场造价比钢筋混凝土贵得并不多，但节省下来的时间却非常可观。现在，停车场也已经改建成为二厂了。

能说这两个决策没有远见吗？我只能说，因为我们不能未卜先知，对景气的预估没把握，所以只能用比较保守的认知来做决策，日后再视情况调整。特别在变动快速的科技业当中，对于土地的利用固然要有长期的眼光，但也要预留调整的弹性。

等到第二厂完工之后，德碁的九万多平方米的土地已经全部用上了，目前我们计划兴建第三厂，但又得为找地伤脑筋了。

情势发展至此，对土地迫切需求的现实摆在眼前，虽然为了应付快速成长，明基到马来西亚设置占地十五万五千平方米的工厂，宏碁计算机在菲律宾苏比克湾的新厂房也有十四万五千平方米，但集团有九成的制造投资集中在台湾，而合计台湾宏碁所有事业的厂房面积也不过只有十七万五千平方米。眼前，新竹科学园区已然饱和，哪里有我们需要的地？

安家兼顾乐业

很明显地，要充分利用现有土地资源，就只有“安家计划”剩余的土地了。

规划中的“多功能智能园区”，并不仅是工业区，我们的目标是创造一个平价、多元化、有未来性、融合工作与生活的地方。在这里，有信息高速公路等科技设备的便捷，但又保持自然、宽阔的空间以及创意活力。我们希望它不单是高附加价值产业的制造中心，与软件设计人才的集中地，也能吸引艺术家、作家与创作工作室的驻足。

因此，我们也规划休闲与商业中心，但不希望它过分热闹，而是兼有环境质量与人文生命力。未来，我们要努力塑造出21世纪的生活与工作新形态。

客观说来，从产业发展角度看新竹科学园区，可以说很成功，但是园区受限于法令，只能有10%的土地作为住宅，尽管园区里面的居住条件相当不错，但能居住区内的人毕竟是少数，因此造成园区附近交通极为拥挤；如果园区面积更大、住宅比例提高，就不会如此。“宏碁多功能智能园区”便是以解决这些问题为主要规划方向。

但这并不表示宏碁有意朝房地产开发去进行多元化策略。作为科技业的一员，宏碁对土地投资还是仅限于本业所需，事实上，如果不是“安家计划”，宏碁不会介入这个产业，而“多功能智能园区”只是为了要使原来的投资创造出更高的价值。对科技业而言，如果不是从自用角度，而是以投资角度思考土地问题，会产生很大的偏差。如果以自用目的购置土地，多出来的土地将来扩充时仍会利用到，即使一时用不到也较容易处理。

置产盈利的陷阱

过去几年，也有计算机同行投资房地产开发，结果却被拖垮；宏碁介入“安家计划”也是元气大伤，因为那已经超过我们的专业能力。但宏碁之所以会这么做，并不是我们贪心，而是因为在台湾要买一块完整的地非常困难，否则“安家计划”就会控制在计划范围之内，不会陷得那么深。

其实，企业经营起起伏伏是正常的，企业经营者也应该把起伏列为决策的考虑。但当企业在投资过程中遭遇不确定因素，例如北二高迟迟不通车、买地无法控制在合理范围内，本身能力又无法负荷时，要不要半路放弃、断头认赔，才是最严酷的考验。

因此，在同样的思考逻辑下，宏碁也不投资股票。信息产业有个非常重要的特质，如果投资方向正确，可以获致很高的利润，相对的，风险也很高，稍有差池就会损失惨重，所以必须天天处于备战状态，集中精神与资源来经营。

当台湾企业开始流行多元化时，我不止一次被问起，宏碁为什么不多元化？我一直认为信息业才起步，宏碁也刚开始，没有道理分心在其他产业上，专心经营本业才会有成功的机会，土地、股票的钱真的不值得我们去赚。类似出售龙潭总部获得利润的情形只是幸运，但绝对不能期待，更不能把它纳入决策变数。

当然，其他产业和信息业并不一定相同。有些产业也许受限于发展空间，或者产业已经相当成熟，无须面临那么多挑战，业者可以有多余时间来照顾其他投资事业，但对信息业而言，花时间与精力在非本业的投资，简直太奢侈。

从另一个角度来看，宏碁龙潭总部与明基刚落成的新厂，都是承接歇业的纺织厂。这些传统产业由于无法继续经营所以卖掉土地，已经赚过一手。而我们买下之后用来生产，还能创造利润，对于地价昂贵的台湾而言，如果希望产业竞争力不因土地问题而减弱，就必须发展计算机、半导体等高附加价值的行业。

以投资半导体而言，九千七百平方米的土地投资金额大概是五十亿元新台币（不含地价），因为设备折旧的缘故，每五年至十年要再投资五十亿元，每年可以产生五十亿元的营业额；而个人计算机九千七百平方米土地产生的年营业额是一百亿元，大约是其他产业土地投资回报率的五到十倍，可以说是所有产业当中土地利用率最高的行业。对于这类资本密集、高报酬率的产业，即使土地贵一点，占总成本的比重也不至于太大。事实上，不管是韩国三星、现代，或者台塑集团，每次购买土地总是以数十万平方米计，而宏碁集团现今年营业额已超过一千五百亿元新台币的规模，在台湾地区用地却不到二十万平方米。试问，这些企业在营业额与宏碁今日同等规模时，土地有多大？台湾若要有效利用有限的土地资源，“科技岛”是值得长期规划与努力的方向。

保值？还是拖累？

宏碁将总部搬回台北之后，因为经营情势好转，就有记者问起，民生东路似乎是宏碁的幸运地，不仅在这里起家，而且只要办公总部设于此地段，企业就发展得很顺利，既然如此，为什么不干脆在这地段买下一栋大楼？

对于企业以风水观点做房地产投资的依据，我个人并无成见，但宏碁不会用这样的思考模式做决策。事实上，宏碁成长最快的时期公司也不在民生东路上，而且宏碁从来没有考虑在台北市买大楼。因为若从成本考虑，只要交通时间成本相距不远，在哪里办公都一样，没有必要选择价格如此昂贵的地方。

或许有人认为，买大楼可以保值，还可能会涨价，但宏碁从来不想靠房地产赚钱。事实上，美国企业界还有另一种说法：“当一家企业开始在市中心盖自己的办公大楼时，就表示这企业要开始走下坡。”不管从专业或资金运用成本来看，都不见得有利。

在黄金地段买大楼，如果有多余的空间，就必须出租或出售，总不能闲置，但等到要扩张时，可利用的余地就变得很少，管理起来也很麻烦。如果大楼本身的成本很高，运用的成本当然也就很高，如此，高价位资产并不必然会为企业带来高效益。这段置产的历程，真是“如人饮水，冷暖自知”。值得庆幸的是，宏碁能够守住大原则，在执行过程中保持弹性，预留回旋的空间，才不至于被卡在这个环节上。事实上，这也正是宏碁长期投资的经营风格。

掌握关键零部件

产业结构如同河流，分为上、中、下游：上游是关键零部件的研发制造，中游是产品的组合装配，产品营销则位居下游。从经济发展的轨迹来看，台湾企业多半靠劳动力密集产业起家，也就是从中游切入。

大量发展中游产业的结果是：第一，因为上游水源（即关键零部件）不足，使生产遭到钳制；第二，因为下游（即营销）没有疏通，造成产品泛滥成灾，贱价出售。从产业的“价值链”（value chain）来考虑，上、中、下游必须有适度的平衡发展。

以这三个领域而言，中游的进入障碍低，附加价值不一定高，而且变化性大；所谓的“变化性”，是指今天的优势产品，明日可能就被市场淘汰。

以营销而言，一旦成功建立一个产品的品牌，对未来产品仍会产生连带的帮助；而当企业具备一项关键零部件的研发能力，亦可适用日后新产品的开发。但是，加工产品却是进入容易、利润消失也快，因此，当其他国家能以较低廉的生产成本取而代之时，厂商便就只有外移或是结束经营。

正因为如此，宏碁在创业后便采取“倒向发展”的策略，也就是先建立营销能力，有了营销能力之后，便能掌握市场的反应，降低中、上游生产与投资的风险，更可以借此发展出应用性更高的产品。

进军半导体

在建立营销与生产体系之后，基于追求整体平衡发展的策略，宏碁开始回溯上游往半导体发展。1986年成立半导体设计的扬智科技，1989年与德州仪器合资成立了生产DRAM的德碁半导体。

举凡关键零部件的制造，都具有技术层次高、资本密集及风险高三项特质，但它的风险高是相较于中游的加工与下游的营销而言，如果具备技术、资本与市场，就会降低风险。

而在半导体产业当中，微处理器以设计的困难度与知识产权形成高进入障碍；而DRAM产业不但是高度资本密集（我在1989年称其为“十亿美元俱乐部”，如今已成为“百亿美元俱乐部”），而且是公认制程最复杂、市场风险最高的产品，连世界微处理器巨擘英特尔，都曾在DRAM遭受挫败。

德碁设立之前，台湾地区并没有半导体厂商生产DRAM，而在此之前台湾两大半导体投资案——联电电子与台积电，都是在官方主导投资的情形下成立。德碁是当时台湾民营企业投资规模最大的半导体厂，又挑战难度最高的DRAM，向来以风险作为投资首要考虑的宏碁，自然必须有足够的准备来回避风险。

关于技术层面问题，我们与德州仪器签订技术移转合约，确保技术来源；在市场方面，德州仪器与宏碁本身的需求便已很大；而股市的空前繁荣更实时提供了资金。一切看来似乎是水到渠成，事实上，无论台湾或宏碁的半导体事业，都是掺杂着酝酿、尝试错误、策略修正，甚至还有若干机运的成长历程。

发展关键性零部件的争议

约在1977年前后，官方开始提倡发展半导体，几位留美专家回台准备发展大规模集成电路。当时我并不赞成台湾生产半导体。因为彼时的台湾不仅资本不足，而且也没有足够的市场掌握能力，不论设计还是制程技术，台湾也都并未具备成熟条件。

换言之，那个阶段的台湾，还没有足够承担半导体投资风险的能力。若说由官方编列预算进行研究，我个人并无意见，但若由企业大量投资生产，我认为为时尚早。

当时，在学界的影响之下，台湾企业界与媒体有一种论调，认为台湾因为没有关键性零部件所以发展遭到限制，借此鼓吹发展关键性零部件的必要性。

然而，投资关键性零部件与装配、营销最大的差异所在，是它的变动弹性非常小。以营销而言，甲产品销售状况不佳，可以改卖乙产品；以加工而言，电子计算器利润趋薄，可以改生产电话机。但是一旦投入一项关键性零部件的开发，不论是半导体或液晶显示器，一做就是几十年，不能轻易变换的。

在当时各种条件尚未成熟的情形之下，是否应该因为没有关键性零部件，就把非常有限的资源投入在风险如此高的事业当中？做不成，是全盘皆输；即使做成了，还不知道市场在哪里，如此其效益何在？所为何来？

如果说，只因为某个阶段没有关键性零部件，让我们少赚了一些钱，心生遗憾，所以要去扛一个长期、非常沉重而没有把握的负担，事实上效益并非最大。因此，我们要考虑的是资源运用的优先级。

在当时，从事中游加工可以产生最大的效益，让我们无须担心存活的风险，更重要的是，可以为未来创造关键性零部件的市场需求。因此，从资源有效配置的角度来看，应该先发展中、下游，再循序进入关键性零部件。

那时，在各种公开会议的场合，我总是对主张发展半导体的人士如此表示："如果说台湾必须掌握关键原料才能生存，那台湾显然没有活路，因为我们不生产石油。"很明显地，没有石油的地区还是能够发展石化工业，因此优先投资上游的说法，在实证当中是站不住脚的。

事实上，这原本就是自由贸易、全球分工的基本理念。因此，我们应该先努力赚自己有能力赚的钱，如果短期内因为没有足够条件发展原料工业，必须花高价购买，即使心里百般不愿也只有认了。因为不管算盘怎么打，赚自己最专长的钱、买自己缺乏的东西，还是最有保障且效益最高的。

到今天，有关企业竞争力的学说也印证，一贯作业的策略思考（也就是凡事都想自己生产或经营）已经落伍，世界已经进入分工整合的阶段。部分企业发展失败，往往就是昧于现实，抱着一举全盘建功的心态所致。

企业当然应该尝试新投资，然而更重要的是，从事投资必须有优先级。根据投资项目的难易度、风险度，以及企业资源的多寡，进行充分评估之后，有策略地按部就班，集中力量，就如同下棋一般，以整体的眼光布局，但一步步地下棋。

投资国善

我想，台湾地区半导体产业能有今天这番局面，官方与企业都付出了许多心力。但是如此蓬勃发展，相信是出乎许多人意料之外的，也就是说结果远比预计的更好。而这一路走来，也不免付出学习的代价。

1980年，在官方从美国无线电公司（RCA）引进技术渐成气候，并出面主导投资的情形下，台湾地区第一家半导体公司——联电电子，从工研院电子所衍生成立。

草创时期的联电，采取“你丢我捡”的策略，也就是切入海外半导体厂商已经放弃的产品，如电子表、音乐卡片与电话机的IC，而这些技术简单、在发达国家生产无利可图的产品，却为联电创造了不少市场利润。

联电的成功，让官方更积极推动半导体的投资，台湾地区半导体业开始进入第二阶段的发展。

1983年起，若干原来任职美国硅谷的半导体专家返台创业，大王、国善、茂硅、华智等公司纷纷成立。其中，前两家公司终以结束营业收场，后两家企业也并未成功，但在合并成台湾茂硅之后重新出发。

科技专才投入关键性零部件事业，首先就面临资金问题，可以想见的是，这几个创业团队从海外归来，集资能力自然有限。以茂硅和华智而言，因受限于资本，便把业务设定在研究开发，专赚贩卖技术的钱，生产则委托日本与韩国的半导体厂商。

国善的主要设计者庄人川和顾德凯，是其中筹资能力较强的科技人，股东成员广及交通银行、中华开发，以及宏碁关系企业宏大创业投资，还有若干来自美国的资金。由于资金实力较丰厚，于是就投入了风险性较高的DRAM研制工作。

宏碁从原先反对岛内企业投资半导体生产，到加入国善的投资，原因之一是当时的产业条件已比昔日更加成熟，再加上1983年殷之浩先生投资宏大，我们承担风险的资本能力也提高许多。

殷先生是一位对台湾地区产业发展有深厚期许，且相当乐见年轻人推动产业升级的企业家。平心而论，他并不了解半导体，但是由于他的全力支持，让宏碁跨出半导体投资的第一步。然而，国善虽然筹到比较多的资金，却仍不够充裕，只够买半套当时较为先进的设备，而为了尽速投入生产，只好和联电合作，把半套设备放在联电，再借用部分联电的设备。

汲取教训，败部复活

然而，由于生产过程不顺利，设计不断变更，投入的资金天天都在消耗，亏损金额日益庞大，原任总经理因此遭董事会解聘。我还曾经自告奋勇担任总经理半年，但整个公司已无可挽救，最后只好解散。

反观小本经营的华智与茂硅，却因开销较小，反而得以熬到合并改组的契机。

当这些半导体厂商经营陷入困境之际，曾一再吁请官方出面支持。当时的一位官员就想出一个方案，成立一个专门代工生产的工厂来服务这些厂商，业者就无须为庞大的资金与生产风险担忧。1987年，台积电诞生。

然而，台积电成立之后，却没能服务到原先需要协助的业者，反而惠及了美国的半导体厂商，以及后来在台湾地区陆续成立的半导体设计公司。台积电虽然没达成原来的任务，但是经营得非常成功。

其实，在台湾地区科技业的发展历史里，这样“无心插柳柳成荫”的情节一再上演。

相信许多人仍记得，当官方在1980年成立新竹科学工业园区时，最初的动机是为了吸引外商高科技公司进行技术转移，因此第一个邀请的对象就是王安计算机，奎茂、慧智也随即加入。但这些外商的成绩却并不理想，在这片土地上开花结果的，反而是联电、宏碁这类土生土长的企业。

国善失败之后，宏碁的DRAM事业却在德碁再度出发，这已不是宏碁第一回在曾经失利的战场中败部复活（例如前面提及的386个人计算机开发案）。也因此，同行就戏称我是“二枚腰”——在相扑比赛当中扳不倒的选手。

其实，实践理想的过程中往往是出师不利的，也许因为能力不足或者环境不成熟，但这也未尝不能说，我们借此培养了日后掌握先机的能力。

但是，并非所有情况都是绝对如此一成不变。例如，宏碁历经两年的努力开发，1992年推出RISC个人计算机也是出师未捷；但当1994年全世界都热衷于投入开发同类型的威力计算机时，宏碁反而按兵不动。正因为我们未曾耗费精神于此，所以能够集中精力于英特尔的奔腾机种，并掌握高度成长的契机。

德州仪器的技术指导

1989年，宏碁抱着积极而审慎的态度，再次投入DRAM事业。虽然曾有投资国善的经验，但那毕竟只是参与投资，而德碁却是由宏碁主导，并拥有过半股权。

在董事会上，我反复征询董事们的意见，直到确认大家都愿意全力支持，因为从我的角度来说，投资DRAM的风险固然不小，却相当值得尝试，而当时我的股权只有二成多，当然必须尊重其他股东的意见。

有了资金来源之后，接下来就是技术来源的问题。为此，我几乎遍访日本半导体厂商，包括东芝（Toshiba）、夏普（Sharp）、日本冲电气（OKI）等，其中只有夏普愿意考虑，但是他们的专长是只读存储器（read-only memory, ROM），而不是DRAM。

直到德州仪器允诺，这个合作案才拍板定案。宏碁与德州仪器各出资74%与26%，成立德碁半导体，由德州仪器负责提供技术与市场营销，德碁则负责生产。

为了确保对方真心诚意转移最先进的技术，我们学习台积电和飞利浦合作的模式，让德州仪器日后可将股权提高至51%。因为如果我们不给合作伙伴股权过半数的机会，他们也不会愿意毫无保留地提供技术（但后来飞利浦与德州仪器都放弃股权过半的想法）。

于是，根据双方协议，德州仪器有义务转移最先进的技术给德碁，而且德州仪器任何一个半导体厂所发展的技术，德碁都有权利分享。当然，也因为宏碁已经建立尊重知识产权的良好纪录与形象，所以德州仪器愿意签署这项协议。

日后，由于德州仪器无保留的技术转移，德碁不但拥有最先进的制程，也在德州仪器的支持下，从事特殊内存的研发，真正落实了提升台湾地区半导体技术的目标。

但这毕竟是后来用实际行动验证的结果，在德碁投资之初，外界却对这桩合作案颇有疑虑。

当时，抱持负面评价的人士认为，宏碁出资过半却为外商做嫁衣，甚至还有人批评此种做法无助于技术扎根，是个“不平等协议”。但是，当时我心中却非常笃定，这个合资案一定会让DRAM技术在台湾落地生根，因为有太多前例可资证明。

引进技术，落地生根

让我们回想一下，台湾地区的半导体包装业起自飞利浦与美国飞歌（台湾子公司为高雄电子）在台设厂，日后成为台湾地区半导体包装业的人才训练所；适用电子为整流器奠基，后来造就了丽正等全世界最具规模的业者；印刷电路板在安培带动之下，华通、台积电等本土企业应运而生。

这些先锋企业虽然都是百分之百的外资，技术终究是留在台湾，让整个产业都获得利益。更何况德碁是在我们考虑移转技术，并积极参与决策及管理的情况下运作，更没有理由不产生技术生根的效果。

再换个角度想，就算短期间德碁是为他人做嫁衣，但德碁训练出来的人才，难道会一辈子为德州仪器做嫁衣？

厘清这些观念之后，我们当然有理由坚信，投资德碁能为整体产业与社会带来贡献。

德碁在觅得资金、技术与市场来源之后，和所有半导体厂商一样，若要尽快获得利润，就必须缩短学习曲线、提高产品良率、降低成本，除此之外，还要面对不可预测的市场变动因素。

德碁刚创设时，国际DRAM市场仍不景气，产品单价很低，以德碁刚起步的产量，并不具备竞争力。而国善失败的前车之鉴也让我们深深了解，经济规模对半导体厂商而言是关键中的关键，如果产量不足，必然无法提高效益。

从艰难中起步

对一个半导体业的新兵而言，市场低迷、成本偏高，经营压力之大，可以想见。

更棘手的问题是，德碁初期资本额定为新台币三十一亿元，是以生产1MB内存的产品所规划的资金需求，但是等到德碁设厂之后，内存市场已经是4MB的时代了，此时已是箭在弦上，不得不发，只好跳级改做4MB内存。

为了提高产量以降低成本，并且应对产品升级所增加的资本支出，德碁不得不以增资来改善财务结构。

当时宏碁正陷入艰困的局面，再加上DRAM市场不景气，想要立刻现金增资相当困难，我们只好咬紧牙关寻找其他变通办法。最后，我们以发行为期三年（期满由原股东买回），总数九亿元的特别股，以筹措长期资金。

这个做法有部分是占官方便宜。因为根据当时的投资优惠政策，发行特别股总共可以享受30%的投资抵减，三年分摊下来，平均每年10%，德碁每年付给购买者5%的利息，购买者每年可有15%的投资回报。这么一来，德碁获得低成本资金，购买人得到合理投资报酬，而官方也达到半导体产业升级的目的，实可谓“三赢”。

德碁的资本额因此增加到四十亿，而股本增加也相对提高银行融资的额度，德碁初期的资金问题因而顺利解决。实际上，三年时间的确有点短，但是碍于当时的现况，站在总部的立场，也只好先渡过眼前难关，再设法筹资买回特别股。

长期投资，长期抗战

对宏碁而言，投资德碁的初期，的确经历一段相当艰辛的财务挑战。

原本，宏碁之所以进行这项高度资本密集产业的投资，是期待宏碁每年可以产生利润，并进行现金增资，资金问题便可迎刃而解。但是因为利润没有如期产生，不容易以合理价格现金增资，而资金成本过高，又对股东不利。当两个期待同时落空，宏碁也就产生庞大资金需求的压力。

为了健全财务，我们当机立断，采取处理资产的方式来解决，其中包括转让16%的德碁股权给中华开发。

三年之后，日本住友半导体环氧树脂厂爆炸，市场从谷底翻升，此时德碁的产量与良率都已上轨道，正好赶上这个契机，到1993年初，便比原定计划提前转亏为盈。

事实上，宏碁计算机事业真正转型成功是在这一年年底。但因为德碁开始获利，连带使外界重拾对宏碁的信心，不但涌入较多订单，宏碁也在外界这样较为支持的良性循环下，重新获利，当时的情形真是超出我们的想象。

这就是所谓的“势”，包括士气和气势，当企业突破一个点，内外助力齐至，往往产生倍数的效果。借着德碁的分红，总部顺利买回特别股。换言之，德碁虽然已经获利，但对总部而言只有账面上产生利润，实际上钱还是留在德碁。关键性零部件的投资，就是这么一个长期回报的生意。这是企业在做决策之前，不能不具备的重要观念。

另一方面，当宏碁计算机改善财务结构之后，重新开始大幅获利，我们立刻把握时机以较合理的价格增资发行新股，不但对股东有交代，资金成本也相对较低。对企业而言，长期投资原本是为了长期的发展，但是却往往反而成为拖累企业的包袱，个中原因当然不乏技术与市场因素，但以台湾企业而言，尤以财务问题最为常见，而分析企业长期投资导致财务困难的原因，又可分为三个层次。

第一，企业主没有建立起“需以长期资金作为长期投资使用”的认识。直到今天，仍有不少上市公司的老板，以质押股票的方式向银行借钱投资新事业，事实上这是相当危险的。因为股市行情起起落落，行情好的时候就会高估自己的财力，运用更多财务杠杆借更多的钱，进行更大规模投资；当股市下挫，银行要求补足抵押品时，就没有余力可以支应，导致新旧事业同时出现问题。

第二，即使有此认识，但却不见得认同，仍心存侥幸走险路，其结果将与第一种情况相同。

第三，有认识、也认同，但是大环境还不成熟，这就是宏碁所面临的局面。为了保住元气，同时兼顾投资人权益，我们必须选择成本与风险最低的筹资渠道，例如发行特别股与出售股权，即使当时转让德碁股票的价格并不是心目中的理想价位，也必须舍得实时出售。

如果我们存着惜售的心情，等到财务危机迫在眉睫再想转让股票，也许就再也没有转圜余地了。

借力使力

后来，德碁可说是苦尽甘来，以次微米技术生产八英寸晶圆的第一B厂，量产之后就达到八成以上的良率。若与台湾的同行相较，虽然产品不尽相同，但是德碁的生产力与良率，都堪称第一。

由于德碁的成功，台湾企业界也开始掀起DRAM的投资热潮，例如台塑集团转投资的南亚科技，就是其中一例。回想当年，投资DRAM原本是官方的政策任务，德碁等于帮官方完成了这项任务，而且效率丝毫不亚于官方。

虽然至今仍有同行对德碁模式抱持不同看法，认为德碁并未具备自行设计的能力，但事实上，宏碁并非没有设计人才，庄人川就是个中好手。

我们的确需要付给德州仪器若干费用，但是自行设计也并非不需要成本，何者划算也许见仁见智，但起码德碁无须担忧知识产权的问题。现在，部分同行只能出货到没有专利的少数国家，部分则官司缠身，对企业长期发展而言，不啻是个隐忧。

另一方面，对自行设计的厂商而言，若制程当中有个瓶颈不能突破，往往旷日废时才能解决，而德州仪器已经有许多设厂经验，累积较多克服技术问题的能力，而德碁都能够享受到这些技术。这些都是我们事先预买的保险。

这也是宏碁“借力使力”的策略，而这策略的有效性可说屡试不爽。最早，我们代理美国的微处理器，学了一身本领，又赚进一把钞票，技术比当时投入许多研发费用的大同、东元都领先。同样一套做法再度运用于德碁，我们另辟蹊径培养人才、累积技术，迥异于许多同行的发展策略。究竟孰优孰劣，目前论断仍言之过早，但我们愿意努力以事实证明。

2004年张玉文采访整理

“渴望园区”原先是为了“安家计划”而进行的长期投资，宏碁因此而意外涉入了非本业的房地产业。如果这项计划不是采用长期资金来投入，就会陷入这十年间很多营建公司同样的困境，结果胎死腹中。所幸我们是以长期投资的角度来规划，投入长期的资金，所以到现在“渴望园区”已经有一些初步的成果，不过未来还有待进一步的发展。

从我们的经验来看，企业发展顺利、资金充沛之后，对于不动产的投资必须非常慎重，不动产的本质就是周转不易，所以除非是企业本身需要、运营需要的不动产，否则在购置之前应该要三思。

对宏碁而言，这项计划的投资回报率并不理想，但是对于如何打造未来的整体生活环境，我们等于是做了一种示范。经过十多年的规划与建设，“渴望园区”已完成住宅区、研发教育区、工业区、自然保育区及公园绿地，形成一座结合居住、工作、学习与休闲，注重多元化与均衡发展的小区，也代表宏碁对于人文科技岛理念的具体落实。

当年我在写这本书时，正好是德碁半导体发展最成功的时候，不过在那之后，德碁就不断地面对困境，亏损持续扩大，而技术来源——美国得仪公司的竞争力丧失，甚至放弃DRAM产业，对德碁都造成很大冲击。后来宏碁接手得仪的持股，积极推动德碁转型，之后又将持股转售与台积电，获利了结。

这整个发展过程可说是始料未及，有违当初我们投资德碁是为了提升台湾地区关键零部件的初衷，但所幸以投资回报率来看，德碁的投资还是有获利的。

王道心解

遭遇危机，才能更上一层楼

宏碁的前两次企业再造，都是在个人计算机产业模式下，发展品牌事业。两者的差别是，第一次再造时，已经出现亏损，现金周转困难；而第二次再造，却是当时并未出现亏损，只是已经显现疲态，运营绩效开始走下坡。相较于之前两次，2013年的第三次再造宏碁，尽管出现大亏损，但财务面还没有问题，可是做起来却相当不容易。因为原本的计算机产业，市场空间已经萎缩，整个产业出现典范转移，大家的既有思维与行为惯性都需要改变，也因此使得开拓新事业挑战更不易。

改变，从负开始

变革两个字，说起来简单，实际执行的时候，却有许多不能忽略的小细节。

比方说，许多人以为，改变的起点是从零开始，事实上不然；创业的时候，基准点是零，但在变革的时候，起始点却是负的。这个“负”，可能不是财务上的负，而是思维、行为的惯性，必须加以调整、改变。

不仅如此，组织当中可能还会出现一股向下拉扯的负力量。这时候，领导者难免想要扭转乾坤，却也往往是在挑战“不可能的任务”，很难完全逆转，顶多只能拉平，或是变成“小的负”。

甚至，或是由于市场已经萎缩、或是因为竞争者比你强，原本习惯的成功模式，可能英雄无用武之地。如果一直无法改变这样的局面，就可能兵败如山倒，最终被消灭。所以，领导者在变革时就必须思考，如何抵消负的力量，才不会让新投入的心力随之消灭。当然，实际运作并不容易，因为思维与行为，是已经根深蒂固的文化。

手放开，成效更大

我认为，组织成长发展的不同阶段，其实是生生不息的循环。领导者要追求的是“平衡”，所以必须张弛有度。

要做到这一点，分布式管理有其必要性。

我一直相信，人性本善。

当年，宏碁最大的特色之一，就是相信人性本善。非但在办公室不要求员工打卡，在工厂也一样不打卡。这种模式，在生产线上算是难得一见，很可能是台湾地区唯一一家敢这样做的公司，因为在办公室里，一个人不到，依旧可以运作，但生产线少了一个人，就可能无法运转。

为了这件事，我还跟人力资源部门辩论很久，因为我相信，真的会因为不打卡而迟到的员工，只是少数；绝大多数的人，由于公司不要求打卡，他们有时必须加班，也不会跟公司计较。

从王道六面向价值总账的角度看，员工其实付出更多，但公司也因为员工的全心投入，创造更多价值，与所有利益相关者共享，员工得到的回馈也相对更大。

当然，这需要客观环境配合。尤其是在早年公司刚创立的时候，只有几十个人，大家天天在一起，有什么变化都很容易控制。后来，公司人数越来越多，到几千、几万的时候，难免会有人出现一些不好的想法，渐渐不受控制。但我还是相信，人性向善。

一般的领导者，常常为了防堵企业运作中可能存在的弊端，选择集中管理、大权在握。可是实际上，越想防弊，反而会出现更多弊端，永远会有没发现的弊端。最有效的防弊方式，应该是像《孙子兵法》里提到的，让人觉得自己根本没有必要、犯不着去作弊。

PART 03

迈入新纪元

为迎接新信息时代及实现龙梦成真的梦想，宏碁下一个阶段性目标是：“让Acer成为全球家喻户晓的品牌。”不断更新技术及提供最新、最实用的产品为主要策略及使命，“渴望”（Aspire）家用计算机的上市，为宏碁的新使命跨出第一步。

第九章

信息产业的革命

用架构提升效率，
顶多进步两三成；
改用新模式与新架构，
才可能获得数倍效益。
这需要长期策略来推动，
而且越早、越公开，
越有助于凝聚力量，
达成目标。

1995年，个人计算机刚度过十四岁生日，台湾地区也静悄悄地成为全球第三大信息产业重镇。在此之前，IBM才刚花费八十亿美金进行裁员及改造，而AT&T在计算机事业也累计亏损数十亿美金。但台湾地区却以主板、显示器等组件与周边产品，称霸各单项产品的国际市场，成为个人计算机市场中最大的获利者之一。1995年9月中旬，我在一场国际性研讨会中提及台湾地区计算机业时，告诉来自世界各地的信息业者：“台湾计算机厂商进入个人计算机市场，让许多老厂商招架不住，这不是台湾厂商的错，我们只不过抓住产业的变化，将速度成本的变因加入产业的竞争条件当中，而加速这些大公司效率的恶化而已。”

“也就是说，由于环境的变化，加上台湾厂商尽力贡献自己的优势，才促使传统公司暴露缺点。今天，台湾厂商在个人计算机有这样的成绩，有朝一日，或许超级计算机也会走进家庭，成为电子游戏机，那时，台湾计算机厂商也会投入超级计算机的生产，造福人类。”

会后，一位日本富士通的与会代表走过来幽默地对我说："我就是那个受害人！"

值得玩味的是，早年宏碁从微电脑要跨入个人计算机时，当时台湾地区的外商计算机业者认为我们不过是"做玩具的"，根本不懂计算机。没想到像宏碁这样的小公司不但长大了，还掀起翻天覆地的产业变革，力量并不输给这些传统计算机公司。现在，我们甚至可以反过来对这些老公司大声说："你们的黄金岁月过去了，现在是个人计算机当家的时代！"

在即将告别20世纪之际，各个领域都掀起滔天的变革浪潮。推动变革的最主要力量，是对世界进步有所贡献的人。在过去的时代里，教育是贵族的特权，因此能具备知识、贡献社会的人，也仅限于极少数的人；今日由于教育普及，使得各行各业充满受过高等教育的人，这些人在资本主义的诱因之下，无不竭尽所能贡献自己的才能。

信息产业的解构与重组

为了防范日益提升的犯罪技术所发展出来的技术，也在促使社会进步，这种高度技术进步的动力，形成无法抵挡的趋势。

当越来越多人参与贡献，世界也越来越多元化时，经济活动的发展空间变大，各行各业也开始兴起产业变革，从一贯作业模式进入分工整合模式。

一贯作业模式或称统合模式，是二次大战之后，经济学家与企业管理学家为了大量生产、提高效率所提出的理论。但进入20

世纪90年代之后，这个理论遭遇极大的挑战。首先，由于阶级组织庞大且互相牵制，使组织运作效率变差，再加上市场变化迅速，更暴露出其应变速度的迟缓。

于是，一贯作业模式的代表性产业——汽车工业，开始大幅裁员，而一贯作业模式的代表性国家——日本，竞争力开始衰退；经营计算机系统整合的EDS公司从通用汽车独立门户，通信巨擘AT&T分化出七家公司，而索尼为了突破长年经营困境，将集团事业一分为十。

从这个角度思考，当教育普及带动分工整合趋势的兴起，企业组织开始从阶级组织蜕变为分散、授权的组织架构。在这种情形下，原来的组织架构也必须进行大幅调整，一如计算机产品的主流已由大型主机，演变为由个人计算机所组成的主从架构。道理何在？

改变旧的思考方式，才能突破极限

当组织以提高效率的做法来提高效益时，实际上是有其极限的。就如同人在陆地上行走，不管用什么工具，速度一定有其极限，若要突破速度的限制，非得要改变成在天上飞行不可。

同样，要改变管理效益，也不能光在老架构上提高效率，而是必须改变组织架构，而要改变架构，就必须有全新的思考方式。因为以旧的思考方式去寻求改善顶多只能进步两三成，但是如果以全新的模式思考，改善的幅度是数倍或数十倍，效益的提升才能跟得上社会的变迁速度。

以个人计算机产业为例，假设过去的毛利率是50%，雇用员工十人，费用40%，平均每人费用4%，产生净利10%。在产业利润变低之后，假设毛利只剩下25%，若要维持5%的净利，而雇用每名员工费用4%不变，整体费用又必须控制在20%，那么雇用人数必须减少一半。这也就是何以有许多公司必须裁员以渡过难关。

事实上，当一家公司裁员一成，已经人心惶惶，满城风雨；裁二成，公司已然摇摇欲坠；裁三成大概就得解散了，更何况整整裁掉一半的人？更棘手的是，即使裁员半数都还无济于事，因为如果按照原来的架构，剩下的人也只能产生一半的价值，除非企业可以将生产力提高到原来的数倍。

建立新的经营哲学

企业一般是以裁员或简化流程来提高生产力，争取改善的时间。依我看来，这种做法的层次是相当低的，在时效上也绝对来不及。

企业改造大概可以分成几个层次：层次最低的是从原来流程中挤压效率（例如提高奖励或惩罚）其次是简化或改善流程，第三种是改变组织架构，层次最高的是建立新的经营哲学。层次越低的改造，越容易立竿见影，但持续力也越差。

例如，企业一提高奖金，生产效率马上就会提高，但是不久之后，员工对诱因产生弹性疲乏，而企业成本因之提高，改善的成效便消失了。层次越高的改造，虽然效果无法立即显现，但却可以长期持续。

宏碁的改造行动就涵盖了这三个层次：以快餐店模式进行流程改造；实行“主从架构”（client-service）进行组织改造；“全球品牌、结合地缘”为新经营哲学，而其中心思想为当地股权过半。

以“快餐店模式”而言，台湾地区从生产系统转而专注生产组件，将组装移到海外市场就地进行，的确大幅改善宏碁在速度与成本方面的问题。但如果宏碁只采用这个模式，当其他竞争者起而效尤或环境变迁，宏碁的领先优势就会消失。

但是，因为主从架构让每个事业成为独立而健全的个体，结合着当地股权过半的国际化理念，以结合“地头蛇”对抗“强龙”，才能产生脱胎换骨的长期效果。今天回顾起来，这三个策略也都与分工整合的大势，不谋而合。

宏碁之所以脱胎换骨，是因为我们生产力的提高，不是以“成”数计算，而是论“倍”数。

从1991年到1995年，集团平均每人营业额提高两倍半，但平均每人薪资却没有增加（这并非没有调薪，而是加入许多低薪资的员工，如海外工厂的员工），宏碁计算机新竹厂的产值更提高了六倍。唯有争取到较大的改善空间，才能从中产生竞争力。

以倍数的改善目标来规划改造行动的企业恐怕并不多见，宏碁当初也没有想到，但是当我们进行改造时，不断向上调整每年的目标，四年之后便累积这样的结果。而在新信息时代里，速度与效益都必须提高好几倍，才足以应对新的竞争形态。

因此我也必须坦率地说，像IBM等大型计算机公司，仍常用一贯作业心态去面对势不可挡的分工整合潮流。虽然结合了最优秀的人才、拥有最丰富的资源，也相当努力于改造工作，不能说他们做得不好，但若不能放弃中央集权的统合模式，其结果将会是事倍功半。

从另一个角度来看，当整个世界都往民主与本土化的方向迈进，企业的组织架构也要顺着民心调整，才能对内凝聚组织向心力，对外争取社会认同。1995年，宏碁提出“群龙无首”的理念，正是基于这个认同。

信息产业会走到今天分工整合的局面，相信是许多人始料未及的，究其缘由，首先必须归因于IBM开放个人计算机系统环境。

事实上，在信息产业之前，汽车与家电等成熟产业都已经具有相当程度的产业标准，但因为信息业是新兴产业，加上以IBM为主的少数企业垄断市场，整个产业形成各企业各拥专属系统，而其他厂商很难立足其间分一杯羹的局面。

信息业的快速蜕变

若说IBM不开放系统无法造就当年计算机如此普及的情况，并不为过；但是严格说来，开放是大势所趋，因为唯有如此才能带给消费者最大的利益，并创造最高投资效益，与全球资源的有效运用。

对IBM而言，这只是一个简单的决策。相信做此决策的人并未料到，它会对世界产生如此巨大的影响；更不会料到它促成台湾地区跨足计算机业，带动产业生态完全改观，也加速产业由一贯作业转变为分工整合，形成沛然莫之能御的趋势。

过去，因为全球只有少数几家信息大厂，他们所建立的一贯作业体系，投资大、风险高，所以也要求高利润；另一方面，当时懂计算机的人相当稀少，理所当然也要求高报酬，于是计算机产业成为贵族产业。

然而，在IBM开放系统，带动个人计算机风潮之后，贵族产业开始平民化，对这个产业结构有所贡献的人可谓比比皆是，零部件厂商、经销商、售后服务公司遍布全球，几乎可以说，每道程序都有许多人在专业上贡献心力。

在产业生态的蜕变过程中，有两个新的参与者是信息产业结构中前所未见的。第一是专业的计算机出版商，例如美商国际数据集团（IDG）、Ziff-Davis，在美国都不到二十年历史，但却能靠单一专业，规模超越像麦格劳—希尔（McGraw-Hill）这样多元化的出版业百年老店。

在媒体带动的传播效应下，内行的计算机用户快速增加。从前，计算机消费者原已不多，内行的人更如凤毛麟角，凡事都得靠供货商，但现在比业者还懂计算机的消费者相当多，他们可以自己做教育训练、设计软件，于是计算机用户也成为建立结构的一员。

当我到第三世界国家，发现当地有许多人对计算机的了解，和身在计算机王国的美国消费者相比，差距其实不大，计算机已经完全摆脱少数厂商专属的权利范围。因此，若是沿用过去计算机的基础环境来思考产业发展方向，将会产生格格不入的情形。

台湾地区计算机业的崛起与利基

英特尔与微软有今天的局面，当然与他们的研发与营销实力有关，但也是拜环境之赐，亦即是大家抬轿的结果。轿夫的主要成员之一是软件厂商。成千上万种的应用软件，都寄托在英特尔的微处理器与微软的操作系统之上，已然形成庞大的共生体系。

更重要的抬轿力量来自消费者。事实上，在信息产业结构当中最大的投资者，既不是IBM、康柏，也不是英特尔、微软，而是计算机用户；而使用者付出最大代价的还不是金钱，计算机用户所投入学习的精神与时间，才堪称全世界最大的投资。

为什么结合IBM、苹果计算机与摩托罗拉（Motorola）三巨头所开发的威力计算机（Power PC），无法取代英特尔的霸主地位？因为他们的投资无论如何都不能与消费者的巨额投资相提并论，再加上人的惯性与惰性，更形成极难撼动的结构。

反观台湾地区的计算机业，却不是靠乘轿起家。台湾厂商的崛起，是在旧计算机盟主不愿放下老大身段与既得利益，而众多的半导体、软件、专业计算机营销厂商都需要服务的情形下，结合台湾中小企业为主的零部件厂商，快速卡位。

当英特尔推出486与奔腾微处理器时，如果 IBM与康柏愿意积极配合，台湾地区的计算机业也得不到如此快速发展的契机。

由于软硬件都具备相当程度的标准化，整合并非难事，计算机业因此走进分工整合的新信息时代，而它所产生的效益之一，是在分工的架构下，风险因分摊而大幅降低；其二，在各有所长的分工之下，每个成员都在自己专精的领域不断有效突破，经营效益也因此而提高。

新信息时代的到来，一方面使计算机产业不断产生利基市场的创业机会，但另一方面又产生极为严酷的竞争，参与者如果没有两把刷子，跻身该领域的领导厂商便会被淘汰，这就是所谓“要么大，要么回家”（Go big or go home）。

个人计算机潜力无穷

所谓的“领导厂商”，又因软硬件而有所不同，硬件业者在全球还可以同时存在十家左右，但软件在每个领域大约只能容纳两到三家，因为软件要达到经济规模只要复制磁盘即可，成本相当低廉。

而不管是软件或硬件厂商，如果不能在技术与规模都达到领导地位，抱持一窝蜂混口饭吃的心情进入市场，空间将越来越狭窄，甚至只落得白费力气与空欢喜。

若要为第一回合的个人计算机发展史算总账，在个人计算机诞生前就已成名的老信息公司，绝大多数是这个阶段的输家，AT&T、IBM、迪吉多（DEC）、布尔（Bull）、奥利维堤（Olivetti）、西门子（Siemenss）等重量级厂商，总计亏损超过百亿美金（相当于宏碁创立前二十年的总营业额）；能够在当中获取胜利战果的全都是新公司，例如康柏、戴尔或宏碁，当然也并非所有新公司都是赢家。

虽然新公司的总体获利是正数，但若把新旧厂商的获利加总计算，经营个人计算机事业仍是个亏损的行业。

虽然如此，个人计算机的普及造福了庞大的零部件供货商，除了英特尔、微软之外，日、韩的DRAM产业，台湾的显示器厂商，都因此而获得高额的利润。

如果放眼21世纪，个人计算机将引领世界进入信息时代的前景来看，这些挫败不过是漫长历史中的一个小转折点，在可预见的未来，个人计算机潜力无穷。

这场计算机产业革命改造了所有业者的前途，对其他非信息业的人而言意义同样重大，因为产业变革并不单会发生在计算机业，也许它也正无声无息地在你工作岗位周遭进行着。

新时代，新思维

对台湾企业而言，在分工整合的趋势下，在国际舞台的空间将越来越广阔，所扮演的角色也越来越重要。

因为毫无疑问，台湾企业最强的竞争力所在，就是中小企业所组成的分工整合网络。在统合模式当道的岁月里，中小企业林立，曾经是台湾地区经济发展的弊病，而今却是国际企管与经济专家眼中的大趋势。

《天下》杂志把这样的网络称为“变形虫组织”。

“变形虫组织”的弹性和效率，的确为台湾创造了优势。然而这个网络发展到今天，也到了该往上提升水平的阶段，台湾企业应该朝“质”的方向改进。所谓的“质”又可分为两部分，一是素质，二是有序。也就是说，除了产业要升级之外，更要了解自己的能力与定位，使资源做有效的运用。

回首台湾地区过去的经济发展，活力与生命力是绝对可以肯定的，但是也因为一窝蜂投入非专业领域，造成许多投资的浪费。如果企业的素质能提升，就能够找到本身的核心竞争力，并将资源误用的损耗与投资风险降到最低。

另一方面，中小企业网络更要充分利用台湾地区已有的优势条件，成为进入国际分工整合网络的一环，而不只是在岛内分工整合。

因此我认为，台湾地区的变形虫组织应该蜕变为“国际化、有系统的变形虫组织”，也就是说，从过去纷乱中自然成形的组织，整理出一个更有系统、更有共识的体系，才不至于在纷乱的竞争中彼此力量抵消。

从另一个角度来看，虽然台湾企业的制造能力已有相当基础，但是对市场的掌握程度及新科技的应用能力，还是相当薄弱，我们既然没有能力征服世界，就没必要强出头、与人为敌，最好的策略是和大家做朋友，成为国际分工整合的一部分。

事实上，台湾地区的资源少，选择也不多，原本就没有三心二意的本钱，又适逢分工整合的潮流，当然要死心塌地和全球的朋友一起成长。

如果台湾厂商和大家做朋友，任何一个国际性企业要找寻策略联盟的伙伴，都不会忽略我们。甚至当任何跨国企业感受到其他同行的威胁，也都会找我们合纵连横，台湾厂商的地位将会变成“关键的少数”。如此，台湾厂商就能在国际分工网络之下，与全世界的朋友共荣共存。

新鲜科技带回家

为了迎接新信息时代的来临，宏碁将公司特质与长期经营优势，与市场需求相结合，提出“第三次创业”的策略与使命，就是“提供新鲜科技，让每个人、每个角落都能享用”（Fresh technologies enjoyed by everyone everywhere）。这个策略的目标是使Acer成为全球家喻户晓的品牌，也是宏碁的一个龙梦。

在此之前，宏碁当然已经有过第一次与第二次创业的使命，1976年的第一度创业，目标是推广微处理器的应用；1986年第二度创业，则是建立国际化与自有品牌的实力。如今检视起来，应该都还算幸不辱命。

而在第三度创业的目标当中，包含着几个重要的概念：“新鲜”“享用”，以及“每个人”“每个角落”。

宏碁之所以谈新鲜科技而非新科技，因为绝大多数突破性的新科技，往往因为客观环境（例如技术层次、规模、对大众的说服力）的因素，失败率很高。因此，我们对新科技没有绝对把握，也不愿意做太多投资，宁可在技术确定成熟之后，快速跟进（这也是我的“老二主义”），再将技术不断更新，让技术保持新鲜。

就如同食物，好吃的面包，是刚出炉、热腾腾的面包；好吃的鱼，是新鲜的鱼，但新式样的面包与新品种的鱼，却可能不好吃、不能吃。

对于新产品，从宏碁目前的能力来看，我们自觉无法在新技术上永远保持领先；另一方面，企业不能为发明而发明，必须考虑到消费者的权益。新技术可能太昂贵、不成熟，并不是多数人都能享受到，而成熟但新鲜的科技产品，却相对低廉、质量稳定，正如同人人都需要新鲜的空气与食物，但它们却并不昂贵。

所以，“新鲜”比“新”好。这个长期策略不但是对消费者的诉求，也在提醒同仁：宏碁所生产的，是消费者最需要、最实用的产品。

事实上，早在宏碁发展“快餐店模式”时，我就常以“新鲜”来解释速度的重要性与产品的价值。当时我们在台湾生产“新鲜”的计算机，运到欧洲已经过时。

我们都知道，快餐店最大的特色是现时供应现做的食物，甚至规定搁置一段时间没有卖掉的食物就必须丢弃。因此，当宏碁发展出快餐店模式，建立策略事业单位如同“中央厨房”的专业生产与规模经济，拥有全球各地三十余座组装厂时，我们当然敢和别人比新鲜。

做实用、便宜、人人会用的产品

把“新鲜”的概念和“享受”结合，表示产品不但实用、便宜，而且人人都会使用。

发明的使命是让每个人都享受到，因此，身为发明家与工程师，必须尽力做到好用又便宜的产品；而企业的责任，则是不断改进效率、降低成本，将节省下来的成本回馈消费者，做到物美价廉。企业并非全然地牺牲自我，因为通过这种方式，企业也得到提升竞争力的好处。

“每个人”与“每个角落”的意义，是宏碁希望将新鲜技术应用到全球各角落，享用的人越多，对世界的贡献也越大。

另一方面，我们也要清楚地向发展中国家诉求：当年我们曾经深受美国、日本企业不移转先进技术，将次等产品销售给我们的气，因此我们要告诉发展中国家的社会大众，宏碁是大家的朋友，不会把大家当成次等公民；更进一步地，我们以结合盟友的行动向大厂商宣示，倾销是无法奏效的。

不断创业论

从“新鲜的技术”出发，宏碁又发展出一个概念——“新鲜的价格”（fresh pricing）。大计算机厂商的营销策略，总是隔一段较长时间之后大幅调降，但宏碁的策略是缩短调降期间、持续小幅调降，也就是随时反映成本，降价回馈给消费者（见图9–1）。从图9–1来看，A部分的消费者是冤大头，因为他们付出相对昂贵的价格。

然而对宏碁相当不公平的情形是，媒体的报道总是关注大厂商偶一为之的大幅调降，将焦点错放在我们是否有竞争力来应对大公司的出击。事实上，主动出招的是我们，大公司的动作是落后的、被迫出手防御的。

第三次创业的概念，不只针对消费者的诉求，更希望形成同仁的共识。因为要达到这些使命，巩固这样的风评与形象，需要花费五到十年的时间，因此我们必须及早制订目标，结合许多人的力量，不断努力。

图9-1 宏碁的新鲜价格策略

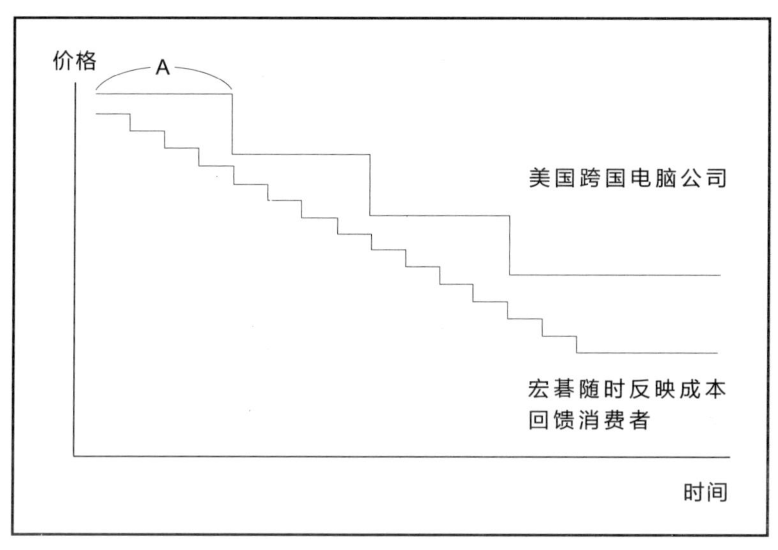

这也是为什么宏碁从来不把策略当成“秘密武器”，总是抱持尽快公开态度的根源所在，因为我们的目标不是一朝一夕可以达成。当外界正评头论足时，宏碁已经开始行动；当目标达成成果出现时，别人再想急起直追已经来不及。

对当时已有二十年历史的宏碁而言，我们不断提出“创业”的概念，无非是希望公司永远保持创业精神与危机意识，也借此希望厘清公司更高远的阶段性目标。同时，也趁此提醒同仁，我们距离世界第一流的公司仍有一大段路要努力，还没有资格享受、懈怠。

当然，有朝一日，当宏碁真的成为第一流的大公司时，我们还会想出新的创业目标，而我也衷心希望，届时提出新目标的人已经不是我。

2004年张玉文采访整理

信息产业带来工业和社会的革命，信息产业本身也不断地自我革命，从早期计算机公司由上游到下游整合的一贯作业，到20世纪90年代初期的全球上、中、下游分工整合，整个产业展现全新的面貌。我观察到这种分工整合的趋势，因而提出了微笑曲线的理论，提供台湾地区产业和企业在规划长期发展策略时的参考。

产业开始分工整合之后，个人计算机业经历了许多重大的变化，包括全面性的外包、富士通与西门子的合并、惠普并购康柏，甚至最近还有一些投资者提出不要投资个人计算机公司的论调，将戴尔和苹果计算机归属超越个人计算机公司。

在这个产业变动的过程里，宏碁也成功地重新自我定位，逐步扩张产品线，并且加强信息服务的业务，变成超越个人计算机的公司，转型为一家品牌营销服务的公司，我们很幸运能够掌握产业变动的先机。

第十章

宏碁的三大策略

企业要成长，
必须先对别人好。
集团内的企业，
让他们各自选择交易条件最好的供货商与客户，
才会有对外竞争力。
对于合资伙伴，也要从对方的需要思考，
以伙伴的利益为利益，
否则只会两败俱伤。

可以用不同的角度来看宏碁的三大策略——用以改造流程的“快餐店模式”、用以改造组织的“主从架构”与在新的经营学下产生的“全球品牌、结合地缘”。

可以说它们前瞻，因为“快餐店模式”吻合了产业国际分工整合的趋势；也可以说它们不前瞻，因为最初是为了应对迫在眉睫的危机。可以说它们创新，因为宏碁是首先将计算机主从架构导入跨国管理的企业；也可以说它们不创新，因为宏碁一直就是分布式授权管理。

可以说它们前卫，因为还没有国际化企业以“全球事业、当地股权过半及当地股票上市”为诉求；也可以说它们不前卫，因为宏碁创业之初就已有类似做法。但它们确是宏碁治疗痼疾、逐步调养的药方。

顺势而为的宏碁特色

为了挽救速度与成本的竞争力，我们将组装计算机工作移往海外市场；为了解决海外组装基地的管理能力问题，必须借重当地人才，我们让当地伙伴入股；为了让分散各地的据点有秩序地运作，我们建立一套整合组织的架构。

所以，它们也是宏碁创造未来的开垦利器。

因为股票上市为我们凝聚人才与钱财以及“共同拥有”的向心力，主从架构的授权体系让各事业独立茁壮，而师法快餐店经营更提供了无限可能的未来发展。顺势而为，环环相扣，就是宏碁发展策略的特色。

“快餐店”模式

谈“快餐店模式”，得先简单回顾个人计算机由统合模式走上分工整合的历史。

1981年，IBM首先推出个人计算机，第二年康柏跟进，开启IBM兼容计算机新纪元；1983年宏碁推出台湾地区第一部个人计算机，1984年台湾其他业者随即进入。1986年之前，整个个人计算机产业都只有系统公司。

1986年之后，专业生产主板的厂商开始出现，其中，由简明仁创办、原来以代理系统业务为主的大众计算机，和曾任职宏碁的陈汉清成立的精英计算机，是最具代表性的厂商。

主板厂商崛起的背景，是因为全世界生产IBM兼容计算机的厂商越来越多，就如同在台湾地区到处林立的无品牌计算机厂商（通常成为“others”，或是杂牌计算机、白牌计算机）一般。

这些厂商进口主板组装成系统在当地市场贩卖，最初我们并不以为意，但到了1991年左右，这类无品牌计算机在各国市场的占有率已经攀升至六到七成，而这些计算机的主板，都是由台湾地区大大小小上百家主板厂商所提供。

当时台湾主板厂商的发展状况，几乎可以用“打烂仗”三个字来形容，除了少数几家之外，产品质量、稳定度都不好，但却是气势如虹。渐渐地，宏碁也发现仗越来越难打，特别是代工订单正逐渐萎缩，因为当计算机运抵海外市场产品早已过时，造成客户的竞争力开始衰退，而宏碁也面临利润趋薄、占有率原地踏步的问题。

宏碁原本也生产主板，但只提供内部生产系统所需，并未对外销售，成本并不具备市场竞争力。此时，原任职宏碁研发部门的童子贤等人离职，创立华硕计算机，以生产主板为主，以至于宏碁进入主板市场的行动已如箭在弦上、不得不发。

经过一年的沟通形成共识，1992年，我们决定开始将主板单独对外拓销。从那个时候起，台湾地区成为宏碁的“中央厨房”，负责生产主板、外壳装置、显示器等组件，而各地区事业单位变成组装新鲜计算机的“快餐店”，独树一格的“快餐店模式”于是成形。

组装外移，快速装配

推行“快餐店模式”看来顺理成章，但却非一蹴而就，例如，要如何让原本只负责营销计算机的海外事业，胜任产品组装的工作？又要如何应对品项复杂的零部件采购与库存管理？以往这些工作都是总部统筹负责，海外事业单位并没有这些经验。

有几件事促成“快餐店模式”的问世。

1990年，我们为了打入美国新兴的量贩店营销渠道，启用另一个品牌“ACROS”作为市场区隔，然而当我们在美国注册这个商标之后，却因为已有类似商标先行在台湾注册，使我们无法在台湾生产ACROS品牌的计算机。情势所逼，我们不得不采取在台湾生产半成品，再运到美国装外壳、贴标签的策略。

这是宏碁最早“当地组装”的雏形，但也因为ACROS还只是最初阶、最简单的“当地组装”，所以并没有替宏碁带来降低成本与提升速度的功效。

但由于有了这个起步，我们便根据各种组件的特质，分成几个类别：第一部分是机种变化性不大的组件，如外装、电源供应器与软式磁盘驱动器；第二是集团自己供应、市场变化快速的主板；第三类是市场变化快速、必须向外采购的产品，如微处理器、硬式磁盘驱动器。

分门别类之后，我们便建立不同的供料与库存管理（即所谓的运筹能力，类似军队后勤补给工作）。

第一类组件，因为变化性不大，各地区事业单位可以预先大量订购，风险很低，以海运补给即可。其次，为了争取产品新鲜度，主板采用空运补给，缺什么机种立刻补什么货，降低库存折旧的风险。再次，同样是速度的考虑，硬式磁盘驱动器与微处理器由海外事业单位在当地就近采购。

运用这套“模块化制造”的管理，我们便随时可依市场需要快速装配出不同的产品，并随着组件的最新价格实时反映降价。

另外，我们在1991年发展出两个重要的技术，也酝酿了快餐店模式的催生条件。一个是“硅奥技术”，一个是无螺丝外装。

有了硅奥技术，我们可以设计出万用主板，适用各种微处理器（就如同汉堡内容各有不同，但汉堡面包却大小一致）；有了无螺丝外装，将所有组件组合成一部计算机只需要三十秒钟。这两个技术的问世让装配工作变得简单，即使装配基地远在海外，质量也比较能够保持稳定。

这些工作说来并不复杂，但海外事业单位在最初实施“快餐店模式”时，也无法适应新的运筹管理方式。

例如，以前如果客户下了一千部计算机的订单，营销单位只要直接向总部进一千部完整计算机即可；但在组件分别采购之后，购买外装要提前三个月、主板是一个月、微处理器两个星期，还有硬盘机、包装……全都要分别处理，整个体系运作变得复杂许多。后来，我们派一个小组到海外协助建立制度，海外事业单位在度过适应与学习期后，速度与成本的优势渐渐显现，运作也开始走上轨道。

取长补短，师法餐饮业

在“当地组装模式”挥军前进之初，1992年我在宏碁全球经销商会议（于墨西哥举行）当中，首次借用快餐店的概念来说明宏碁的新策略。

当时，我用餐饮业来形容计算机市场：中国餐厅遍布全球，多数客户也觉得中国菜经济实惠，但是缺乏企业化经营管理，质量良莠不齐，因此缺乏高水平的形象。就如同采用台湾主板的兼容计算机厂商，也是全世界到处林立，但是厂商质量参差，没有品牌形象可言。

而麦当劳以简单的菜单、企业化经营管理、统一的品牌，成为全球连锁快餐店，因此我们要取全球各地兼容计算机厂商之长，并以麦当劳的运作模式以避免其缺点。“快餐店模式”开始运作之后，我们库存周转速度加快一倍，不但降低经营风险，而且为新产品上市创造有利条件。

以前输出整部计算机必须用海运，现在只需要将主板空运到市场即可，新产品上市时间整整提前一个月；而在新产品上市之前，必定要先出清库存旧产品，库存一降低，出清存货的时间也随之缩短，推出新产品就更具时效优势。

更重要的是，在模式改变之后，宏碁的产品更加消费者导向。以前在台湾组装系统时，由于老是抓不准市场趋势，使得畅销的产品永远缺货、不畅销的又堆满仓库。现在，我们在全球二十八个国家，设置三十四个装配基地，随时视客户的需要弹性装配交货，如此就可应对市场变化。

“快餐店模式”对宏碁的意义，已经不仅止于解决速度与成本的问题，更重要的是，它可能为未来的宏碁带来广阔的发展空间。

“中央厨房”区域化

就如同今天的快餐店，仍不断在全球各地开新店，甚至发展出加盟、直营、合伙等不同的连锁方式，计算机的“快餐店模式”也具有这样的可能性，发展出原来想不到的机会，不断提升竞争力与消费者权益，而且机会是源源不绝的。

举个简单的例子。快餐店的特色是新鲜方便、质量一致，许多人都有打电话订比萨饼的经验，只要是同一家公司的产品，由不同分店送来的不会出现太大的质量落差。

也许将来有一天，宏碁的“快餐店模式”可以发展到这样的地步：客户只要通过计算机网络，向邻近的宏碁信息广场订购所需规格的计算机，我们就可以马上装配交给客户。

这是计算机“快餐店模式”发挥到极致的做法，绝对不是异想天开。汽车业不也正计划发展类似的体系？

宏碁是否会这么做，要视环境的变化。例如，市场是否已经竞争如此激烈？消费者能否接受这种观念？公司内部是不是拥有这样的管理能力？但宏碁从跨出“快餐店模式”的第一步之后，已为迈向这样永无止境的进步空间奠定基础。

从近期目标来看，我们即将着手的是进一步将“中央厨房”区域化。现在宏碁的中央厨房还集中在亚洲，例如宏碁计算机在台湾与菲律宾苏比克湾设厂，而明基在马来西亚、中国大陆与中国台湾地区投资。

让中央厨房向市场推移

未来，当市场规模越来越大，势必也要让中央厨房向市场推移，目前我们计划在美洲与欧洲成立中央厨房，便于就近支持。往后，台湾地区所扮演的角色将是发展新组件、调配新菜单，同时支持尚未达到规模的地区。

当一个科技产品变成大量消费商品时，由于消费者经常使用，必然更懂得精打细算，届时，产业就会逐渐朝向低利润、筹运能力与效率导向发展。

宏碁率先将这些观念导入事业单位的任务目标，赋予地区事业单位的任务为“Most effective global marketing and distribution network for branded systems and components”（最有效的品牌产品全球配销），就是在强调营销与筹运能力的效率。

而策略性事业单位的任务则是“Leading global component supplier to OEMs and RBUs”（领先世界的组件供货商），这也就是充分发挥中央厨房的功能——规模及制造力。快餐店业者能够行遍天下，不正是凭借这些优势?

既能分散又不失控

宏碁推行“快餐店模式”之后三年，有了成绩为证，才逐渐在外界发酵，海内外媒体更把此当作前卫的思想。

过去，迪吉多曾经有一位华人主管想在该公司推行“快餐店模式”未成；现在，神通、大众、精英已经在美国欧洲等地设有装配基地，但并不像宏碁如此分散。他们的模式应该称为“连锁餐厅模式”——据点较少，但单点规模较大。

一个生产基地要供应几个不同语言国家的市场，其弹性、市场深度及结合当地资源的程度，还是和“快餐店模式”有所差异。但是，要做到进一步的分散并非易事，因为海外据点和总部距离遥远，不论是产品组装或筹运能力，都需要足够的人才管理，才不至于让产品与管理失控，于是根本问题出现了：人才哪里来？光靠台湾地区的人力资源够不够？

事实上，当宏碁计划将组装移往海外，也同样面临这些问题，如果按照正向思考，想到这点就会觉得行不通；但如果反过来想，既然从速度和成本考虑，“当地组装”都比较具有优势，那么关键是要想办法解决问题，而非因噎废食。

宏碁之所以能够解决这个问题，归根结底，还是因为“利益共同体”的策略，因为“结合地缘”，才能就地“取才”，以达到既分散又保持质量的目标。

麦当劳初到台湾地区时，也是因为找到本地的合作伙伴，才能迅速打开市场。这套策略最初是为了突破瓶颈而产生的，如果当初我们也在原来的思路上卡死了，就不会有“快餐店模式”的诞生。

名牌并不等于昂贵

从“快餐店模式”的思路再深入发展，这个概念不仅适用于管理，还隐含更高层次的经营哲学。

在发展出“快餐店模式”的同时，我曾另外提出一些相关的创新概念，有部分概念甚至还和同仁经过多次辩论才让大家接受。例如我认为，总有一天系统要卖得比零部件便宜，其中，组装和品牌都算是一个零件。乍听之下，许多同仁都大惑不解。

想想看，系统里面有多少零件？硬式磁盘驱动器、微处理器、电源供应器、外壳……客户一次买这么多种零件，当然要以比零件总价便宜的价格卖给他，这就好比餐厅的套餐总是比单点便宜；既然买这么多，那我们可以附赠装配优惠客户。

但是计算机业现在的状况，却是套餐比单点贵。套餐就是像IBM、康柏、宏碁的产品，单点就像电子商场卖的无品牌计算机，客户指定要什么零部件，店家便为其拼装。而无品牌计算机所以比正牌计算机便宜，是因为没有售后服务及质量保障。

根据我的思考逻辑，正牌计算机不但质量、服务要比较好，而且价格还要更便宜才对，因为正牌的产品量大、成本低，简言之就是量贩店的概念。

举例而言，假设我的公司比别人大十倍，同样去参加计算机展，我只要租五个摊位就足够盖过只租一个摊位的小公司的展示效果，把多数订单都抢过来。分摊下来，大公司的营销成本应该比较低，那就没有道理卖得比别人贵。

买品牌是买信用

要达到这个境界，有两个先决条件：第一，消费者要识货，要了解自己买了缺东缺西的杂牌产品，合计起来是比较贵的；第二，大公司不能有老大心态，觉得自己是大公司，就可以把不合理的管理、销售费用加在价格当中，如此才会提供又好又便宜的东西。这么一来，公司赚得比别人多，消费者花钱也花得值得。

既然品牌也是零件之一，而系统价格不能超过零件的总价，这也就是说，名牌计算机必须卖得比无品牌计算机便宜。我常常告诉同仁，品牌的功能不是代表企业可以附加额外价格，品牌的功能是让生意好做，帮助企业降低成本，因为消费者辨识容易，可以提高企业的规模与对产品的信任感。

消费者买有品牌的东西，是在买信用，在计算机这个行业里，质量就是质量、性能就是性能，不能因为有品牌就要客户多付钱，消费者又不是冤大头。

但至今，仍有很多人不了解宏碁享受低利润运营模式的逻辑。在一场演讲当中，有位听众就问我："低利润如何能享受？这不是企业经营目标。"我再度举出卖鸭蛋和卖文具的道理，解释只要产品与资金周转快，低毛利、低费用、高周转的结果，可以获得高投资回报率。宏碁赚的钱并不比人家少，当然是享受，而不是忍痛牺牲。

现在，宏碁正不断往这个方向努力，这不但对宏碁有利，对消费者也是一种福祉，也唯有如此，才能确保宏碁生生不息的发展。那才真叫“和气生财”。

主从架构的代表性典范

1995年9月问世的“渴望”（Aspire）多媒体家用计算机，是宏碁产品发展史中极为重要的里程碑，它的意义不单是一年两百万部、高达上千亿元新台币的业绩潜力，更是宏碁“主从架构”代表性的典范。

当美国宏碁开始研发这项产品时，我并不很清楚这个计划。三个月之后，我看到青蛙设计公司（Frog Design）所设计的造型，才真正意识到这个墨绿色、流线型的计算机，将是一个计算机业突破性的创举。

短短九个月，“渴望”就推出上市了，也粉碎了美国大计算机公司在1994年圣诞节夸下的海口：“明年圣诞节要将宏碁赶出美国市场。”（圣诞节是美国计算机市场的旺季）

这项由美国宏碁主导的计划，是集团成员通力合作的结果。从产品概念、软件界面、装机程序到营销企划皆由美国宏碁负责；机械与电子设计则由明基与宏碁计算机支持；电视广告是新加坡和新西兰联合制作；代表产品形象的卡通人物“无得比小子”（OOBE Boy）在南非设计。这些合作事宜并未曾通过总部，而是由各事业直接沟通、配合。

我相信，如果“渴望”的开发是通过传统组织的沟通方式，在总部与诸多事业体之间呈报、争论、修改、核准，按照计算机业研发全新产品的先例来推估，起码需要一年半到两年的时间，而且这项产品的大胆创意，极可能已经消磨殆尽。

主从架构蔚然成风

1992年，当“全球品牌、结合地缘”成为宏碁国际化策略之后，每个公司都成为当地独立运作的个体，为了有效管理这个不同于传统、松散式组合的集团，就必须有个别于传统的管理架构。由于宏碁一直都采取分布式管理，因此集权式架构完全不适合宏碁。

进入1990年之后，计算机的发展趋势已由大型主机、迷你计算机，转变为个人计算机，主从架构开始蔚然成风，而这个架构的基本原则与宏碁精神有相当多吻合之处，因此，1993年，我便借用这个新兴的计算机架构，运用于宏碁特有的管理模型之上。

所谓“主从架构”，就是将散置于每个人办公桌上的个人计算机，与不同功能的服务器，连接成一个完整的网络。每部个人计算机都是独立运作的“主”（client），网络上随时提供最佳资源给各工作站的服务器是“从”（server），密切而弹性地结合在一起。

从发展背景来看，人类组织的演进与计算机发展趋势正好不谋而合。

早期，计算机有运算能力的只有主机，终端机只是暂时输出入数据的地方，本身并没有处理能力。同样，在五十年以前，懂得经营管理的只是极少数的有钱人，他们雇用很多伙计，这些人也只是听命行事的角色。

这种大型主机的架构，最典型的例子就是军队。军队的权力中心集中在最上层的少数人手中，其他人的职责是服从上意。这种架构对于执行简单的目标非常有效，因为它通过严谨的组织控制，达到“一个命令、一个动作”的效果。

后来，当个人计算机功能越来越强、价格越来越便宜时，个人计算机可以胜任的工作层次也越来越高，假若全部仰赖主机，不但价格昂贵，大型主机也越来越无法应付日益繁复的工作，必须相当程度倚重个人计算机。但是个人计算机散置各处，要如何分工、管理？于是，主从架构就应运而生。

主从架构就是要充分发挥个人计算机的好处，又要应对复杂的工作，所形成新的计算机架构，它的成本低、效率高、弹性大。但因为必须重新安排工作，所以使用者必须花费若干时间熟练操作系统，才能产生最大的效益。

组织亦复如此。一方面，由于人类活动日益复杂，再有能力日理万机的领导者，也无法像过去一般独自应付；另一方面，由于教育水平日益提升及各种知识传播体系的熏陶，有能力担当管理工作的人才比比皆是，就像个人计算机到处普及一般，如果不授权人才尽量发挥，简直是浪费资源。

既是“主”，又是“从”

更重要的是，对企业而言，面对市场快速变化与激烈竞争，如果任何决策都要从事业单位反映到总部，再从总部下指令由事业单位执行，在命令层层传达之间，商机瞬间即逝。因此，类似大主机架构的阶级组织（hierarchy），在讲求速度与弹性的竞赛当中，势必要居于劣势。

企业要实施主从架构必须有以下几个客观环境：

第一，产业要具备相当的规模，使其分散经营后还能独立运作、获利。如果产业规模不够大，分割后就无法生存。

第二，任务必须具备相当的复杂度，因为简单的工作由一部个人计算机就可以解决，无须“从”的协助。

第三，执行任务者不单只听命行事，并且能够独立做主。因此，主从架构下的成员最基本的原则是：自己能做的，自己完成；自己不能做的，找伙伴帮忙，而且随时准备支持伙伴。

从发达国家跨国经营模式来看，日本企业是层级分明的大型主机架构，美国公司则是迷你计算机的架构。

迷你计算机介于大型主机和主从架构之间，等于是做了一半的网络化架构。例如IBM，纽约总部等于是大主机，但在亚洲设置一个迷你计算机，也就是位于东京的地区总部，由其统筹管理亚洲地区各分公司。迷你计算机架构比大型主机有了更进一步的授权，但并未完全授权，例如，东京总部或纽约总部不同意台湾分公司的决策，那么决策便会被推翻。

欧洲企业是“多区域性经营”（multi-local）的架构，是个人计算机和工作站不联机的做法。例如，过去飞利浦在许多国家都设有工厂，就地供应各地区市场，这个架构的缺点是比较不能达到经济规模；这也是飞利浦最近开始关闭若干工厂，改采用集中生产策略的原因。

宏碁的做法与上述三种模式都不相同。宏碁在全球的事业单位都是与当地企业合伙，决策中心是各事业单位的股东大会，总部只能通过股东大会影响决策。

在这个管理架构中，各事业单位既是独立决策运作的“主”，又是互相支持、作为其他事业的“从”。例如，明基计算机独力发展与制造显示器，是“主”的角色，其产品供应全球地区性事业，是最专业、最有效率的“从”，同时也具备了规模经济。

发达国家的跨国企业之所以无法实行主从架构，是因为只能做到有限度地授权。无法彻底授权的原因，部分源自企业领导者希望全权控制的权力欲望，部分则因对于各单位是否胜任的信心不足。而信心不足的原因又来自两方面，其一是能力问题，其二是担心授权后各单位无法配合总公司的发展，导致组织混乱。

因此，企业实行主从架构必须具备的主观条件之一，就是设计这个运作体系的人，也就是企业领导者，要能放心并乐意大权旁落。几年前，IBM曾一度计划实行分布式管理，后来又重新走回集中式管理，就是因为领导者对大权旁落无法释然。

众所周知，民主化与人性化已然在全球蔚为风潮，从各地争取地方自治及强调“在地”的发展趋势就可证明，然而尽管大家都明白授权基层做决策的必要性，但问题在于如何授权才能降低风险。

事实上，从风险管理的角度来看，正因为集权式架构将资源放在总部，总部也因此担负了全部的风险。主从架构是让各单位自己做决策，自己担负决策风险，也就是说，让负担风险的单位来做决策，反而能够分散并降低总部的风险。

为了降低各单位的决策风险，实施主从架构的主观条件之二，就是各事业需有足够的决策与执行能力，且成员彼此间能有大方向的规范，为共同的利益而合作。宏碁之所以能够实行主从架构，是因为我们原就有分布式授权管理的基础，而且同仁都是股权所有人，具有共同利益的内部凝聚力，再加上各单位的主管都任职公司多年，彼此有足够的默契。

厘清运作规则

但这并不表示宏碁实行主从架构后完全不需要调适。

事实上，当计算机主从架构问世之初，它的运作也并不像今天这样成熟，况且宏碁又是全球首先援用这个崭新计算机架构作为组织管理的企业，刚开始当然有许多环节必须厘清。于是，我们利用每半年一次的高峰会议来定义与厘清这些环节，经过几年的讨论，已能有效运作。

我常想，如果我们的伙伴不是如此有默契、对我领导的方向也具有信心，不知道宏碁的主从架构会往什么方向发展。

因此，我并不认为每个公司都适合立即变成主从架构，这还必须有环境的配合。比较合适采取主从架构的企业，是没有旧组织包袱的新企业及老公司的新部门，后者可以先独立门户进行试验，再按部就班地推展至整个公司。因为对于实行大型主机管理架构多年的企业而言，要从大主机架构骤然改成主从架构，会产生管理混乱，无法运作的情形。

原因何在？

第一，主从架构的先决条件之一，就是执行任务的“主”是有智慧的，并不是只有“主头”（client head，即事业单位主管）具有智能，而是所有成员都能够胜任。第二，就如同计算机网络必须依照操作系统做事一样，企业的整个组织也必须根据规划，遵守既定的准则来沟通或交易，如果不能遵守这些规矩，网络就会乱掉。

所以，这个网络上的成员，必须同时具备两个基本特质：胜任与纪律。

亲兄弟，明算账

任何组织都有规矩，但主从架构的规矩和大型主机并不相同，所以必须重新学习。

当企业要尝试主从架构时，必须开始学习授权与尊重，同时还要适当地调整沟通方式与责任归属，而这些工作都不可能速成。试想，任何组织要开始实施计算机网络化时也需要一段时间学习，何况是有机体的企业？

另一方面，计算机毕竟是机器，当程序设计安装完成之后，便会按照指令正常运作；但是对于人类，不管订下多少规矩，都未必会按照规矩行事。

所以，企业进行主从架构时，所订的规矩必须如同一个国家的“宪法”一样，简单明确，但是绝不能轻易变动。如果规定过于繁复，多如牛毛，必然要经常重新厘清规范，假设一个国家需经常解释宪法，焉有不天下大乱之理？

以宏碁为例，我们只针对价格与品牌的大原则制订规矩，例如策略事业单位销货给地区事业单位，价格不能高于市场公开价格，如果是自有品牌产品，必定要通过地区事业单位营销；地区事业单位必须提出营收的2%-5%，投入自有品牌产品的广告费用，策略性事业单位也必须提拨产值的5%作为品牌推广发展基金。

我们只给各事业单位几点小约束，让他们拥有相当大的经营自由度。

例如，地区事业单位可以不向策略事业单位订货，自由选择最理想的供货商，如果策略事业单位因此关门那也无所谓，这表示它本来就没有竞争力。

同样，策略性事业单位以服务代工客户的同等待遇，与地区事业单位往来，如果自有品牌产品在市场打不过代工客户，表示该地区事业单位能力太差。

以美国宏碁开发“渴望”家用计算机为例，如果集团内各事业单位认为这项产品没有竞争力，不愿意贩卖，那是美国宏碁技不如人；如果认为它具有市场潜力，那么就要照规矩，付权利金给美国宏碁。

我并非乐见各单位倒闭，而是希望大家时时存有危机意识，更重要的是，要一视同仁提供各单位最强有力的竞争条件，让大家能在各自的战场中生存；否则，各单位光为谁占便宜、谁吃亏的话题吵嚷不休，公司就永无宁日。

同样的道理，如果事业单位的股东大会决议退出主从架构，任何时候都可退出集团，当然从此之后也就无法享用宏碁的技术与品牌资源。换句话说，宏碁并不要“卖身契”似的强势从属关系，而是以提供最好的资源，让各事业心甘情愿留下来遵守一点点“臭规矩”。

换句话说，我们将这套架构建立在“利之所趋”的基础上，以公开、合理的商业利益作为行为准则，以俗话来形容就是“亲兄弟，明算账”，每家公司对自己的股东负责，各为其“主”，如此一来就没有利益输送的情形。有了这些原则性的规定，大家在共同获利的大方向上，就比较不会计较小枝节的出入。直到现在，宏碁还没有发生需要搬出“宪法”来打官司的状况。

未谋其事，不在其位

从组织管理的角度来看，主从架构之所以比大主机效率高，因为它有个重要的特质，“如果没附加价值，就不应该夹在中间”。稍微修改孔子的话更可贴切说明：“未谋其事，不在其位。”典型的反例，就像官僚体系里总有些公务员只专门盖章，别无贡献。

事实上，签字盖章也是需要成本的，不但要付出管理、销售费用，更严重的是时间遭到延迟，而对经办人员而言，不但浪费光阴，更可能延误了升官发财的机会，无形中不知流失多少社会资源。

而宏碁的“快餐店模式”，就符合了“未谋其事，不在其位”的精神。

从前宏碁计算机生产系统时，是向外界购买硬式磁盘驱动器、显示器、微处理器等关键性组件，加上自己生产的主板，组装之后销售，所以营业额也包含外购组件的价值。

当时宏碁计算机年营业额约有一百亿，但是扣掉这些组件花费之后，只剩下五十多亿。宏碁计算机对这部分产品的附加价值并没有贡献，所谓“无功不受禄”，应该放弃这些业务，由地区事业单位直接向供货商采购，并在当地组装。

当然，我们也必须探寻什么是宏碁计算机的附加价值所在？很明显，答案是主板。

虽然这么一来，宏碁计算机的营业额就会骤然减少，然而就如同官僚体系当中没有创造价值的盖章程序一般，购入组件、再组装成系统的做法，从表面来看是创造了庞大的营业额，但实质上却是赔钱的。因为组件也需要库存成本，需要提拨折价准备，还有难以数计的时间成本。换言之，这部分的营业额是不实在的。

这样的做法，对许多人而言可能有些匪夷所思。在台湾地区，企业集团将资产在关系企业间转手买卖，垫高账面上营业额、利润与资产价值的情形，已然司空见惯，其实，这些所谓的“财务杠杆”不过是虚胖罢了。宏碁不但不曾这么做，甚至早在1987年，就将集团内交易重复计算的营业额，如制造单位卖产品给营销单位的营业额，从集团总营业额当中扣除。直到今天，台湾采取此种做法的集团仍属少数。

宏碁计算机专心致志生产主板之后，真是受益良多，不只加快决策时间与货物流通的速度，使营业额呈现倍数的成长，更重要的是，这么一来才不会产生决策上的误导。

赚该赚的钱

误导决策的道理何在？从英特尔生产主板对台湾同行产生巨大冲击的案例中，便可以清楚看出。

主板之于计算机，当然是非常重要的组件，但事实上主板的附加价值是较低的，然而在信息业界，主板业的形象定位却是相对较高的，最主要的因素就是主板业者把微处理器的附加价值，混入主板当中一起思考。

众所周知，微处理器的附加价值远大于主板本身，业者很容易因此错估自己的真实能力，甚至还有人将微处理器转手买卖，赚取差价，这比主板的利润还高。

试想，英特尔有没有理由让别人来赚这些利润？为什么20世纪90年代末英特尔要致力于“Intel Inside”的形象？为什么英特尔要跳过主板厂商，直接把微处理器送进零售营销渠道？因为主板业者把不该属于自己的利润算到自己头上，产生很多误导。

今天英特尔不让主板厂商赚取转手可得的利润是理所当然的，因为投资几十亿美金设厂及研究发展的是英特尔，要赚多少钱应该是由他们做主，而不是主板厂商，他们如何会坐视别人赚取原本该属于自己的利润，而不采取保护自身利益的行动？

对宏碁而言，当英特尔跨足主板生产时，并未如其他同行那般震撼，因为我们凭自己创造的附加价值赚钱，早就不把微处理器看成“该赚的利润”，所以不怕和英特尔在主板市场平起平坐的竞争，这是经营企业非常重要的心态。

企业经营者必须要能随时保持这样的基本心态。过去基于时代背景或自己的努力，也许有些企业或组织曾经拥有特权，但当时空环境产生变化，该丢掉特权时就要勇于丢弃；如果不能看开，仍然不愿放弃特权，结果只有被环境淘汰。

例如IBM与迪吉多，由于过去的努力，奠定大型计算机与迷你计算机的霸主地位，当然有权拥有利润，但是当他们的优势钳制到客户的发展时，只要一有机会，客户就会摆脱他们。

因为，过去的努力并不表示永远能享有优势与利润，如果死抱着过去的优势不肯放，就会产生两种结果：第一，得罪客户；第二，在错误的方向投资过多，无法掌握“牛肉在哪里”，耽搁改善转型的时间。

打破组织阶级

主从架构比传统组织有效率的另一个原因，是主从架构不拘泥于原有的组织层级。在传统的阶级组织架构中，子公司之间的互动必须通过母公司，如果还有第三层、第四层的转投资事业，彼此的从属关系是固定不变的。

但是在主从架构当中，第一层“主”所投资的第二层、第三层“主”，无须通过上一层“主”便可直接和任何“主”进行互动，而且第二层、第三层的“主”，可以有机会升级成第一层的“主”。

例如，宏碁和墨西哥的经销商合资成立拉丁美洲宏碁，而拉丁美洲宏碁又与智利经销商合资成立智利宏碁，两个事业单位之间的交易，无须通过总部便可直接进行业务上的往来。如此不但效率高、成本低，而且交易直接、清楚，否则通过层层辗转传递消息，到最后难免产生误差。

这样的组织是比较合乎人性的。诚然，我们的社会强调辈分与敬老尊贤，但是假如我们和祖父辈的人交朋友，难道非得先通过父亲、再经由祖父，然后才能和那位祖父辈的朋友往来？同样的道理，商场交易又何须经过重重组织阶级？

对宏碁的全球战略而言，当“全球品牌、结合地缘”的策略结合主从架构，我们才有机会在跨国经营的战场上赢过IBM。

因为当地领导者拥有过半股权，自然会注重自己的形象与信用，并致力保护当地消费者。因为这个事业单位被授权独立经营，如果企业经营不善，也不能将责任推给总部。在当地上市，落地生根，社会大众更可以相信宏碁不同于其他跨国企业的分公司，不会说收就收。

也许我可以明白地说，这是宏碁的“阳谋”。

这些策略不过短短几个字，却有效应对诸多传统跨国企业无法解决、非常细微与敏感的问题，也提高宏碁在海外成功的可能性（当然不可能百分之百保证成功）及具备更多健全经营的条件。

21 in 21

“全球品牌、结合地缘”的原始版本出现于1992年6月，在墨西哥举行的宏碁全球经销商会议上。

在开场的演讲当中，我告诉来自世界各国的伙伴们：“宏碁不仅是一家台湾企业，不久之后，我们会成为一家墨西哥公司。”揭示宏碁要在全球各国本土化的信念，并且，“邀请各位伙伴一起来改写明日的营销教科书”！

演讲过后，当时宏碁拉丁美洲公司总经理洪铭赐还向我提出异议，认为我的说法会让宏碁跨国企业的形象遭到误导。

事实上，1989年我就曾经提出近似的口号：“宏碁要成为世界公民。”但当时还停在概念性阶段，只觉得应该朝这个方向发展，并没有想出较为贴切的表达文字。

宏碁的特色，就是同仁可以随时提出不同看法，为了要说服大家，逼得我不得不仔细思考整个概念。最后，我们发展出“全球品牌、结合地缘”的完整版本，包括当地股权过半，以及21世纪、二十一家联属企业在全球上市（21 in 21）的概念。

1995年3月，我再度前往墨西哥演讲，这时我们已和墨西哥伙伴结为“当地股权过半”的连理；而距离此时的半年前，哈佛大学评价宏碁为“企业国际化管理的杰出个案”，于是我告诉大家：“我可以交差了，因为当初的两张支票都已经兑现！”

对宏碁而言，“当地股权过半”这个国际化新策略，其实是“传统”观念下的产物。当初宏碁美国、台中及高雄分公司成立时，实际负责的同仁就拥有60%股权。在相同的概念下，1991年我在宏碁股东大会上，提出将明基计算机与宏碁科技的股权降到49%。然而为了尊重小股东的意见，决议分两阶段降低持股，第一阶段还是先保持股权过半，之后再继续降低到49%；没想到这个决议却延缓了这两家公司股票上市的时机。因此，“21 in 21”可说其来有自，只是“21 in 21”的广度和规模不相同，因此，当学术界与企业界都对宏碁的策略感到奇怪时，我们却并不以为意。

授权与分享

学者与业界共同感到奇怪之处是，为什么宏碁甘于放弃控制权，但却又觉得授权与让员工分享所有权的观念是对的。当我们把授权与分享的策略用到极致，也就形成当地股权过半的国际化策略。

“21 in 21”对宏碁的意义非比寻常，它接续“快餐店模式”所带动的改造工程，将宏碁带入另一个起飞阶段。

1994年1月，我们提出“2000 in 2000”（2000年达成年营业额新台币两千亿元）的目标。1995年，宏碁集团的营业额成长77%，达到一千五百余亿，使这个目标大幅修正为提前四年，于1996年达成。

后来，外界估计宏碁公元2000年的营业额将达到三千亿，但我那时估计可望达到四千亿，也就是将原先计划往上翻两番。我认为，这份成绩单正是由于“21 in 21”策略奏功的结果。这个理念向全球同仁传达一个宣示性的消息：“这个公司迟早是你的！”

因为这个理念创造一个共结伙伴的基本环境，在共同利益的驱动之下，同仁才有时时压低风险、积极掌握机会的意愿。

从老板到伙伴

换句话说，有了“21 in 21”，“快餐店模式”与“主从架构”的功能才能发挥得更淋漓尽致。

举例而言，当我们打算将系统组装移到各地区事业单位进行时，势必将使宏碁计算机减少营业额，为什么他们还愿意？就是因为宏碁计算机是地区事业的股东，而不是百分之百控股的母公司。

乍听之下，可能难以分辨这两个角色有什么差别，但实际造成的效果的确截然不同。

假设A公司是我的海外子公司，那么我对它经营成效的信心，自然不如母公司，虽然系统组装附加价值不高，但是与其在A公司做，还不如自己经营比较保险。另一种方式，是看哪个地方有较为优惠的税率，以税务规划来决定将业务放在母公司或海外。这两者都是一般跨国企业经营模式。

但是，如果我是A公司的股东，决策的思考逻辑就不一样。我们彼此分工，我赚我专长领域的利润，没有产生附加价值的部分留给A公司赚，虽然这么一来，自己没有赚到这部分的钱但也没亏损，因为A公司会将赚到的钱分一半给我。因此，宏碁计算机还是有利润可言的。

我曾就这个观念和日本企业界沟通，但是根本无法得到他们的认同，因为在他们的想法当中，营销就是赚价差，加上一定的

图10-1 传统阶级组织和主从架构之别（以宏碁为例）

（传统阶级组织的从属关系）

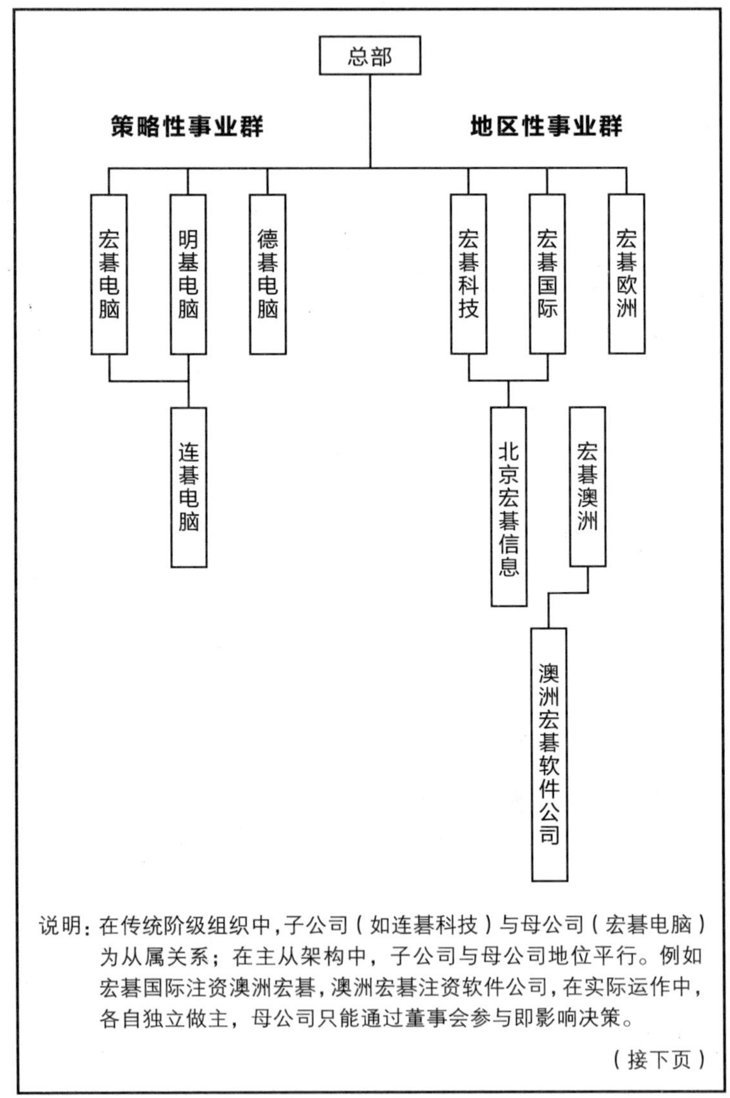

说明：在传统阶级组织中，子公司（如连碁科技）与母公司（宏碁电脑）为从属关系；在主从架构中，子公司与母公司地位平行。例如宏碁国际注资澳洲宏碁，澳洲宏碁注资软件公司，在实际运作中，各自独立做主，母公司只能通过董事会参与即影响决策。

（接下页）

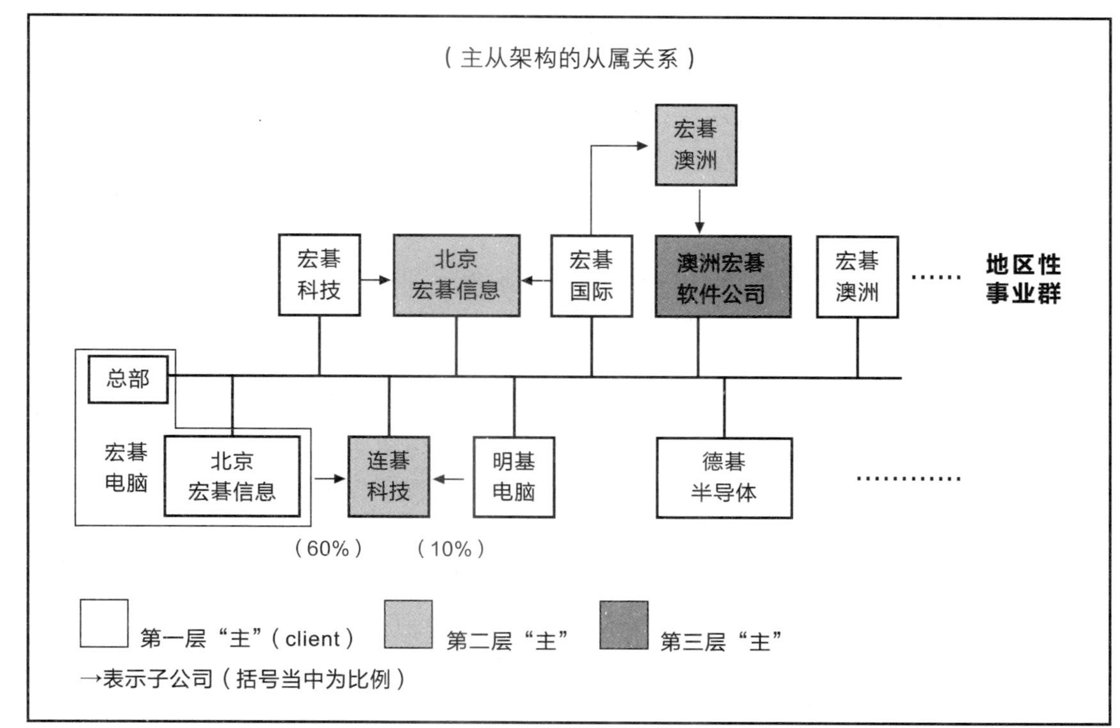
（主从架构的从属关系）
宏碁
澳洲
宏碁
科技
北京
宏碁信息
宏碁
国际
澳洲宏碁
软件公司
宏碁
澳洲
地区性
事业群
总部
宏碁
电脑
北京
宏碁信息
连碁
科技
明基
电脑
德碁
半导体
（60%）
（10%）
第一层“主”（client）
第二层“主”
第三层“主”
→表示子公司（括号当中为比例）

利润转手卖出去，是天经地义的事。

宏碁的想法则不相同，我们变成海外事业的股东，我只赚我有贡献附加价值的部分，没有产生附加价值的部分就成本计价，把利润留给海外事业单位。这种决策心态的转变相当重要，只有这样，“快餐店模式”才可以彻底发挥效益。

举大家熟知的台湾家电业实例，日本公司和台湾公司合伙组成家电公司，一定会要求台湾合伙公司非只向自己采购重要组件不可，因为他要从中赚一笔，所以多年来家电业的技术升级始终被日本操控。

相反，宏碁从不禁止地区性事业单位向别人买主板或显示器，一方面，我们非做到全球最有竞争力的组件供货商不可；另一方面，如果我们不能做到最好，与其让海外事业单位赚不到钱，还不如由他们自行在当地购买最有竞争力的组件，那我们也可以赚取转投资利润。

也就是说，“快餐店模式”“主从架构”与当地股权过半是“三机一体”的，而后者又是最核心的关键。

举例而言，如果没有主从架构，推行“快餐店模式”时，只要各地区事业单位零部件补给碰到一点困难，就会依赖总部解决；但在主从架构的组织策略下，地区事业已经是“主”，就得有独立运作的能力，不能事事依赖总部，这样才能建立起自主能力。

但是，如果没有诱因让地区事业独立负责，他们还是会依赖总部，所以让当地股权过半，经营者才会有切身利害致力公司经营，否则授权的结果可能导致各地区事业自生自灭。

这套策略如今已是彼此紧密契合，但事实上，在1992年前后，许多策略如“快餐店模式”或本土化都还没有具体成型，到

1993年又引入“主从架构”，而这个架构又早在“天蚕变”时已具雏形，加上宏碁“生下来”就已经有“当地股权过半”的观念，于是便重新把它们形成一套体系。

策略的具体化，一方面有助于内部共识的形成，另一方面，更为日后的决策提供参考基础。

打破“大锅饭”

宏碁发展出当地股权过半的策略，是有大环境的因素。台湾地区经济结构比较特殊。台湾地区经济以外贸为导向，九成五以上的产值仰赖外销市场。而别的拥有广大本地市场的地区，一半的营业额来自内销。

所以，就达到经济规模的目的而言，海外市场之于台湾企业，比发达国家的企业更为重要，这也就是宏碁非得采取有别于美、日、欧跨国企业的“第四种国际化模式”的原因。

但从另一个角度来看，如果发达国家希望能提高海外市场的比重，达到分散风险的效果，恐怕也得从结合地缘着手。

十几年前我就曾经说过，21世纪的台湾地区精英不可能长期为外商效命，这现象目前已初露端倪。

换言之，如果海外公司希望能在台湾生根，只有和本地精英成为伙伴，而这个伙伴关系，并非目前台湾外商经理人拥有总公司股票的形式。

如果台湾经理人手中握有的是总公司的股票，不管台湾地区市场经营得再好，只要欧洲、美国市场亏钱，结果还是分不到利润，这就是宏碁以前遭遇到的问题。当时台湾宏碁一直都是获利，但是因为美国事业亏损，台湾员工也就无法分得股利。

若是宏碁并购康点、高图斯的方式，不是以全部并购，而是只拥有一半以下的股权，让它们独立运作，相信局面就大不相同了。因为百分之百拥有美国公司，对其经理人而言，经营成效再差都没有损失，而台湾的员工做得好，却没有得到应有的回馈，这岂不是相当不公平？

不论是为表现好的同仁着想，或为表现不佳的事业找寻改善动力，都必须解决这个问题，因此，只有让员工入股当地的事业，才能改变这种局面。

基于相同的理念，1996年，宏碁欧洲公司一分为三。

原来，宏碁在欧洲只有一个总部，要管理二十几个国家的业务，就会产生“大锅饭”的问题。如果按照结合地缘的逻辑，应该每个国家都设置一家公司，但因为短期内没法找到这么多经营团队，于是就先分成三区，各设立一家公司，成为次区域总部。

在此之前，一些欧洲友人向我表达不同的看法，他们认为一分为三的做法，将不利于在欧洲的股票上市，还是一家公司比较容易上市。我告诉他们：“一家公司固然便于上市，但是我怎么解决北欧赚钱、南欧亏本，或者相反状况时所产生彼此利益不公平的问题？”尽量把大锅饭变小，总是比较能让员工产生切身利益之感。

以伙伴的利益为利益

有一回，我向一位记者谈起“结合地缘”可以形成利益共同体时，他提出这样的疑问：“合伙并不等于利益与共。如果宏碁的海外合伙人另外独资开了一家公司，专门卖东西给合资公司，把所有利润都归到自己的公司，让合伙公司亏钱，宏碁该怎么办？”

在台湾地区的确曾经发生这样的案例，当然，类似状况也不会只存在于台湾地区。到目前为止，宏碁并没有出现这个问题，但已经有未雨绸缪的准备。

首先，在合伙之前，我们尽量摊着牌打牌，事先约法三章，如果伙伴有其他事业和合伙事业有利害关系，我们有权另外找一家公司，两家一起经销。

其次，合伙公司的经营团队也需投资入股，形成独立的利益团体，在两者之间不偏不倚，三足鼎立才能基础稳固。就像德碁总经理拿的是德碁的股票，但同时兼顾宏碁与德州仪器的利益一样。

目前在宏碁的海外伙伴当中，大致可分为两种：

第一，合资伙伴并没有经营其他利益冲突的事业，例如宏碁拉丁美洲公司，双方股权各半，并不存在这个问题。

第二，伙伴本身也是科技业者，例如宏碁在智利的合伙人，原本就是高科技的代理商，以个人计算机部门和宏碁合资，由原来的部门经理出任总经理，但是其他事业和合伙公司彼此也并无竞争或利益关系。

合伙的确不见得完全确保利益与共，但如果将合作关系设计成“伙伴的好处就是我的利益”，就能做到利益共享。

例如，宏碁授权地区事业自行采购组件，让合资公司得到充分的竞争优势，宏碁也可以享有投资报酬。再者，职业经理人入股合伙事业，利益完全建立在合伙事业之上，他们得利，宏碁得利更多。

到目前为止，宏碁的海外事业尚未发生经理人收受回扣、图利合资伙伴的情形，因为没有利益输送的渠道；假若真的发生，我们可以重新谈判合作条件。

非常重要的心态是，如果我们不能“以伙伴的利益为利益”，自己占尽便宜，伙伴为了保护自己的利益，当然就会暗通款曲，那么能怪伙伴从中搞鬼吗？如此一来，双方各怀异心，公司无法健全经营，反而造成两败俱伤的下场。

当然，宏碁的结合地缘策略也不是毫无问题。例如，伙伴自己的事业太大、太过多元化，合资公司对他而言重要性相对较小，因此派过来的经理人层级太低。或是，因为市场竞争日趋激烈，必须扩大规模，我们希望增资并派遣一位副总经理前去协助，但是对方并不希望我们介入经营。这些问题必须要通过谈判，寻找共识以求解决。

但大体而言，除了少数地区之外，我们在合资之前，和伙伴已有长久的业务合作关系，而且宏碁多年来的管理与文化也始终一致，所以不会出现太大的问题。

另一方面，分布式国际化架构的好处就是，即使少数地方出现问题，也不会影响大局。因为，即使集中也难保不出问题，而且问题还更棘手，与其出现致命问题，还不如分散的好。

钱接力，人也接力

从当地股权过半到“21 in 21”，是以联属公司在各地股票上市，做到更进一步的本土化。

可以预见的是，信息产业将会发展出极为庞大的市场，宏碁要掌握未来的机会，必定要有很多资源，股票上市就是为这些资源而预做准备。通过股票上市，可以就地筹措资本，宏碁才有机会成为当地数一数二的公司，并且提高企业形象。

其次，通过股票上市可以凝聚当地人才。因为当企业大众化之后，就不会变成“一人公司”或家族企业，第一流的人才愿意加盟效命，公司也才能够生生不息。

这就体现了宏碁“接力式马拉松”的企业文化——钱接力，人也接力。

1988年前后，我常和外媒这么形容：“宏碁以制造计算机闻名，也以制造百万富翁闻名。”当时宏碁计算机股票上市，跻身百万富翁的同仁有上千个，千万富翁则有上百个。在全世界科技业里，股权像宏碁这么平均而分散的，可说绝无仅有。将来，宏碁不但要把新鲜科技带给全球每一个人、每一个角落，也希望在更多国家制造出更多的百万富翁。

有三个理由让我深信，“21 in 21”与主从架构将为宏碁创造更具前瞻性的愿景。

第一，在这个架构之下，各事业正担负起现阶段的发展任务，让我更有时间去思考未来的愿景。

第二，也正因为在这样授权与自主的环境下，我所提出来的愿景，必然要经过大家的认同才可行，有了共识，才有机会让大家共同落实这些愿景。

第三，如果宏碁不是利益共同体，即使我提出任何前瞻性的策略，也没有诱因驱动伙伴们全力以赴。当宏碁构建起全球的利益共同体，执行策略的动力将更强而有力。

因此，从产生愿景、形成共识、执行理念三个层次来看，宏碁未来成功的比例，应该会比过去更高。而不断创新与追求愿景的体系，也将敦促宏碁永不停歇地前行。

当“渴望”家用计算机问世之后，我和研发部门的同仁共聚一堂，重新审视宏碁二十年来的创新历程。我告诉大家：“1984年，我提出‘要做猪八戒也会用的计算机’口号，希望大家能以此为目标，研发出最方便与容易使用的产品；十一年后，‘渴望’家用计算机算是跨出了第一步，未来还有太多任务等着大家去完成，所以，‘任务尚未成功，同仁仍需努力’。”前方的路，虽然宽阔，却仍漫长。

2004年张玉文采访整理

宏碁第一次企业再造的三大策略，“全球品牌、结合地缘”“主从架构”及“快餐店模式”，在第二次再造时都做了调整。“全球品牌、结合地缘”被“三一”模式取代。“主从架构”基本上仍然存在，目前还在ABW家族有效运作，但是仍有不同，因为在二造之后的“新宏碁”里，总部与区域总部变成一个单一的全球团队。在“快餐店模式”之下，台式计算机过度强调在当地组装，结果造成库存偏高，各地质量不一，所以后来就缩减当地组装，改为集中到大的地区来组装，甚至交给设计制造代工的供货商负责组装；而笔记本电脑因为比较适合全球集中空运供应的模式，所以从一开始就没有采取“快餐店模式”。

第十一章

围棋理论与微笑曲线

创业者资源有限，
先从小市场切入，
比较容易站稳地盘。
更重要的是，
抢占先机固然重要，
但也别忘了，
速度本身就是成本，
速度快可以降低成本，
但降低成本却不能使速度加快。

常有朋友半开玩笑问我："宏碁又不是学术单位，为何又是'主义'、又是'模式'，这么多理论？"

许多决策者总认为拟定策略是领导者的任务，同仁只要听从决定、照做就好，至于决策形成的原因并不重要。

但宏碁从不采取"愚民政策"，因为在分布式管理之下，为了让同仁可以有效地执行决策，以及遭遇变局时可以临机应变，就必须有明确的原则，让大家都知其所以然，应变起来才不至于荒腔走板。

"围棋理论"与"微笑曲线"，都是为了内部沟通及形成共识而产生的。前者伴随宏碁二十年的成长脚步，后者则在计算机产业革命阶段成形。它们或许能为与宏碁同样处于变动环境中，寻求成长的企业与个人提供一些参考。

围棋理论与经营

首先必须声明的是，引用围棋理论作为经营哲学，绝非自视棋艺精湛，事实上，我在大四时才开始学围棋，研究生毕业后就没有继续练习，自然称不上深入研究。但正如同“快餐店模式”与“主从架构”是援用其基本原则，“围棋理论”运用于企业经营，也只取两者大致相符的精神与策略。

在诸多棋赛之中，围棋与经营事业最为相近。

从过程来看，象棋与西洋棋都是以打杀为主，将对方的棋子一一吃尽，最后逼死国王或将军，但在现实商业环境当中，常见未遭对手攻击却不战自败的例子。而下围棋时，虽然围堵是策略之一，也有出现压倒性胜利的情形（所谓“中押胜”），但却并不一定要将对方杀戮殆尽、置于死地才能获胜，多半是靠占地与求活的技术制胜。但围棋和事业也有不同的游戏规则。

第一，下棋是一对一决胜负，经营事业则是对手众多。

第二，下棋常因相差一子或半子定输赢，难免伤感情；但在商场上，占有率相差几个百分点，可能大家都赢。

第三，下棋的范围是固定的；但事业竞赛却是可大可小，没有边界。

第四，下棋以单盘论胜负，每盘棋之间没有连带关系；但做生意是一阶段接着一阶段，永续的竞赛。“宏碁”命名的由来，就是要进行一场永无止境、伟大的棋赛（古文中的“碁”即为“棋”）。

长期布局，活眼越多越好

从下围棋看企业经营，有许多重要原则可互为印证。

第一，先巩固边陲，再伺机进入主战场。围棋的落棋点是由角落开始，继而占边，最后才扩展到中间，因为刚开始时棋子有限，所以要先站稳角落，再逐步向中央推进。

就如同企业初创时期，最好从小范围的利基市场做起，以较少的资源占有适当的地盘，才比较容易生存。若是好大喜功，抱持在大市场快速崛起的想法，就会很容易引起对手包抄，而陷入苦战。

第二，需有长期布局。围棋和象棋不同，围棋耗时较长，手法复杂，所以下围棋必须有长远的眼光与全盘概念，从定式到布局，掌握重要关键下手。经营企业也必须做长期布局的重要工作，例如人才培养、企业文化、组织架构、建立制度等。随手摆落棋子必然不成型，企业运作散漫也必然无法健全，因此，即使企业规模还小，也必须有掌控全局的概念与做法，才能应付不时之需。

就如同高手与初学者，其布局能力自然有所差异，经营企业特别重视经验，因为有经验才能有整体概念，并懂得如何布局；没有足够经验的人只能糊里糊涂打烂仗，结果不仅效益较差、生存空间有限，并对局势变化浑然不觉，等到发现情况不对时大势已去。

第三，围棋讲求“做活”，也就是做活眼的技术，而且至少要有两个“眼”才能做活。企业要生存，也最好有两个以上的获利产品。

围棋之所以需要两个眼，是为了在对手包围其中一个眼时，还有另一个眼可以保存生机。

同理，假使企业单靠一个产品维生，其他产品都亏损，竞争者若要将这企业逐出市场，只需针对单一获利产品进行封杀，这家企业最后也只有拱手让出市场；但如果有两个以上的获利产品，所谓“狡兔三窟”，对手就找不到能够一举击垮的下手点，若要各个击破则代价显然太高。

而“眼”又分为“真眼”与“假眼”，假眼若不能做成真眼，就会变成“死眼”。就如同企业的产品当中，有些看似获利，实则亏损，那就是假眼。

例如，企业应该提拨售后服务成本却没提拨，账面一时看来似乎赚钱，其实成本是在未来发生，把假眼当真眼，将使决策依据失真，竞争就容易失利。

因此，下棋一旦有了一个真眼，就等于立于“退可守”之地，此时便要尽快扩大占地，再多做一个眼。

宏碁之所以不断扩大市场，发展多元化的产品，无非就是不断创造活眼，以赚钱的事业去投资新事业，并且将它养成另一个获利事业，活眼就越来越多。

当然，企业不可能永远都处于顺境，就如同下棋也难免落于下风。如果高手下棋，就会把棋子落在既能解围、又能进攻，同时还能配合整体布局的点上；但如果棋力不高的选手，就不免在陷入困局时，勉强把棋子下在“下了等于没下”的地方，那只是在苟延残喘，徒然让对手抢得先机。

许多企业在陷入困境时都仅考虑图存，我认为这是不够的，因为如果光是救急，往往当危机解除时，企业也已经元气大伤。宏碁在最困难的时候，不单变卖资产救急，同时还继续投资，发展新策略。也就是说，我们始终没有放弃做“眼”的工作，这才能使宏碁不但渡过难关，还能养精蓄锐进入另一个高成长阶段。

第四，“气”越长，越不容易失败。下围棋有所谓的“抓大龙”①，就是双方都使出浑身解数包围对方，每个棋子都连在一起，当中没有“眼”，因此一面包围、一面要想办法突围联合别的眼，或是找到空间比较大的地方。在这个时候必须步步为营，要留心保持比对手多一口气，就不会被封死。

在商场上，当两家厂商旗鼓相当时，往往便会特别针对对方发动竞争攻势，希望将对手封杀出局，就像彼此在屠龙一般。也许，最后的结果是谁也抓不到谁，但是在过程中，只要能比对方多一口气，就可立于不败之地；更重要的是，只要自己气很足，对手也不敢轻举妄动包围，宁可自己慢慢布局。

因此，“气长”有两个目的：第一，吓阻对手包围；第二，当对手使出包围攻势时，保存自己的生机。

企业要“气长”，首先费用要低。例如宏碁刚创业时，几个创办人的薪水都打折，赚钱之后也不忘随时降低管理、销售费用，就是为了保持较长的气。而我们也发现，许多企业一赚钱就买好车、盖大厦，费用高涨，成本变得没有竞争力，对手一采取削价竞争，便没有余力招架。

① 屠龙，围棋常用术语。就是“屠杀大龙”的意思。围棋里的“大龙”是指一块棋子很多的棋，最终不能自己做活，这种棋经常是一种很大的累赘，同时也可能是绞杀对手“大龙”的利器，即所谓你中有我我中有你。

其次，要维持高昂的士气。只要内部能够长久凝聚士气，即使公司一时遭遇困境，也能同舟共济，渡过难关。

另一方面，要保持气长，往往必须及时放弃势不可为的投资。

抓大龙的时候，对方必然要集中棋子围堵，如此就会失去拓展其他空间的契机，因此，如果估计情势还无关紧要时，可以先不响应对方而另外开辟基地，等到有机会再回头拯救失陷的领地，反而可收一箭双雕之效。

因此，企业在进行新投资时，如果情势不利于己，暂时先搁置一旁，不但损失较少，还可以保留元气发展其他事业；等具备更强的能力之后卷土重来，成功的概率将会更大。如果势不可为还要硬撑，只会徒然浪费资源。

第五，以联盟来增加制胜的把握。一般而言，下棋的布局最好能让两个眼距离接近，如果棋手在较远的两端各有一个眼，还是会分别被包围，若能把两个眼连在一起，棋局就做活了。在商场竞争也是如此，有时，当单一企业要攻占一个市场不能得手时，两个企业联手就能拥有较大的资源优势。

图11-1 围棋理论

① 真假眼之别

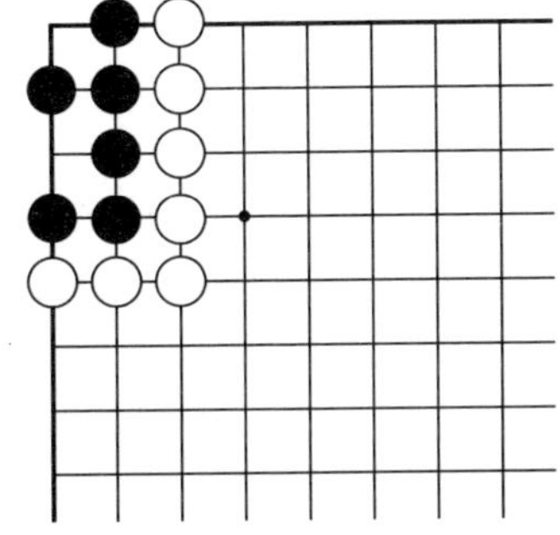

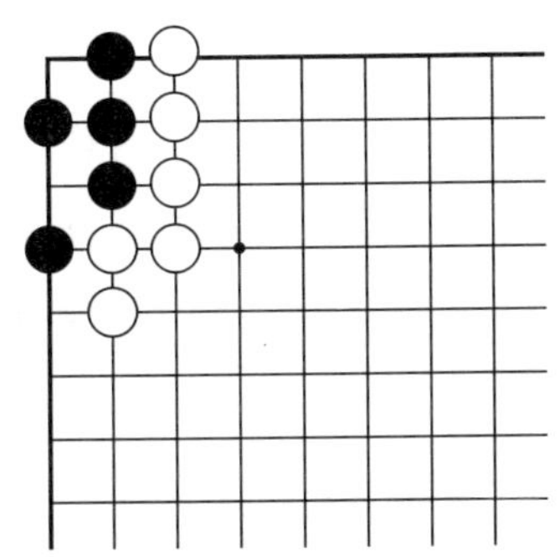

② 农村包围城市

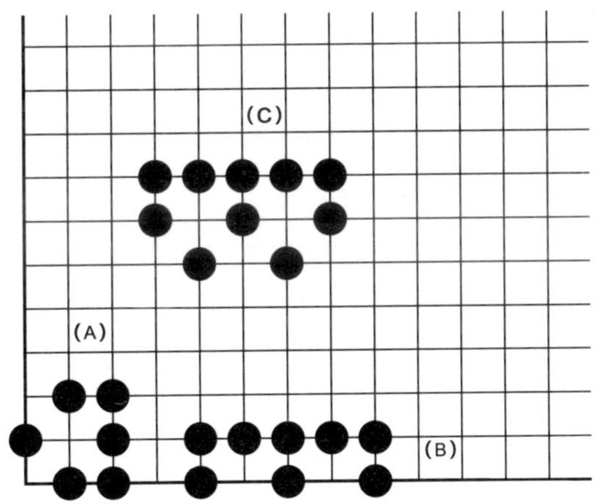

左图：黑子有两个真眼相连，为活棋。

右图：黑子所围者为两个没有连结好的眼，称为假眼，故为死棋。

下图："农村包围城市"，就是用最小的资源，获得最大的战果。

A 部分：在乡村（角落），用六子即可围出二眼。B 部分：在边陲地带（边缘），用八子可围出二眼。C 部分：在城市（中央）用十一子才能围出二眼。

慎防“活眼”变“死眼”

经营企业毕竟比下棋复杂。

最明显的例子是，下围棋如果做活了两个眼，那它们永远是活眼；但是，眼前赚钱的事业，明天可能亏钱，因此即使是获利再高的事业，都必须不断更新以保持生机。不仅如此，为了预防有朝一日摇钱树变成赔钱货，还要投资新事业，随时确保企业都有几个活眼。

于是，这又衍生出另外一个问题：企业什么时候、在哪里做“眼”？

宏碁多元化的模式，是互相关联逐步渐进的方式（见图11–2）。由一而二，从二推展到三，再将三扩展到四，每个领域都有重叠的部分，也就是彼此有能力或资源相关的关系。

如果单单发展一和四，彼此关联性并不大，当四发生困境时，一也支持不上，但靠中间其他事业将两者联系在一起，就产生相互关联的效果。例如宏碁从微处理器发展到个人计算机与接口设备，再投资半导体，未来要朝消费型电子迈进，从技术能力、营销、资金逐渐累积，互有关联。

台积电要成立时，当时官方也曾经邀请我参与，但是当时宏碁资金能力有限，而且半导体代工和个人计算机业务相关性不大；后来当宏碁资金能力提高，而且生产计算机需要大量的内存时，便投资成立德碁。

20世纪90年代，台湾地区开放设立新银行时曾有人邀我投

图11-2 宏碁的多角化逻辑

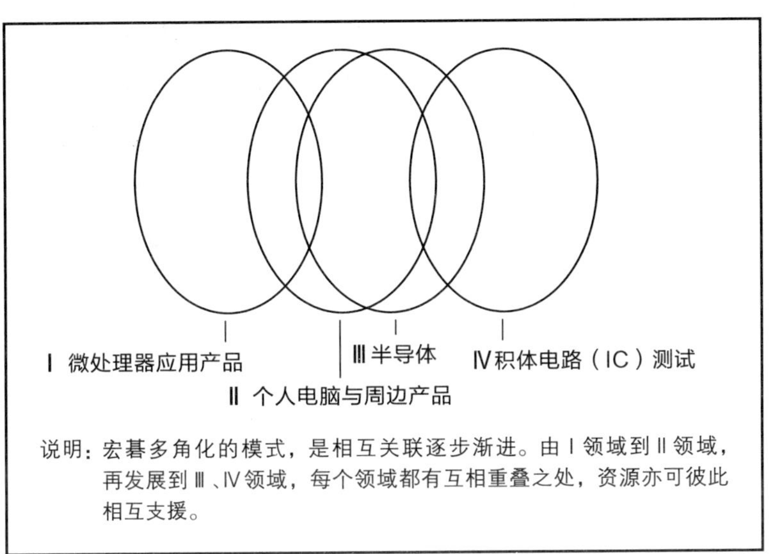

说明：宏碁多角化的模式，是相互关联逐步渐进。由Ⅰ领域到Ⅱ领域，再发展到Ⅲ、Ⅳ领域，每个领域都有互相重叠之处，资源亦可彼此相互支援。

资，我当下就婉拒了。每当记者和同仁询问宏碁多角化策略时，我就会画这个图告诉他们我的原则。对宏碁而言，这个原则真是太重要了！

因为如果没有这个原则，任何多元化的行动都有合理化的说辞，例如企业要分散风险、新行业有利可图，尽管有这么多好处，但是企业执行与管理能力在哪里？没有具备这些能力，结果可能适得其反。有了清楚的原则，大家才可以目标一致，不会漫无章法地追求多元化。

也许有读者会质疑，既然宏碁坚持与本业相关的多元化策略，为什么还投资“安家计划”？

事实上，“安家计划”并不是宏碁的“眼”，也就是说，我们从没打算借此计划获利。如果我们不是坚持把它作为自用，而是从此开始进入房地产业，大规模投资，可能早已被拖垮，“安家计划”也不会演变到后来，扮演提供宏碁未来扩充空间的角色。

因此，多元化对企业而言是个成长的契机，却也是陷阱。如果企业在做眼时东做一个、西做一个，彼此又没有连接，还错估形势，以为自己做了很多活眼，其实都是死眼，以至于身陷险境时仍不知道应该解围，不但不能分散风险，还会招致更大的风险。

运用棋理沟通

对宏碁而言，“围棋理论”不只提供策略思考的依据，更重要的功能还在于建立共识。例如，每当我要求同仁降低费用时，同仁辩解说：“同行也是花这么多钱，我们并没有花得比别人多。”我就必须说服他们，我们要比别人花得少，“气”才会长。

其实，大家都明白这些简单的道理，但是要能有效执行，得多数同仁都有深刻的认识才行，否则一不小心，费用就很难合理控制。

宏碁国际化之初，是采取从第三世界开始、“从农村包围城市”的做法，我曾画个棋盘告诉同仁，从小市场开始做起，并不是放弃大市场，而是当棋子有限时，散落在中间的棋子很容易被包围，所以先巩固角落，等将来扩大到中间时就有许多活眼，让我们进可攻、退可守。

我相信，这个想法和许多人的投资理念并不相同。

为什么在台湾地区常有一窝蜂投资同一个产业的创业风潮？因为他们认为小市场不值得开发，大市场才能有足够的规模支持量产，所以大家都争先恐后地分大饼；但是反过来想，市场是很大，但自己有这个能力吗？就算是块大饼，可能自己一口都咬不动，还不如先拿咬得动的食物填饱肚子。

日本人最擅长下围棋，日本企业也常会找围棋高手来教导决策者，但他们的目的是在训练决策者增进策略的智慧，或者是作为决策者修身养性之道。而我把围棋的道理用在沟通方法上，也算是当初学习围棋的意外收获。

微笑曲线

1992年，宏碁开始全面推动“快餐店模式”的改革，但是台湾仍有部分同仁存有不同意见，对于新工作形态的改变不愿积极配合，虽有进度却不如预期中理想。

员工的情绪反应我可以理解，也相当重视。就如同早年美国企业将加工过程移转到亚洲时，美国工人群起罢工抗议一般，当宏碁面对同样的问题时，同仁当然也会产生类似的反弹。

为了说服策略事业单位更集中精力在专精领域中，放弃系统组装的业务，就必须向他们证明，组装其实是附加价值最低的部分。

1993年初，我和同仁面对面沟通，先从分析传统产业的附加价值开始，再导入计算机业在发生产业变革前后，上、下游附加价值分布的改变状况，得出新的计算机业附加价值曲线，已由原先向下弯曲的弧形曲线，一百八十度翻转为向上弯曲的曲线；而原先位于附加价值最高点的系统组装，也变成附加价值最低的部分。

“既然组装的附加价值如此有限，没道理非要坚持在台湾组装，”为了加深同仁的印象，我这么形容，“消费者买的是零部件，我们只是顺便帮他组装，做售后服务而已。”

当大家对产业发生变革的原因莫名所以，面对未来无所适从时，我画出这个曲线并解释给同仁听之后，同仁终于恍然大悟。

后来，林宪铭走过来对我说：“同仁很喜欢这个曲线，决定把它命名为‘微笑曲线’。”

事实上，这议题在内部已经沟通多时，只是缺乏一个清晰的理论架构，因此当微笑曲线发展出来时，大家的感觉格外深刻。我相信，这几年宏碁之所以能够大幅提升效益，与这个曲线说服同仁集中精神、心无旁骛地追求专业的附加价值，有相当密切的关系。

图11-3 微笑曲线

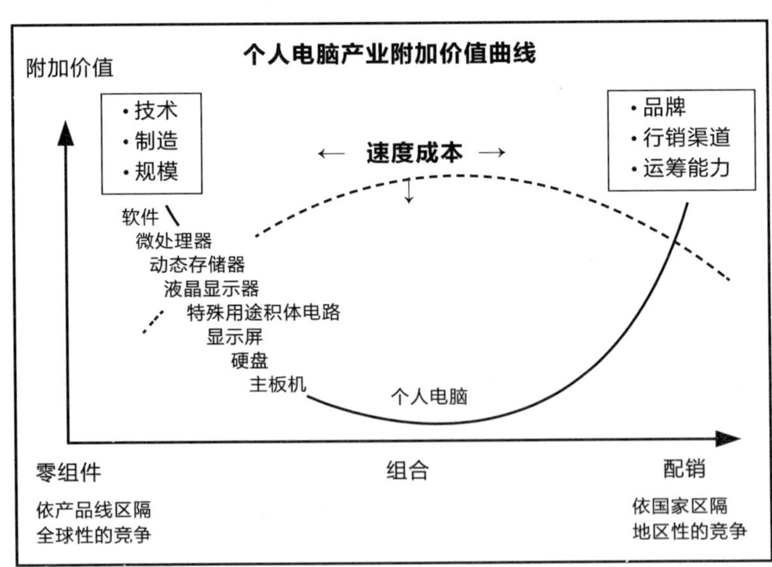

价值曲线上找定位

附加价值曲线的基本构成，从横轴来看，由左而右分别是产业的上、中、下游，也就是零部件生产、产品组装与配销；纵轴则代表附加价值的高低。

以市场竞争形态来说，曲线左侧是全球性竞争，胜败关键决定于技术、制造与规模；右侧是地区性竞争，胜败关键则是品牌、营销渠道与运筹能力。

每个产业都有一条附加价值线，因着附加价值高低分布的不同，而产生不同的形状，而决定附加价值高低的主要因素，是进入障碍与能力累积效果；也就是说，进入障碍越高、累积效果越大，附加价值越高。

以计算机业为例，生产微处理器或建立自有品牌，都是进入障碍较高，必须经过多年累积实力才能做到，而计算机组装却是容易的，所以电子商场里到处充斥组装杂牌计算机的店家。

再如生产主板，除了少部分厂商为了快速更新产品而发展技术之外，许多业者都是由芯片组厂商提供电路板，再负责将零件插到板子上就可以生产，因此它在微笑曲线左侧的低点。

但若是液晶显示器、内存等关键性零部件，需要大资本、高制程技术才能够立足，它们就位于曲线较左侧的高点。

根据各行业形态的不同，我们可以试着画出不同产业的附加价值线。

以鞋业为例，附加价值最高的是营销，耐克、阿迪达斯就属于这个领域；原料生产次之，台湾生产PU、PVC人造皮革的厂商是典型代表之一；附加价值最低的是鞋厂，因此台湾制鞋业多半移往东南亚或大陆加工。

在消费性电子产业当中，生产与营销的附加价值大约一般高，零件则相对便宜；半导体业的制造是典型资本密集，进入障碍最高，营销难度次之，设计则相对容易（内存除外）。

石化业则是两端极端向下弯曲的曲线，例如台塑集团，原料并不昂贵，产品直接卖给制造商，不需要特别的促销或营销渠道等投资，但制程投资却需要资金。而这条曲线和前面几个产业的差异，在于石化业是垂直整合，而非分工整合模式。

附加价值曲线的运用，不仅可用于大型企业的决策，类似开店的小型投资，也可以思考自己所在行业是分工整合或统合模式，附加价值分布情形如何？自己的特点在哪里？消费者是不是喜欢？这就是附加价值所在。

以计算机产业为例，曲线上还是可以找到许多利基，例如开训练教室、专门帮厂商做售后服务等等，都是可以从事的行业。

也许有些生意老手会认为，自己从来不用什么曲线，生意还不是照做！但这个曲线还有个重要的沟通功能，使企业内部形成共识，特别是面临变局时，不但决策比较有说服力，应变的脚步也会比较齐一。

图11-4　附加价值曲线

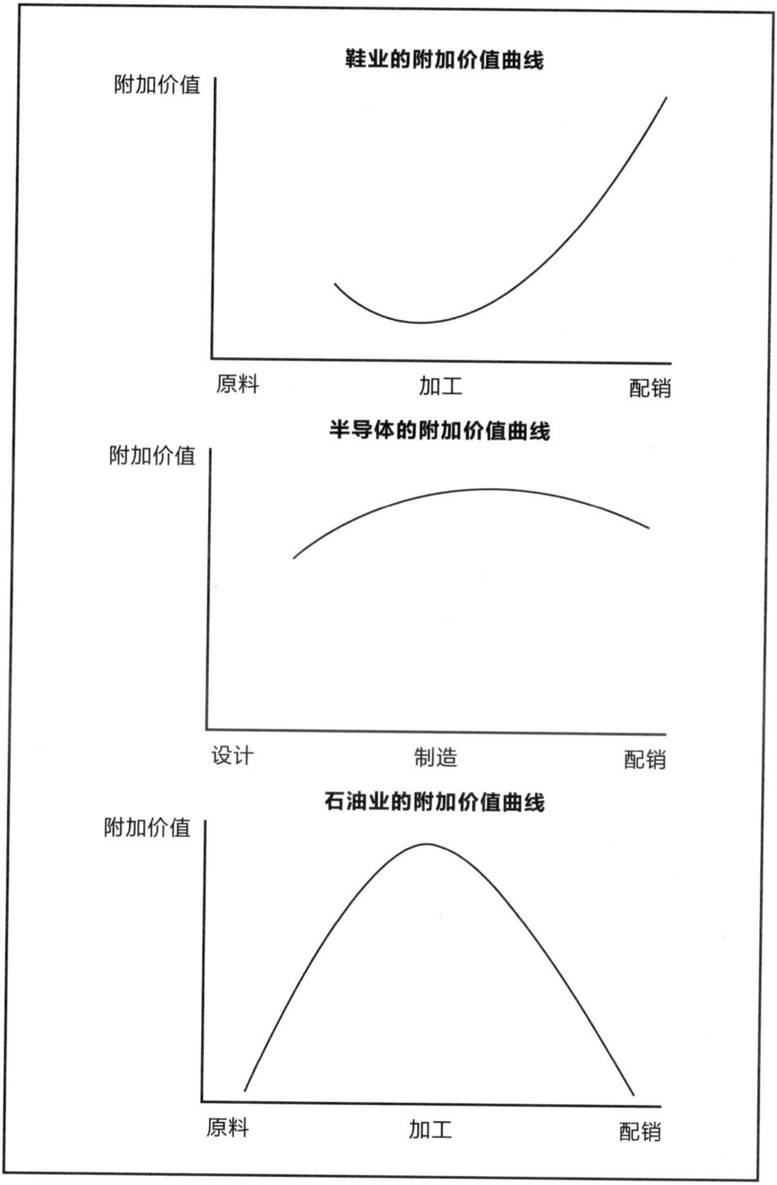

鞋业的附加价值曲线

附加价值

原料　加工　配销

半导体的附加价值曲线

附加价值

设计　制造　配销

石油业的附加价值曲线

附加价值

原料　加工　配销

样样通，就样样松

从这个曲线当中，我归纳出几个想法。

第一，曲线是会变的，所以以前成功的模式不一定适用未来。就如同IBM开放产业标准，导致计算机组装业从附加价值高峰跌落谷底一般，同样，过去由于保护政策，汽车业曾经是台湾地区最风光的产业，但是随着市场开放，业者纷纷出现严重亏损，现在大家已经发现，以台湾市场的容量只能支持三四家汽车装配厂，根本无法和海外大规模生产厂商抗衡；换句话说，汽车工业也逐渐呈现微笑曲线的趋势。

在这样的情形之下，我认为台湾汽车业有两条出路：一种是，将曲线右方的营销部分经营好，因为这部分是地区性竞争，本土厂商比外商具有优势；另一种是，从售后服务所需的零件开始，带动曲线左侧的零部件生产，然后做到具有全球竞争力的规模与质量。

已经有不少人提出将台湾地区变成国际汽车零件供应中心的想法。其实，如果汽车业不是采取统合模式，像奔驰、BMW等一流厂商是专攻引擎等关键性组件，或许可以具有像英特尔一样的获利能力。但是因为汽车厂商都是从上到下一手包办，经济效益不够，所以无法像计算机一样，因为技术进步而合理反映在价格上。

一家日本大企业的董事曾向我提过，由于自动化对提高装配效率有其极限，而汽车的运输成本又相对庞大，将来日本的汽车工业将朝关键性零部件发展，将装配工作移往其他市场。因此，汽车工业走上分工整合，可以说指日可待。

第二，在分工整合的环境下，没有任何国家或公司可以什么都做，而且都做得好的。由于国家与企业的能力与资源多寡各有不同，所以必须集中资源与力量，选择耕耘几个能力所及或专长的领域，等到实力雄厚后再扩大到其他领域。正如打仗必须先建立滩头堡一般，若是一拥而上地散漫攻击，必然落得阵脚大乱。

因此，在进入一个产业之前，要先清楚这产业究竟在玩什么把戏，慎选切入点，也就是思考“牛肉在哪里”——哪里有利可图；否则，“样样通、样样松”的结果，必然导致企业失去竞争力。因此，我也常说：“如果你进入计算机业却不懂微笑曲线，就会笑不出来。”

举例而言，当英特尔开始跨足主板与个人计算机的生产时，许多同行都非常紧张，但我却不认为事态有如此严重。

从微笑曲线来看，生产系统与主板几乎已经无利可图，只因过去残存的印象，生产计算机与主板的厂商形象层次似乎比较高。其实，主板业受制于微处理器与芯片组的厂商。再从台湾的统计数字来看，主板业的产值与利润并不高（产值只有显示器的三分之一），但由于旧有印象的缘故，主板却俨然是台湾地区计算机产业的代表产品。

既然系统与主板附加利润这么低，我认为，如果英特尔真想要这个市场，给他们也无所谓；其实，他们早已通过微处理器控制了主板业。对台湾而言，由于投入系统与主板的生产，而带动显示器、半导体业的发展，也还比较划算（当然，台湾既然已经享有这么大的市场占有率，也不会就此轻言放弃）。

再从另一个角度来看，英特尔生产主板与个人计算机的原始目的，是为了带动微处理器，如果说他们要扩大任务目标，受害程度最深的是曲线右方的营销业者。因为营销就是要有差异化，英特尔若要大举进军主板与系统，等于相当程度控制营销，这将伤害到像IBM与康柏这类的厂商。届时会产生何种效应，目前还很难论断。

速度成本决胜负

第三，在曲线左边零部件生产部分，有三个重要关键：技术、制造和规模，其中又以生产规模为最大关键；而曲线右边攸关配销成败的品牌、营销渠道与筹运能力当中，又以筹运能力为制胜关键。

以目前发展的趋势来看，各厂商在其余四个因素的能力相差并不大，而且新信息时代是成本与速度的战争，规模越大，成本就越低；运筹能力越强，不但成本低，而且速度快。

在速度与成本两项因素当中，前者又比后者更重要，因为速度本身就是成本，速度快可以降低成本，产品周转快、库存少，加速资金周转的效率，但是降低成本却不见得可以加快速度。

这是一个相当重要的观念。这些年来，日本经常出现一种论调，认为日本竞争力衰退，是由于日币升值、物价上升，导致企业成本过高。

1994年我在日本接受媒体采访，便直指这是个错误的观念，日本竞争力衰退的根本症结，是速度缓慢导致成本居高不下。这篇文章刊登之后，在当地引起非常大的反响，后来，日本变成微笑曲线“外销”知名度最高的地区。

第四，正因为规模是零部件厂商制胜的关键，未来进入这个领域的人，必须具备一个相当重要的心理准备，那就是除非有机会做到各自领域的领导厂商，否则就该放弃，亦即是“要就大，否则就打包回家”。

前几年，宏碁放弃生产电源供应器与通信产品，就是因为自认没有能力领先群伦，所以决定放弃。而集中资源的结果，让我们在其他领域取得领先，显示器是全球第三大、主板名列五大，光驱也正往第五大迈进，在英特尔跨足生产“特殊应用集成电路”之前，扬智科技是世界第三大厂商。

经济规模是软件竞争的关键

而经济规模对软件业的关键程度，又胜过它在硬件产业扮演的角色。

以微软为例，该公司花费在窗口软件上的开发成本，绝不少于IBM过去投资在大型主机的操作系统，但是，以往一套大型主机的操作系统大约需要十万美金，后来一套微软的“Windows NT”（用于高阶微电脑与工作站网络环境中的操作系统）却只要几百块美金，便宜了数百倍，而且产品功能还更强。软件业规模经济的威力，由此可见一斑。

假设我花费一亿元新台币开发出一个光盘片产品，而同行只投资一千万元新台币，但一亿元足可开发出超乎想象的高质量软件，价值绝对胜过只投资千万的产品十倍以上，因此它所带动的消费量，必然也数十倍于千万投资的软件。

如果定价是一百元新台币，只要销售一百万片（以美国市场而言，这数字并不难达成），就可以回本（因为软件复制几乎不用成本），而消费者却只要付出一百元就能享受这些产品，真可说是“物超所值”。如此，小额投资的产品当然也就没有生存空间。

但这并不表示小企业将被宣判出局，参与者如果没有足够的实力，可以缩小区隔市场，量力而为，另辟蹊径。

举例而言，如果你的能力只够开一家小型的软件公司，就不要进入一个数以亿计的市场去和大公司对抗，而是规划一个上千万元规模的市场，一年只要做到三五百万元的业绩，就可成为这个市场的领先者。

第五，营销是地区性战争，因此要在国际营销中开创局面，必须有因地制宜的策略。微笑曲线的右方，也就是营销能力，向来是中国人最弱的部分，特别是中国大陆在多年计划经济之下，营销能力特别弱，如何提升营销能力是相当重要的课题。

正因为营销是属于地区性竞争，因此即使像IBM这样的大厂，也绝非赢得美国就可以吃遍天下。“结合地缘”的策略，正是在这个思考逻辑下的产物，在市场当地结盟，在地区性竞争战场中联手，也可击败跨海而来的计算机巨人。过去，在国际营销竞争中，同仁总是心存“我们怎么可能打得过IBM”的疑虑，有了这个理论基础便可扫除心理障碍，专心致力经营当地市场。

软件标准化是未来趋势

展望未来，如果留意观察世界产业变化趋势，“微笑曲线”的现象不仅发生在计算机业，甚至即将发生在软件产业与消费性电子产业。

先从软件产业说起。

今日的软件产业（图11-5），附加价值最高的是系统整合公司，典型的代表性企业是美国EDS公司（台湾业者因受限于市场，获利情形不如海外）。因为它所需要的学问深、困难度大，所以附加价值最高。

图11-5　21世纪软件产业的附加价值曲线

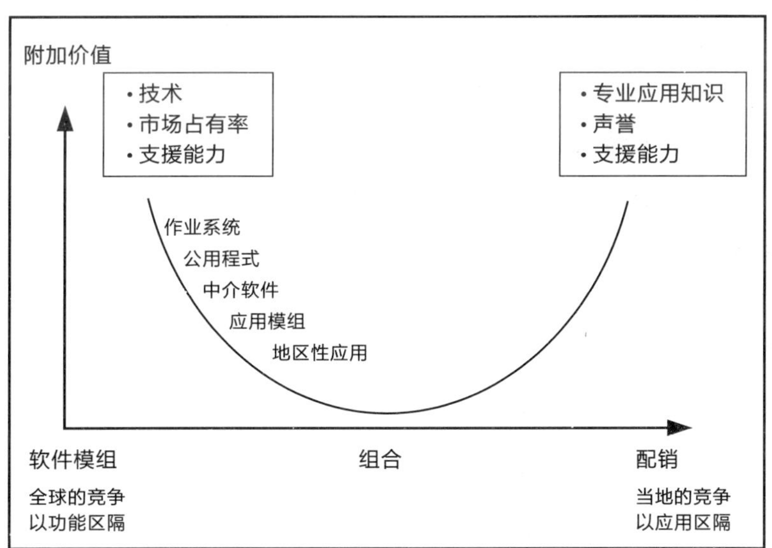

目前系统整合之所以困难，是因为标准化的程度还不够，就如同过去各家计算机公司各有专属系统一般，就消费者使用的方便程度与资源有效运用而言，都是不利的。

因此总有一天，软件也会如硬件一样，逐渐朝向开放的方向发展，届时，操作系统与中介软件也会产生一个标准，可以很容易就组合在一起——如微处理器与内存可以很快组合在一块主板上。

到那时候（我预估约在十至十五年之间），软件的组合不会再采用系统整合的方式，而是将大量标准化的软件组合在一起，此时，附加价值曲线会呈现两端高、中间低的状况。

进军消费性电子市场

消费性电子的变革，将比软件业更早到来。

过去，消费性电子产业在日本、韩国的主导下，一直维持一贯作业模式，但是在产品朝向结合个人计算机与通信产品的趋势下，将会逐渐朝向分工整合。

在个人计算机“入侵”的效应之下，如今附加价值最高的组装部分，附加价值将逐渐降低，曲线中央慢慢形成下压趋势。这样的变化，我曾预估将在1997年之后开始发生，而2000年之后，消费性电子产业的附加价值也将呈现“微笑曲线”的分布（如图11–6）。曲线左侧是半导体、软件、屏幕技术、只读光驱等组件。

因此，宏碁将跨入消费性电子市场定为“第三次创业”的目标之一。从目前具备的条件来看，我们已经有半导体、光驱，在与硬件整合的软件部分，也就是基本输出入系统，是全球少数领

图11-6　新消费性电子产业的附加价值曲线

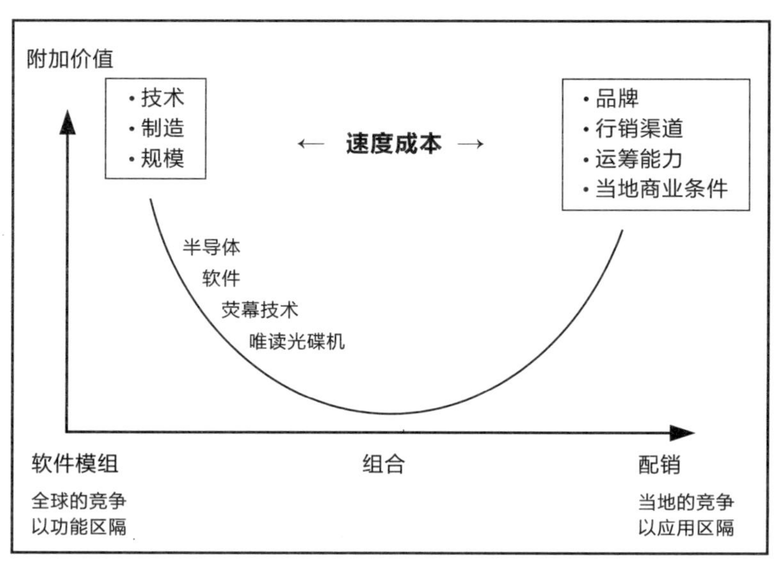

先的厂商，屏幕技术领域则有明基年产四百万部显示器作为后盾（数量足以跻身全世界前十大电视机厂商），可以说已经具备相当竞争基础。

在营销方面，我们已经建立全球“结合地缘”的营销网络，而“渴望”家用计算机的推出，也为宏碁打进消费性电子产业的营销渠道奠定基础。再就品牌形象来看，虽然宏碁还比不上索尼，但已足与三洋、三星匹敌；而全球三十四座装配基地，是宏碁的最大利器。

现在唯一还不成熟的是各地市场的商业条件，例如有线电视、软件产业标准与网络整合等，因为各地区的进度不同，可能需要花些时间等待。

对于宏碁进军消费性电子产业的计划，部分业界人士抱持保留的态度，他们怀疑以宏碁当时的实力，如何能与索尼这样的超级巨头竞争。我们当然无法预先为未来的竞争下断语，然而换个角度想，在IBM横扫全球时，康柏不也只是无名小卒？

在决心进军消费性电子产业后，宏碁也将以“未来消费性电子业的康柏”自我期许。

2004年张玉文采访整理

我提到的围棋理论仍然对企业的长期经营很具有参考价值，尤其是在企业刚创立时。例如，企业一直多元化，而不能有效地专注经营，就等于是不断扩张战场，而无法确保在各地盘做活，这就是无效经营。

“微笑曲线”理论现在已经成为产业界和国际上都能认同的发展模式，未来会有更多产业陆续形成微笑曲线的发展，除了原来提到的新的消费性电子、软件产业之外，半导体、数字学习、农业等产业的发展也都会形成。

向微笑曲线的左右两端发展，也就是加强研展和营销，是产业和企业不变的努力方向，如此才能为企业创造价值。

第十二章

薪火相传

没有随时授权、培养人才，
哪来接棒的人？
为下一代好，
不该让他们承担上一代的管理痛苦；
为确保自己的利益，
更要选择最好的人才来经营公司。

宏碁的历史是由不断的合伙串联而成。伙伴，始终是我们最宝贵的资产。

富裕人家办事业，可以付高薪、送好车挖墙脚，不免存有随时可以雇用任何人才的阔绰心态；而宏碁由一群“穷小子”创业，从极其有限的资源起步，让我们深深珍惜伙伴的得来不易。我们有共同的理想，也深知非结合更多伙伴否则无法达成，因此愿意为培养人才付出长期的努力。

虽然，现在宏碁的资源已经不像昔日那般匮乏，但我们仍然坚信，培养人才是企业永续发展最重要的动力，也是企业对社会最重要的使命与贡献。

这是一件短期看不到利益的投资，而我始终都衷心感谢能有一群理念相同的创业伙伴。我常想，说服自己去执行理念并不是最困难的，真正为难的是，如果周遭的人老在耳边唱反调，那么谁也难保理念不会变调。

我和我的伙伴

“共同患难易，分享富贵难”，从刘邦与朱元璋得天下而杀戮功臣之后，中国人对于合作创业总抱持如此的看法，即使是一起出生入死的伙伴，当创业有成要分享天下时，往往因为利益分配不均而反目成仇。与我们一同创办美国事业的张国华，他经商的岳父也经常如此告诫他。

对于这个自小耳熟能详的“警言”，我向来无法认同，因此也就格外注意避免步上后尘。从“约法三章”到建立“利益共同体”，就是希望能成功走出一条不一样的路——共同创业，也能共享成果。

直到今天，许多外媒报道宏碁，还津津乐道伙伴们当年艰辛而同舟共济的创业故事。想当年，邰中和以一部老爷摩托车，奔波于台北与龙潭中山科学院之间接洽业务；林家和长期以公司为家；施太太为了迎接超微的客人，亲自一阶一阶擦洗公司的楼梯……

那时候，刚从学校毕业的卢宏镒、施崇棠，有过短暂工作经验的李焜耀、林宪铭，成为宏碁最早期的员工。伴随宏碁的成长，他们从基层工程师做起，在同僚中渐渐崭露头角。

我们很自觉地将宏碁塑造成一个不需要靠背景，没有地域、学校差异的良好就业环境。

1982年左右，宏碁已在就业市场建立了口碑，吸引一批原本在家电厂商工作的年轻人加入宏碁，林显郎、刘学钦等人就是在这个阶段加入宏碁。代代传承之间，宏碁的管理接班梯队开始成型。

第一代退居幕后

1988年到1991年之间，宏碁为了加快国际化的脚步，引进大量空降部队，却遭逢成长缓慢的瓶颈，造成人才外流。在人才来来去去之间，仍留下来与宏碁患难与共的伙伴，逐渐历练成第二代接班人。

这些伙伴在早期曾经有过战功，幸运的是，由于在这段转型期间，实际负责的多半是其他空降的决策者，因此他们反而不需要负担经营失策的责任，而又能在公司最艰苦的挑战时期旁观学习，领略领导统御之方；等到他们接棒时，很快就把公司带起来。

宏碁在成长过程中，拥有一群台湾地区科技业最出色的领导者，包括第一代员工，如宏碁计算机信息产品事业群总经理林宪铭、明基总经理李焜耀、宏碁国际总经理卢宏镒，日后加盟宏碁的宏碁科技总经理王振堂、美国宏碁总经理庄人川、欧洲宏碁总经理吕理达、德碁总经理陈心正，在宏碁集团平均服务年资超过十四年。

我可以非常自豪地说，他们的能力都胜过我，想当初我在他们这个年纪时，经营企业的规模都没有他们现在来得大。

虽然宏碁重新步入成长的坦途，但传承的故事仍未停止。1995年中，我在宏碁的“高峰会议”上特别提醒第二代接班人，要开始培养第三代与第四代接班人，千万不能因为忙于发展自己的空间而忽略人才传承。

然而，在公司逐渐将权力交给第二代与第三代的过程中，第一代的创业伙伴却有了一些变动。

在宏碁成立一年之后，最早的创业伙伴涂金泉与沈立均离开宏碁，他们原先拥有的股权10%卖给负责宏碁美国公司的张国华，另外10%转卖给我的内弟叶泰德，两年后叶泰德离职，就将他的股份卖给五个经理人（宏碁员工入股制度也从此开始）。

此后十几年来，宏碁几位创业合伙人的关系还算稳定，但是到了1994年，邰中和离开宏碁，转任力捷计算机副董事长，后来在美国创立从事因特网业务的公司。

近几年，和我年纪相当的第一代经营者，如黄少华、林家和、王振容、陈正堂，都慢慢退到第二线，担任从旁辅导的角色。在公司的发展趋势之下，第一代经营者如果没有办法享受大权旁落的乐趣，难免会感到没有发挥的空间。

在那二十年当中，宏碁流失一些人才，也留下一些愿意和我们一起坚持理念的人，并证明这些理念的确可行。假若这些留下的人都只是口头上天天歌颂理念，但始终做不出所以然，而有能力做出所以然来的人都离开了，那宏碁也不可能有今天。换句话说，宏碁是有一批不喜欢当应声虫的人，他们真心接受这些理念，并且愿意身体力行，我才会有戏唱；当大家开始有番成绩之后，这出戏才有机会越唱越大。

勤学习，敢担当

谈人才培养，多数人都会以企业举办多少小时教育训练课程、花费多少经费，来判断企业是否重视人才培育。

宏碁也设有人才训练中心进行各种正规训练课程，同时和瑞士国际管理学院、麻省理工学院及政大企管研究所合作，进行高阶人才培训，但这只是配角，最重要的方式是塑造授权的环境，让同仁自我学习与成长，以及主管与同僚之间经验与意见的交流。

要塑造员工学习的环境，最重要的是为员工“交学费”，而为了让公司付出学费后，同仁能真正达到学习效果，宏碁采取两种长期做法：第一，建立负责任的企业文化，因为喜欢推卸责任的人自省与学习能力必然不佳，学费就变成浪费；第二，要让员工真心愿意贡献所学，必先让其贡献有所回报，“利益共同体”便在此时产生效益。

而要建立负责任的企业文化，主管所扮演的角色就极为重要。

主管以身作则

多数上班族都有过类似经验，当下属犯错时，常常招来主管狠狠责备：“当初我是怎么告诉你的？你还做错！”但这种沟通方式接受度显然不高，因为当问题发生时，每个人都可以从中找出很多瑕疵，却只有当事人才能了解整个过程的来龙去脉。

如果事后检讨是采用责骂的方式，下属的反应往往就是推卸责任，因为在一个企业当中，没有任何一个决策是某一个人必须百分之百负责的。

因此，要让员工有自我检讨的意识，最好的方式就是主管先自我检讨。

假设有一件事发生，下属应该负七成责任，主管应该负三成责任（在真实情况里，谁该负较大责任通常很难论断）。如果真要推诿，谁都可以推得干干净净，但如果主管先担起三成的责任，下属也会担负责任，如此才能在理性的基础上检讨改进，而不会争执到最后还搞不清楚责任谁属。

我相信宏碁在这方面的表现，应该比多数企业都好。因为当下属承认犯错时，大多数不会被刮胡子[①]，更不会被炒鱿鱼，当然这会因主管的个性有所差别，但我自己非常留意以身作则，带头示范。

让大家都有饭吃

企业领导者的任务，除了要负起公司运营的成败，更要牺牲自己、照顾伙伴，并且让冲突减到最低。同仁之间，即使私人感情再好，利益都是互相冲突的。我们经常可见当公司运营状况不佳时，业务部门责备生产部门、生产部门怪罪研发部门；当运营好转时，又争先恐后地居功。领导者要避免利益冲突，就是“让

① 台湾俚语。指批评别人或者自己挨批。

大家都有饭吃”。

要让大家有饭吃，不是光在口头宣示、画饼充饥，必须要有实际行动。也就是说，当一个部门表现比较好而其他部门表现不好时，还是得让大家都有饭吃。

如果在检讨或奖励过程中没有做好沟通，人与人之间、部门与部门之间，就会产生一些损人不利己的小动作。在我们当学生的时候，也都不希望别人考试成绩比自己好，这就是竞争之下人性的原貌。

如果企业经营者认清这个问题，就要想办法淡化，而不是加油添醋。我们常会看到有些组织领导者，为了巩固自己的领导地位，放任下属内斗，或者有所谓“当红”或“失势”的说法，其实对于组织都是相当不利的。

宏碁从规模小的时候，就尽量塑造不推诿、不居功的环境，自然而然变成组织的习惯，所以宏碁勾心斗角的情形比较少，但并不是完全没有，因为这毕竟是人的组织。

为了让事情比较顺利推动、团队精神比较容易凝聚，领导者必须特别去照顾，必须有较高的警觉性与敏锐度，除了沟通之外还要有具体行动，例如调薪、升迁、任务的安排，都要有一贯的逻辑。

和谐与绩效并重

然而，企业不能只为了追求和谐而忽略绩效，所以管理不能完全没有差异化，也就是说，这两者必须取得平衡。

为了降低冲突，照顾大家的面子，宏碁有一段时期就产生了若干误导的现象。

在20世纪80年代末期，因为公司仍处于高度成长阶段，为了奖励同仁，就经常以拔擢升迁来鼓舞士气，当时外界常批评宏碁是“大家都升官”。大量而普遍升迁的结果，造成赏罚不明、权责不清的后遗症。

在“天蚕变”的时候，我们特别针对这个问题检讨，重拾昔日负责任的组织习惯。现在，我们仍然保有“大家有饭吃”的精神，但也同时考虑贡献度的差异，并且反映在职务安排上，尽量保持适当的平衡。几年下来，在和谐中兼顾绩效的运作方式也逐渐稳定与成熟，我相信，这样才能做到“真平等”。

现在，宏碁的人事升迁已经相当制度化，就好像内阁改组，在每年的第三季与第四季之间告知，让职务异动的人有一季的缓冲期，在下个年度正式交接时，已经拟定了各种行动方案与心理准备。

宏碁培养人才的方式，一方面是授权让员工从工作中历练、成长，所以无论是如今已经接班的第二代经营者，或是培养中的第三、四代经营者，都是随着时间自然形成。但是这样的做法毕竟不够积极，因此另一方面，必须让主管主动愿意栽培接班人。

培养“替死鬼”

宏碁提拔主管最重要的考虑，就是这个主管升迁之后有没有接替其职位的人（宏碁的习惯用语是“替死鬼”），如果没有，就只好取消其候选人资格。这么一来，为了自己的事业生涯，主管就必须积极培养下属。

当然，有些人的个性就是喜欢掌权，那么他会吃三种亏：第一，和组织格格不入；第二，到头来一定会忙不过来，因交不了差而吃亏；第三，因为没有接班人而无法升迁。如果真的有人宁愿享受掌权的滋味，只要还能信任，那就让他继续在原来的岗位上，对公司而言也没太大损失。

当然，领导者还是要起示范作用。

当我把大权旁落当成享受，主管们会觉得卖命工作可以让我如此享受，如果希望有朝一日也和我一样，那就得授权培养“替死鬼”。

除了领导者亲身示范之外，还必须有明确的政策宣示。在1995年1月的“集团交流大会”上，我特别喊出“龙梦欲成真，群龙先无首”口号，揭示宏碁分布式授权管理的真意，让大家明了我享受大权旁落的决心。也就是说，经营者的角色会随着时间演变不断调整，因为戏不是只有自己在唱，重要的不是自己粉墨登场赢得掌声，而是要让戏不断唱下去。

总而言之，不论是塑造授权与负责任的组织文化、落实培养“替死鬼”的升迁制度，或是营造享受大权旁落的环境，宏碁踏出的每一步，都是为走长远的路而设想；就算追求利益，我们也要想尽办法将它变成长期的利益。

创造利益共同体

以员工入股制度而言，现在已经成为科技业普遍实行的制度。然而，众所周知，在科学园区当中，有部分企业老板带头炒作未上市股票，用股票差价的短期利益来抓住员工一时的向心力，结果有许多员工把股票换成钞票之后，还是一走了之。这绝不是宏碁所要的“利益共同体”。

在宏碁计算机股票上市之前，我们规定离职者要将股票卖回给公司同仁，不准股票在外面流通，现在，由于未上市股票炒作得太厉害，部分股票尚未上市的公司要增资配股，我们都还特别写信叮咛同仁不要将股票外流；虽然不免仍有外流情形，但是比起以前已经好了很多。

我相信，宏碁绝大多数同仁拥有股票不是为了短期变现，而是要与公司共拥愿景。同样一个制度，用来追求短期利益或长期利益，会产生完全不同的结果。

常常有人问我：“什么时候交棒？”我的回答是：“宏碁时时刻刻都在交棒。”道理非常简单，我们随时都在授权，随时都在培养人才。

现在，大家可以看到宏碁的各代经营者，每个人的个性、风格都不一样，但是对于“宏碁一二三”以及四大企业文化的理念，大都认同，这就是宏碁在追求长期利益的道路上丰硕的收成。

交棒，可以不是难题

曾经在杂志上看到一位知名企业家的专访，谈起管理哲学，鞭辟入里；谈起产业政策，更是长篇阔论，但当被问及接班话题，他话锋一转，只说：“难啊！难啊！”

企业的世代交替，真是如此艰难吗？

台湾的企业经营者经常抱怨，当自己把左右手训练到成熟阶段，“翅膀长硬了”就出去“单飞”，公司没有堪担大任的接班人，当老板打算大展宏图时，却苦于人才青黄不接。关于这个问题，总是存在两极说法，企业主抱怨员工忠诚度太低，员工指责老板不愿培养人才。

我认为，这两者都是问题所在。员工如果碰到第一代创业者不愿放手，不跳槽又能怎么办？另一方面，得力干部志不在此，老板又能怎么办？

既然问题发生的原因是来自双方面，如果企业主已经尽力而为，而下属仍执意离去，老板也只好认了；如果说企业主未将员工照顾好，造成员工离去，那显然老板应该克服这个问题。

刚创业时，有一回，我和李焜耀到台化的彰化厂去推广微处理器系统业务，在漫长的车程中，我对他说了这么一段话：“作为企业负责人，我要想尽办法留住员工的心，如果员工仍然选择离去，我也不能抱怨，而是要尽全力来改善公司的环境，让离职的同仁后悔当初所做的决定。”

时至今日，我相信与当年离开宏碁的同仁相比，仍留在宏碁的同期同仁，不论事业的规模、格局，或是在业界崭露头角的机会，都更好一些。

最重要的是，宏碁从不会因为有人离开就放弃培养人才的坚持。当然，在培养的过程中一定有很多挫折，因为企业越大，遇人不淑的机会就越多，但是只要坚持，总会留下一些人愿意一起唱这出戏。

下属跳槽，谁之过?

从另一个角度来看，员工因为感觉怀才不遇或大材小用而离去，有一个重要的原因是组织成长缓慢。

因为组织是由人所组成的有机体，只要成员的能力不断成长，就会让组织有活力。然而，如果成员的成长快过组织，人才就留不住；相反，当企业的成长快过人的成长，就必须仰赖空降部队。

所以，最好的状况是企业和人一起成长，空降部队成为后补的力量。只要企业不断成长，人才都有机会担当大任。

因此，作为领导者最重要的任务之一，是保持企业不断成长，如果企业成长陷入停滞，领导者就要退休让位。

对有战功的领导者而言，培养人才与适时退休都是应有的责任。如果企业经营者以短期内找不到接班人为由不肯退休，还能接受；如果一直没有接班人，那就是借口了。因为培养人才也是领导者的责任，一直没有接班人，就表示不能再适任领导工作。

交棒，何以如此艰难?

我认为，企业经营者因为训练多年的员工被挖墙脚，便认为培养人才是一件不划算的事，除了归咎企业主信心和努力不够之外，更重要的原因是企业主只想到短期利益。这种只关注眼前获利的心态，导致交棒问题总是企业家的心头憾事。

直到今日，许多第一代企业家已经年过七十，仍然凡事过问，而他们的子弟甚至已经进公司三十年了，都未正式接棒；或者，有些第二代虽然已经接棒，却还会发生“少主”与“老臣”权力分配的问题。我认为，不管是把公司交给职业经理人或是自己的小孩，企业培养接班人的道理都是一样，就是要及早决定方向并尽早准备。

如果企业主打算让自己的小孩接棒，就要尽早给予训练，尽量授权，千万不要到儿子五十几岁了还没办法交棒；如果决定交给职业经理人，也要及早下定决心，培育合适的人才。

交棒问题之所以为难，正是因为培养接班人至少需要十年的工夫。如果企业主老是不授权，不花时间培养，那么任何一个时刻检视这个问题，都还要花十年才能解决，那当然是交也难、不交也难。

交棒问题对我而言一点也不难，因为我创业之后没几年就决定不让我的小孩进宏碁了。

对多数中国人而言，第一代辛苦创业，无非就是帮下一代创造更优渥的环境；更何况为公司劳碌大半辈子，把“自己的”公司交给“外人”，岂不是很不划算？

但我认为，不管为同仁、为我的小孩或为我自己，都应该把公司交给职业经理人。同仁为公司贡献多年，本身又具备足够的能力，如果不给他们发展空间，那是很不公平的。

对我的小孩而言，要他进公司去面对那么多资深、专业能力比他强的叔叔伯伯，还要管理他们，那是很痛苦的，对他也不公平。对我而言，要让公司生生不息，确保自己投资利益，当然要选择最好的人才来经营公司，劳碌了大半辈子，若不选择对我最有利可图的交棒方式，才真是不划算。

当然，每个领导者的想法都不一样，而我所要强调的是“投资到未来”的观念，也就是说，任何一个未来的成果，都是长期投资的累积，接班问题也是如此。

养兵千日，用在一时

当公司赚钱的时候，也就是有能力交学费、从错误中学习时，如果第一代企业经营者不在这个时候培养长期实力，而只关心如何赚更多的钱，那么肯定不会放手让第二代做决策，因为老手毕竟经验丰富，可以赚较多的钱。

但他们却没有想到，如果不让接班人在公司可以承担风险时去尝试错误，累积经验，那么在公司不赚钱时，更不可能放手让第二代去冒险，如此，第二代如何培养能力？

也许读者会有这样的疑问：企业交棒得要建立理念、寻找人才、塑造环境、调整组织气候，还要授权、付学费，千头万绪，究竟要先做哪些？其实，类似这些建立公司制度的事情并非迫在眉睫，需要立刻兑现，所以今天做或明天做差别并不大，但是千万不能不做。因为养兵千日，就是要用在一时。

但也因为这个事情并非急迫的问题，又不知道什么时候需要，所以多数的人就干脆不做，这就是长期投资无形资产的决策陷阱。

对我而言，这些工作都已经内化成为习惯，随时随地都这么做。在公司，不管是什么场合，即使员工和我随便聊两句，我都会很自然加一点“酵素”在里面，而这个“酵素”可能在若干年后，或当他做决策时发酵，从而发挥效用。

我不但一再公开阐释这些理念，即便在私底下，我也非常自觉绝不拿这些理念开玩笑，因为这么做非常容易使这些基本理念产生混淆。在与同仁沟通时，常常觉得自己已经说得非常明白了，对方还是不清楚，如果对如此重要的事情，决策者没有极为一致的态度，就算是不经意地开玩笑，也会让同仁感到疑惑。

长期效益比个人权力更重要

喊出“群龙无首”的口号之后，外界对宏碁的接棒产生质疑：如果有一天宏碁第一代都退休了，要如何在资历与能力都在伯仲之间的第二代经营者中，选择一个大家都认同与信服的领导者？这显然是个问题。

但从我的角度来看，宏碁现在将集团变成一个松散式的组合，各事业能够健全地独立运作，将来，第二代经营者可以轮流当主席，协调集团大方向，并发起伙伴联合活动。

如果，把一个大组织变成五个小组织，是对客户、同仁、股东最有利的做法，又何必一定得把大家都绑在一起？如果从社会负责的态度而言，应该是追求长期投资效益的极大化，而不是领导者权力的极大化。再换个角度想，要找到一个有能力胜任领导年收入千亿元的领导人才，并不容易；但是要找到五个人才来管理两百亿规模的企业，却相对容易得多。因此，分布式组织架构的好处也就不辩自明了。

分享，反而拥有更多

在我个人的事业观当中，“分享”是一个相当重要的理念。因为我们所要追求的高远理想，既有使命感又有利可图，但却要通过很多人和很多钱才能达到，因此必须要有方法与理念来累积足够的资源。

想通这一点，与同仁分享成果时就不会觉得牺牲与损失。慢慢地，这些理念又让我们尝到甜头，得到回馈，更证明这种坚持是对的。

现在，即使我们遭遇挑战，也不会对理念的本质产生怀疑，因为它们已经被证实是行得通的，所以只要在原来的基础上去思考应变就好了。

我相信，绝大多数的员工都盼望有学习的机会，也盼望能够共同拥有公司，宏碁和其他企业的差别，只在于我们认同这样的期待，而且积极去落实。

有一回，我在电视上看到我太太接受采访，她提到这二十年来，我们两人的股权比例越来越低，但是股票的总数与总值却越来越多。“以绝对值来看，将股权分享出去反而让我们获得更多。”她这么表示。如此简单的道理，可能很多人都想不通，但我相信，宏碁的每一位高阶主管都是如此深信着。

分享，使我们收获更加丰盈。

2004年张玉文采访整理

ABW家族之所以能够不断发展，薪火相传的理念是关键因素。宏碁推动的两次企业再造，除了改变经营策略之外，再造过程中也在培养新一代的接棒者，不是只有我这一层，而是每一层的管理者都在培养接棒者。这就是薪火相传，代代不断。

今天我能够顺利退休交棒，是长期推动“不留一手”，一步一步落实的成果。在我退休之后，我将扩大薪火相传的领域，不仅限于ABW家族之内。

第十三章

做个懂得认输的赢家

财务拮据的企业，
价位没有获利空间，
如何吸引大众投资？
对于已经发生的挫败，
必须认栽，但不能对未来认命；
甚至，因为未来还会再发生，更要及早准备。
可是即使要赚钱，也必须取之有道，
伤害社会的企业，仍旧不是成功的企业。

这些年，看着诸多企业起起伏伏，我自己也历经几番周折，不禁有个感想，时势可以创造英雄，但却无法创造健全的企业。

1970年代末，在官方大力查禁电动玩具的政策之下，许多厂商被迫转而仿冒“苹果二号”。

为数众多专科出身的创业者，乘着这一波计算机创业风潮崛起，迅速成为计算机业界闪亮的新星；然而，当1990年计算机产业革命席卷全球，这群创业者却有相当数量因为无法顺利转型而遭到淘汰。

同行检视这段历史时，常会有一种说法，认为这些企业的失败是肇因于企业主的学历；而宏碁之所以可以度过危机，则是因为我拥有电子工程硕士的学历。但我认为，企业领导者的学历和企业的成败并没有关系。

在我个人的经验里，大学与研究所六年的时间当中，有一半的时间在交朋友及参加社团活动，而经营企业却是二十多年来全心全意投入，两者所花的时间与精力，实在无法相提并论。

我想，今天宏碁能够挺过风浪，并发展得比过去更健全，是因为我们过去一直致力于三件事情——营造良好的经营环境、从教育中学习改善及追求贡献社会的理想。

在这过程中我们付出许多代价，也累积了若干经验，希望这些心得能为读者带来一点附加价值，在人生与事业经营的舞台上节省一些学费，也减少一些迂回的路。

营造经营环境

为了让公司与同仁能有更多成长空间，多年前我曾许诺，如果宏碁连续三年营收成长率未达15%，我就提前退休。1992年，终于遇到兑现承诺的时刻，这一年我正式向董事会提案辞去董事长一职。

身为企业创始人，十六年来和公司共同成长，自创品牌，走向国际化，做这样的决定自然不轻松；但是，为了让公司保持成长活力，也为了守信承诺，我愿意辞职以示负责。

但是当我表达辞职之意后，董事们并未通过这项提案。他们认为，宏碁在1991年发生历来最大的亏损（六亿七百万元新台币），仅为当年净值的7.2%，在全球计算机业普遍不景气之下并不算严重，不能因为单一年度的亏损，便抹杀宏碁多年来的努力。

让我非常感动且永难忘怀的是，在宏碁亏损年度的股东大会里，并没有一般股东会中常见的严厉指责之声，相反，小股东们纷纷发言，肯定宏碁的表现，也支持我继续为宏碁贡献。在这股力量的支持下，我继续留在领导岗位上，和宏碁一起度过艰难困苦的岁月，共享改造工程的丰收。

在这段时间里，虽然外界与媒体对宏碁有些批评，但是宏碁的其他大股东与众多小股东一样，信任并支持公司的发展方针，丝毫没有半句怨言与闲话，这使宏碁始终能保持单纯的决策环境。

放眼台湾地区，良好的经营环境真是少得让人慨叹。试想，在权利纠葛中，有多少政策遭到扭曲资源因此流失？有多少企业主每年在“公司派”与“市场派”的股权争夺战中浪费心神？有多少职业经理因为无法和资本主同心齐力终遭解职？有多少第二代经营者在第一代幕后操控下处处受到掣肘？

良好的经营环境，不会凭空从天而降。从创业之初，我就在“捏塑”一个干扰度最低、让多数同仁都能勇于担当的经营环境。这需要长期用心，而且是不能有私心的用心，因为只要有任何一个决策夹杂了些许私心，不但容易发生偏差，也等于在鼓励同仁可以有私心。经过经年累月的努力，宏碁才逐渐产生一股内部凝聚力。

有了这样的凝聚力，我们才能有足够的信用对外争取资源，不论是有形的资金或无形的信任，从内而外创造出比较稳定、有效率的经营环境。

与众不同的筹资方式

从集团创业以来，宏碁筹集资金的方式，往往是敢为天下先的创举。

推行员工入股之后，由于同仁无法一次拿出足够资金，我们便实行扣薪水分期入股的方式，通过这个制度，我们取得成长所需的长期资金，也奠定利益共同体的基础。

1988年，宏碁引进日本住友、美国保德信集团、汉通创业投资、大通银行等外商，加入投资行列，开企业筹募国际资金之风；后来以发行特别股投资德碁，也是当时别出心裁的做法。

特别值得一提的是明基马来西亚投资案，与宏碁国际在新加坡股票上市两个案例。

1989年，明基投资马来西亚厂时资金并不宽裕，一方面，我们不希望在海外事业还未稳定之前，投入太多资金；另一方面，由于官方对企业海外投资态度较为保守，大额资金汇出不易，于是便需要银行提供投资贷款。

当时，花旗银行希望能够贷款给明基，但是马来西亚政府基于保护该国银行的立场，规定外商银行不能贷款给当地企业。于是，花旗银行想出一个变通办法，发行为期三年的五百万美金“可赎回特别股”，当期限届满之日，明基计算机以面值赎回特别股股票，此期间计息收费。

实质上这相当于贷款，但是因为形式上是特别股，所以马来西亚厂因而有较多的股本。也由于资本额较高，明基就能取得更充裕的外销低利贷款额度（由马来西亚中央银行提供）。

这项金融产品造就明基与花旗银行双赢的结果，花旗银行赚到利息与手续费，明基马来西亚厂则能拥有健全的财务结构，成为集团中相当重要的计算机周边生产据点。

1995年，宏碁国际在新加坡股票上市，释出25%股权，顺利筹到五千七百万元美金，超过宏碁原始投资的金额。

事实上，过去也有台湾厂商在海外股票上市，但是筹资额度并未如宏碁国际这般，而且上市后股票流通状况并不理想，这会影响到企业后续发行新股筹募资金时投资人的投资意愿。无论以筹资规模或股票流通的情形来看，宏碁国际都可说是在海外股票上市的台湾企业当中，最成功的案例。

这些投资的创举，后来在企业界引起不少回响，常有企业界朋友问起，宏碁如何能适时筹到资金？这就必须回归到创造经营环境的问题了。

有钱大家赚

首先，还是回归到前面一再提及的基本因素，就是我从来不担心失去控制公司的权力。创业之后，我和我太太的股权比例逐渐减少，但是参与投资宏碁的伙伴却越来越多，资金来源也越来越广阔。重要的是，当公司越是赚钱，越要把股权分享出去。

许多经营者往往在公司获利状况好时，把股权当作下金蛋的鸡紧抱不放，等到公司出问题才急忙邀请别人投资。试想，如果你是被邀请的人，会做什么决定？换个角度想，在公司获利时分享股权，更能换到合理财源，让公司继续投资成长，也才能避免有朝一日股权贱价难售，危及公司生存。

其次，我们从没有以“印股票换钞票”的心态筹措资金。

有时候同仁会抱怨，许多明显不如宏碁的企业，都用高价增资发行新股，为什么公司不如法炮制，让公司和股东可获利更多？

任何企业都希望能以低成本、高效益的方式筹资，但对宏碁而言，筹资是为了公司长期财务健全，而不是为了靠发行股票捞一票。为了众多股东的权益，价格过低自然不可行，但是绝不求高，而是求合理。从投资心理而言，如果不能让投资者有获利空间，下一次他们还会愿意投资吗？那么，公司又如何能长期筹措稳定的财源？

换个角度来看，筹措的价位并没有绝对的好坏，除了企业本身的价值之外，还必须考虑大环境的因素与企业资金需求的殷切度。

例如1992年，我们以净值一点五倍左右的价格出售宏碁科技与明基计算机的股票，以如今的眼光来看是偏低的，但是在当时资本市场低迷，宏碁计算机业绩尚不理想，而集团需要长期资金健全财务的情形下，如此价位也算合理了。

简单地说，我们筹资的原则就是让大家都有钱赚。

最重要的是，企业在筹资之前必须创造健全的财务环境，也就是经营的诚信度。对任何一个正常发展的公司而言，只要公司的规模成长大过获利成长，就必须筹资以健全财务，因此筹资是常态，而企业也必须为长期筹措资金而预做准备。

以业绩灌水、美化财务报表来促成股票上市或取得贷款的做法，只能短期奏效，归根结底，企业必须从建立信用、财务公开以及对小股东负责的态度着手。

尊重小股东的权益

企业建立这样的习惯与心态，得从小规模时开始。

在宏碁推行员工入股之前，台湾已有其他企业实施此制度，但在透明化与制度化的程度上，和宏碁相当不同。甚至在员工入股已蔚然成风之后，许多企业也并没有提供详尽的财务报表，员工对认股价格如何制订也不知所以；认股后由公司集中保管股票，甚至连年度财务资料员工都并不知情，这等于剥夺了股东的权益。

宏碁计算机股票上市之前，已有几千个员工成为公司股东，因此我们必须营造一个公开与公平的财务环境。

举例而言，我们当时规定参与认股的同仁离职时，必须将股票卖回给公司，而为了兼顾买卖双方权益，必须要有个市场，有公开价格、有股票指数。于是，我们每季都由董事会公布公司最新的财务资料，以净值作为交易价格，并补贴卖方净值公布日到交易日之间的利息差额。

股票上市的三年前，我们便开始在公司内部举行模拟的股东大会，借着会议的召开，同仁学习如何行使股东权益，我也学习到如何面对我的老板（股东），清楚传达公司发展现况与未来的策略。同时，董事会每年还邀请数位干部轮流列席董事会，名曰“见习董事”，以便让他们了解公司决策的过程。

这套制度行之多年，过程是渐进的，非常自然。

股权如民意

事实上，再往前追溯，早在宏碁创业初期的约法三章当中，协议任何决策都需经多数股东同意，就已经建立起尊重小股东权益的风气。

当股权逐渐从少数主管分散到一般员工时，我们五个创办人还是掌握主导权，从法律来看，我们无须担心会失去控制；但即使如此，我们的做法也不是以绝对的主导力量去掌控一切，相反，我们经常主动放弃权力的优势。

有个基本理念是我从推动员工认股之初就深信不疑的。若有投资人与我站在对立的立场，原因不外三种：第一，我理亏，那当然要自己改善；第二，我有理，但法律上站不住脚，那只有自认倒霉；第三，如果我于法于理都站得住脚，为了保护公司，我一定要和这些少数人周旋到底。

如果企业经营者在公司发展顺利时，仗着自己股权大，采用高压强势的作为，小股东心生不悦，即使口头不明说，心里却不服气。表面上，是企业主全盘控制局面，实质上，组织乌烟瘴气、士气低落，公司形象已经受损，对企业主半点好处也没有。有朝一日，当企业主不再拥有强势，别人如何不会借机反弹？

股权像民意，差别只在股权结构并非一人一票；但是，对权力基础的凝聚与溃散，两者的道理是完全相同的。如果宏碁不是长期养成尊重少数的习惯，如果我们几个创办人过去曾经凭借优势营私，在宏碁发生困难时，可能早已无法在公司立足。

相处之道，唯有互信

回顾宏碁塑造经营环境的历程，另一位大股东殷之浩先生所扮演的角色也相当重要。殷先生投资宏碁之后，我的股权比例降低许多，但是因为他一直相当支持我，使公司稳定度始终如一。

在殷先生投资宏碁之前，我们因为校友会开会之故相识多年，他经常热心询问我是否有需要协助之处，但当时并没有适合的合作机会。

1983年，我去美国考察创业投资的环境与制度，回台湾之后，偶然和殷先生谈起创业投资的概念，他表达极高的投资兴趣，于是我们合作成立了宏大创业投资公司，他投资新台币两亿元，我则负责经营。

然而对我而言，同时经营宏碁与宏大两家公司，的确有发生利益冲突的可能，于是我建议以交换股权方式，让殷先生握有宏碁计算机15%的股权，而宏碁计算机握有宏大三成的股权，将宏大纳入宏碁集团中。

日后，双方股权更进一步交换，宏碁拥有宏大全部股权，而殷先生则拥有宏碁25%股权。

无论海内外，科技人创办企业时，常会寻求非科技业资本主的资金支持，如果双方对企业决策出现认知差距，往往导致专业出身的总经理和出资的董事长决裂的情形。宏碁之所以没有出现类似难题，是因为我的股权和殷先生一样多，何况我还花费许多精力全心经营公司；但更重要的是，我们之间有相当的互信基础。

殷先生从事营造工程，对于电子科技并不在行，但是他一直非常支持台湾发展高科技的行动，也认同我们自创品牌、投资半导体的方向与策略，由于他的支持，让公司同仁增加许多信心。殷先生从来不曾想要介入公司经营，甚至还推拒担任董事长职务；而我们则是一再力邀他参与，还主动请他派遣财务主管，争取他对宏碁透明化经营的信心，这么一来，殷先生也更加放心与放手让我们经营。

出资人和职业经理人之所以无法合作，是因为缺乏互信基础。非专业的出资人希望能够控制公司发展，而经理人却非常排斥出资人以外行领导内行。但反过来想，出资人正是因为不懂专业才会紧张、才会急于介入；而经理人越是排拒，资本主越是心生疑惧。双方越是互相提防，心结就会越结越深，即使没有产生决裂，也难免形成派系。

如此一来，当公司需要资金进一步扩充时，原有的大股东必然不愿全力配合，若想对外筹资，不免也会因为背负“内部不和”的形象包袱，减低外界的投资意愿。因此，创造一个健全、单纯的经营环境，其实是企业非常重要的策略，它关乎所有投资人的信心，更进而影响到公司能否筹措到长期成长所需的资金。

美国宏碁扭亏为盈

当然，宏碁的诸多决策中也并非从无歧见。

在美国事业发生巨额亏损时，伙伴们对应否从美国市场撤退，就有许多不同的意见。有人赞成撤退，有人则反对；有人主张甲方案，有人支持乙方案，意见相当分歧。于是，我公开征求愿意去美国印证自己策略的人，结果没有人愿意去。虽然局面有些紧张，但讨论完毕之后，大家也就不再各执己见，更没有人有勇气去负全责。

此时，身为领导者的我就得扛起决策责任。当我们决议由庄人川就任美国宏碁总经理时，在记者会上我公开宣布，此后美国市场的成败由我负责。这么做的原因，就是要给庄博士一个单纯的经营环境，而我负责扛下台湾地区所有的压力，请投资人能够相信我，让我相信庄博士，他才能放手经营不受干扰。

现在，宏碁在美国市场不但转亏为盈，并且跻身前十大品牌，而且美国宏碁适时开发出“渴望”家用计算机，更带动了整个集团另一波成长趋势。我想，美国宏碁的表现，并未让投资人的寄望落空。

良好的经营环境，看来无形，说来抽象，但它对外可为企业生财，对内更是凝聚士气的关键，它并不需要巨额投资，但所产生的结果具体而影响深远，而做与不做，其实仅系于企业主的一念之间。

成长的代价

宏碁陷入困境时，有同行或媒体批评，宏碁就是因为过度追求成长才会导致挫败。那么，追求成长究竟是不是一个缺点？

我想，成长是企业非追求不可的目标，没有选择的余地，至于用什么方式成长、成长的快与慢，则和自己的能力与外在环境有关；也就是说，成长并没有错，问题是判断和执行的进度，而这两者其实很难有绝对的定论。如果永远不亲身尝试，就不会知道自己的能力究竟有多高，也不会知道要用什么速度与方式去追求成长。

宏碁在追求成长的过程中，希望做到方向正确，然后弹性地调整进度与方法。如果说有什么不尽如人意的地方，那是能力的问题，而不是不该追求成长。

但从另外一个角度来看，宏碁如今还算能有一点成绩，也是因为我们比别人早、比别人敢交学费，所以培养出较为领先的能力，换句话说，这些错误发挥了重大功能。

其实，不管企业发生任何情况的亏损，过程中都有许多回头是岸的机会；严重的亏损，总是因为一错再错或是纠结各种不同的错误，才会积重难返。因此，经营企业首重随时自我检讨。现在，我偶尔会提醒各事业总经理应该提高警觉的地方，都是从过去的错误中学得的教训。

这些教训让宏碁练就今天的体魄与胆识。首先，要从成立于1983年的宏大创业投资公司谈起。宏大的失败，导因于我们一厢情愿的想法，以及对创业投资与美国创业环境的了解不够深入。

跨入创业投资，一厢情愿的失败

成立宏大的想法很简单，我们认为，宏碁拥有创业经验可以分享，若再提供一笔种子基金，可以帮助年轻人闯出一番事业；再者，还能配合公司成长的方向，从硅谷移转一些技术到台湾。如果他们需要降低成本，我们也可以支持。

因此，宏大投资了硅谷两家高科技公司，生产半导体的国善电子（在新竹科学园区设立国善电子），以及系统研发的日技公司。

当时我们认为，在宏大的资金支持之下，帮他们打下基础，度过草创时期，他们便能有更好的条件去找别人继续投资，筹措第二回合与第三回合的资金；换言之，宏大并不打算主导这两家公司的经营。

另一方面，我们没有为宏大设定获利目标，因为当年创立宏碁时我们也没有这些目标，只是做我们觉得该做与值得做的事，自然而然就赚到钱，所以误以为宏大应该也是如此。

但是，事情的发展完全出乎预料之外。

回想起来，真是“爱之，适足以害之”，由于宏大积极给予协助，反而造成经营团队对我们依赖过深。因为当他们遇到困难向我们求援时，我们就会想办法帮忙解决，于是对于筹资也不是很积极。当我们发现情势不对，开始对他们设限时，却为时已晚。

此外，当时美国创业者和台湾企业的互动关系还不成熟，利害关系仍相当模糊，因此，当他们越是依赖我们，心里也越不踏实，于是在筹资时又担心我们投资多了，会让他们的投资失去保障。

就在这种“又依赖、又怕依赖过深”的矛盾心情下，投资行动犹豫不决。按理说，如果怕依赖过深，应该赶快自己找资金，但他们行动又太慢，等到公司状况开始恶化，投资人已没有信心投资。

从错误中累积实力

从技术转移的目的来看，这两桩投资案也并非全然交了白卷，1984年，宏碁与日技合作开发工作站，就累积了日后领先推出32位的技术。但是，从投资报酬的角度来看，宏碁跨入创业投资领域却是一项失策的行动。

当企业开始进入成长阶段时，往往会基于一个策略就做出投资的决策，当时我们的策略是要产生资源互用的综效[1]，也就是用

---

① 综效（synergy），个别价值之和的概念。指将两个或多个不同的事业、活动或过程结合在一起所创造出来的整体价值会大于结合前个别价值之和。

统合的观念投资宏大。从现在的观点来看，当初错在没有用分工整合的观念去思考这项投资，以至于把多重目标混在一起考虑，让决策产生误导。

现在我们的想法大不相同。

我们认同统合产生综效的好处，但是在初期，转投资事业得先独立运作，把单一领域经营起来，如果真的产生综效，那是额外的分红。特别是创业投资这种专业高科技的事业，更不能与计算机产业混淆思考。因为当时宏碁本业经营得很不错，没有深入思考这些问题。

另一方面，虽然创业投资后来在台湾地区发展得有声有色，但宏大的起步是早了一些，更大的问题是没有找到有创业投资经验的人来管理。

当时，我们找陈正堂当总经理，他可以说是早期交大校友中成就最高的职业经理人。他原本在香港一家电子集团担任总经理，对科技公司整体管理能力有相当完整的历练，然而他毕竟没有经营过创业投资公司，加上公司策略错误在先，陈正堂虽然很努力，终究还是于事无补（后来陈正堂转任明基与德碁总经理，就将他的专长发挥得相当不错）。

在这个过程中，占宏大七成股权的殷之浩先生始终非常乐于授权，甚至还自掏腰包配合投资这两家公司。但殷先生的投资也没亏本，后来殷先生以宏大股票交换宏碁股权（从宏大变成宏碁百分之百转投资事业，就没有后续投资行动），在宏碁股票上获利不少，可以说好心有好报。

但是宏碁投资宏大的结果，却是好心没好报。在台湾，我们拿了老板（投资人）的钱，就会一辈子负责到底；但是美国人拿老板的钱就没有这样的责任感，即使输光了也不必负责。

宏大的投资，可以说错在太策略性，不够慎重。日后，宏碁的决策系统逐渐成熟，在“为公司着想”的组织气氛下，所有执行的同仁都可以了解策略全貌，并提出不同的看法，于是，最高决策者的策略并非唯一的奉行原则，这也就让决策者必须更谨慎地提出更可行的策略。

投资五十万，亏损两千万

宏碁历年的并购投资中，成果好坏参半，外界比较熟知的失败案例，是康点与高图斯两件并购案。事实上，并购洛杉矶Service Intelligent（简称SI），才堪称宏碁历史上最严重的错误，投资五十万元美金，结果亏损两千万美金。

在美国经营售后服务是非常不容易的，因为美国是“消费者的天堂”。

1988年，洛杉矶一位专业经营售后服务的人，发展出一套加盟体系的构想，计划训练一大批家庭主妇与主夫让他们做售后服务，在全美国建立服务网。由于他与美国宏碁有些业务往来，我们得知这个计划后，认为对宏碁可以产生相当的帮助，便于1989年以五十万元美金并购这家公司。

并购之后，我们委托那位专业人士负责经营，他采取积极扩张行动，公司一下子成长到一百多人的规模，然而内部制度却并没有上轨道。为了建立全国服务网而购入许多备料，却没有健全的库存管理与收账制度，往往物料都出去了，却疏于催收货款，账务牵扯不清，财务状况自然不佳。

由于完全授权，宏碁美国总部又在圣何塞，无法就近管理，因此资金不断投入，经营却没有起色。

这给我很大的教训。当你百分之百拥有一家公司的股权，他就是你的儿子，儿子在外面胡作非为，所有烂账、承诺都记在你的账上，非要为他负责到底不可。

当时真是屋漏偏逢连夜雨，台湾地区产品又出现问题。原因是3M公司所供应的插座接触不良，使产品操作起来时好时坏，而这个小问题却整整花费半年才找出症结，并加以改善。

在这段时间，有问题的产品已经卖到世界各地，但其他国家的经销商都有够强的信用与管理体系，可以妥善处理问题，而SI本已“体质”不良，再加上产品出状况，需要更多售后服务，于是再度提高备料；但产品有瑕疵，业务受影响，因而财务状况更加恶化，各种症状立刻并发。

插座事件，让我们深切认识危机管理能力的不足，于是重新建立危机处理体系。当类似情况再度发生时，结果就完全不同。

这一回是Chips & Tech所提供的芯片出问题，我们马上成立项目小组，每天在计算机里追踪物料流通、市场反应，以及产品改善进度，随时掌握各种状况，找寻对策，不到一个月，不但控制灾情，而且顺利找出改善之道。

SI最后仍不得不以结束营业收场，亏损金额超过原始投资的四十倍，主要是库存成本与管理、销售费用，最后还有遣散费和搬家费用（搬回圣何塞）；直到解散为止，加盟计划都还未曾开始。

虽然这个投资在整个集团并没有变成大事件，但事实上，却对业务与管理、销售费用产生相当大的负面影响。

而这笔亏损对我们售后服务能力的提升，却是一点帮助也没有，等于花了冤枉钱。后来我们派一位非专业但在美国服务多年的资深经理，从头开始建立售后服务体系，从原先被评等为“E”进步到“B”，可以说花费相当的心血与资金才累积这样的成果。这个教训再次加强我们“投资必须慎于始”的认知。

后来宏碁在欧洲与大陆拓展业务时，都谨记要先把内部管理好再进行扩张。因为扩张业务，就会产生许多优先任务，要冲业务，要进货、铺货，客户有抱怨要处理，光这些工作就已经使公司正常运作超载，如果体系与制度没有先建立完备，就会越搞越乱，结果往往是业绩越好，亏损越大。

意大利出师不利

1990年，宏碁进军意大利市场时，莫名其妙陷入一场官司缠身的梦魇。

宏碁在并购高图斯之后，一并接管了它的意大利公司，变成宏碁意大利分公司。由于宏碁在海外采取非独家经销制度，我们就由当地的负责人，也就是原来高图斯意大利的负责人，洽谈终止当地经销商的独家代理权。

对于这个程序，我们在各国的处理方式向来很谨慎，但是这回处理起来却非常不顺利，因为原来的经销商不愿放弃独家代理就直接诉讼，而且还不是先提出上诉，而是直接向法院申请对宏碁意大利公司执行假扣押。

这么一来，宏碁在意大利就不能有业务行为，为了推展业务，我们必须执行反假扣押，得拿出几百万美金做保证金。

不公平的是，法院并没有经过任何司法程序就进行假扣押，而且申请假扣押的人还无须支付任何保证金。

这个经销商一看这个方法没有难倒我们，竟然又到荷兰，也对宏碁欧洲总部申请假扣押（因为意大利与荷兰同为欧盟成员），于是我们又得再付出一笔保证金。后来我们才知道，这个经销商原来是意大利多起官商勾结丑闻案的主角。

就这样经过三四年，法院才判决宏碁胜诉，官司也终告落幕，但这期间里拉巨幅贬值，保证金已经大量缩水。

如果同样的事情重来一次，我也不知道要如何处理才会更好。

在这期间，我们撤换意大利分公司的负责人，因为公司没有严谨的信用管理，呆账比例实在高得离谱，特别是对经销商的放账。

在检讨这个事件时，我并不埋怨意大利分公司负责人，而是反过来思考，如果我是一家外商在台湾分公司的负责人，我可不可能利用职权之便，让我的亲戚朋友来当代理商放账给他？或者向我的亲戚朋友采购再收取回扣？答案是，可能。实际上，这种情形在台湾地区是存在的，这就和意大利人作风很相像。那么，要怎么防范这种情况？

如果，海外事业的负责人就是大股东，他必然会用心投入公司，也会严密管理，于是，“当地股权过半”的概念就出现了。

说起来，宏碁真是经历不少挫败的经验。

曾经，我们希望能培养一支世界水平的桌球队，还费了一番工夫，邀请曾获汉城奥运金牌的陈静加盟，但是受限于岛内环境，要找到世界级的专业领导者才毕竟不容易；在台湾地区，选手也没有将运动生涯作为事业的规划。虽然投资了不少钱，但始终无法建立球员的使命感与向心力，最后只好解散球队，安排选手到其他球队。

从经营的角度来看，桌球毕竟不是宏碁的专业，如果说培养球队是我们可以做出最大贡献的领域，我一定不服输，非想出办法拿到世界金牌不可，即使一代做不成，第二代也要接着完成；反之，还不如把资源用在自己有把握的事业上。

建立危机的预防机制

现在，宏碁的规模越来越大，像“渴望”家用计算机、内存等大量生产的产品，一旦出现问题，严重性自然远超过以往。

例如，英特尔在推出奔腾芯片后，因为浮点运算有问题，在全球引发相当大的问题。从技术角度看，浮点运算发生问题的概率其实只有几百万分之一，一般消费者用不到这么复杂的功能，就像软件略有瑕疵，消费者也是可以接受的。

但是英特尔以工程见长，就从技术角度和大家讲道理，但是消费者没办法确切了解技术层次的东西，而且在媒体与消费者都已经不站在他这边时，还要继续讲道理。最后，英特尔仍然不得不采取全部退换的做法，并且在账面上提列三四亿元美金的损失。

从对外沟通与危机处理方式来看，这个事件都算不上是成功的案例。

在英特尔还没有提出解决办法时，我便曾和同仁提起我对这件事的处理方式：公开承认这个瑕疵，并且告诉消费者，大家放心使用，如果有任何问题，一年内都可以退换。

这个处理方式的好处是，把处理时间分散在一年当中，而且许多消费者在使用之后发现没有必要退换，就不会恐慌性地挤着换货。这个事件对获利丰硕的英特尔而言，并没有产生太大震荡，但是身为企业领导者，我不得不去思考，万一宏碁发生类似状况，是不是有能力实时应对？特别是在新同仁不断加入的情形下，如何才能降低危机的发生概率与影响层面。

因为对一个企业而言，任何一位员工出纰漏，不管职位多低，都是记在公司的账上，决策者是责无旁贷的。

建立企业预防与应对危机的能力，有三个关键：第一，必须具有危机意识；第二，建立危机处理能力；第三，还要时时提高警觉，随时改正小错误，避免酿成大危机。

防微杜渐，居安思危

宏碁避免突发性的致命危机的方法，可以说很简单，但也可以说很困难，那就是“授权”。习惯正向思考的人会认为，放权下属办事，无异增加出纰漏的概率，怎么可能降低危机的发生？但是，人之所以会小心避免烫伤，就是因为曾被烫过，不让同仁出一点小纰漏，亲身体会，就不会提高警觉，如此一来，出大纰漏的机会就增高了。

另外，我们有一个非正式的异常管理体系，就是“利益共同体”：因为大家都是股东，如果公司出现一些异常状况的蛛丝马迹，就会有人实时反映，不会让问题酝酿成不可收拾的局面。

这个非正式的内部控制，对宏碁健全制度扮演相当重要的角色。举凡采购成本偏高、费用太高，甚至连福利社[1]的问题都会向上反映。

早期媒体最常报道宏碁的管理特色之一，就是采购人员相当被授权，新进人员被赋予几亿元采购金额的重任。在很多年前，也曾有同仁反映采购人员可能有弊端，但是我们并没有直接就做判断（所以，写匿名信在宏碁是不管用的），而是从同事、主管和过去的资料当中调查，因为只要有舞弊，一定有迹可循。

但到目前为止，还没有任何采购人员真正发生舞弊情形，只有一位同仁因为被提了好几次，我们才与这位同仁直接沟通，请他注意不要做出让同仁误解的行为。

当企业发生危机时，除了单一事件引发之外，还有长期累积所造成的危机，例如宏碁在1989—1991年之间，因为长期处于顺境造成竞争力衰退的状况。这种危机对企业伤害更严重，它会使企业在安逸中失去危机意识，丧失反应能力，这也是我总是时时提醒宏碁同仁，必须具备危机意识的原因所在。

改善，永远不会迟

举例而言，我们经常发现，成功的企业会不知不觉累积一些恶劣的形象，例如对供货商与客户摆出高姿态，或者运用自己的资源行使特权。短期间这些企业的确得到利益，事实上大家只是

① 在台湾的正式名称是“师生员工消费合作社”，这里是指附属于企业的小型商店。

暂时隐忍，但是企业绝对不可能每件事情都做对，只要稍微一出差错，外界会更加不留情面，朝负面去扩大问题，届时，小问题也会变成大麻烦。

所以，当企业发展顺利时，不但企业主要避免自大，更要注意让所有员工都不能自大。

这不仅需要“反向思考”，还要“逆向操作”，也就是说当企业越是成功，就要越谦虚。宏碁始终把“人性本善”放在企业文化之首，就是希望同仁时时不忘，并发挥人性良善的一面。

从实时改善、避免危机来看企业的发展，企业为了追求成长而遭遇挫败并不是一个缺点；但是，如果发生挫败之后不能实时改正，那就是严重的缺陷了。

我们常听到“无力感”这个名词，企业经营者对交棒或提升竞争力有无力感，似乎要改善现况已然太迟。

但是，我从来没有在面对缺点时，产生要改正却为时已晚的感觉。我对于过去种下的因导致今天结的果也许无法认同，却必须“认了”，我不“认了”的是未来。如果不对过去认栽，却对未来认命，就永远有无力感。

从积极面来解释“逝者已矣，来者可追”这句话，它的含义是对于已经发生的失败必须面对现实，因为知道未来还会再发生，所以现在要赶紧为将来准备。

“一朝被蛇咬，十年怕草绳”，这句话对我而言并不适用。如果我被蛇咬一口，我不但会去研究清楚是如何被蛇咬的，下回再遇上了，我还要和蛇斗。

如果我们一直耽溺于过去的失败，当然就会觉得往前走很困难；但如果我们已经知道过去的失败是基于何种原因，往前看就会有解答。例如，许多企业主认为投资提升“MIT”的形象是不可行的，因为几十年的经验都显示如此，但事实上不是办不到（宏碁的经验就可证明），只是不肯与没有学会怎么去做而已。

企业成长要靠经验的累积，当宏碁还是家小公司时，我就常常告诉发生错误的同仁：“缴这些学费，公司绝对舍得；但舍不得的是，没有记取教训，不知所以然。”如果说，生一场病可以产生免疫力，我都觉得不枉病这一场。

这是宏碁最基本的理念，但是促使理念落实却要靠大家的力量。作为企业领导者，我必须先具备这样的心态，竭尽所能去表达，得到支持之后再慢慢“得寸进尺”，然后才能大致形成共同的理念。对我而言，这样的心态不是从创业第一天开始，而是创业之前就已经具备。

创业路上“停看听”

企管学界在探讨台湾地区竞争优势时，多半都会谈到以中小企业架构而形成的产业网络。鼎盛的创业精神的确是台湾地区竞争力相当重要的部分，然而据调查，台湾地区有六成以上的企业在成立五年内结束营业。创业的道路上，其实是充满许多风险的。

正因为创业维艰，创业者要如何降低风险让企业生生不息，这不仅关系投资者个人的利益，更关系到整体社会资源。我认为，创业必须具备两个最重要的条件：能力及正确的目标。而驱动这两个条件的力量，一个是学习的心，一个是贡献社会的心。

创业者累积能力的方法别无他途，就在“学习”二字。企业训练人才必须舍得为员工付学费，而领导者要自我培养实力亦复如此。

但是，建立经营能力所要付出的代价，比之就学付学费要高出许多，所以我认为，创业者培养能力的第一种模式就是低成本学习。这好比学习理发先拿西瓜练习刀法一样，若是初入门就以真的人头冒险，往往弄得头破血流还不得要领。

首先，最经济实惠的学习是不必自己付学费，也就是说，有志创业者应该利用就业时期，借由别人的资金与经验开始学习，从旁观现成的案例中汲取经验。因此，在准备创业之前，应该养成多听、多看、多读书的习惯，并且培养融会贯通的能力。如果没有累积足够的能力最好不要创业，除非具备相当雄厚的资本。

我三十二岁创办宏碁，在此之前，我已经历练过从三个人到一千人的管理经验。但是，看别人赚钱，不等于自己也可以用同样的方法赚钱；在就业期间参与公司成功的决策，并不等于自己创业之后主导决策也能成功。

所以，一旦自己创业，还要有万全的准备，也就是要做最坏的打算，因为创业过程往往会有意想不到的状况，而且许多经验虽然可以借鉴他人，但也有不少必须亲自经历才能真正学会。

因此，在宏碁创业的约法三章当中，我们特别约定万一公司经营不下去时，部分伙伴必须另外找工作来维持公司生存，就是在防范于未然。

认输的赢家

正因为许多经营能力得亲身经历才能学会，因此另一种低成本学习模式，是在企业规模还小或发生小过错时，记取教训并举一反三。这个道理说来简单，但如果创业者无法触类旁通，知错能改，犯错之后还以运气不好或错在他人为借口，总有一天要为自己的固执与借口付出更高的学费。

因此，是要从错误中学习，决策者必须先学会认输。

当错误发生时，外人是很难得知的，但当事人却相当清楚，如果不能从内心承认失败并及时改善，逃避责任的结果只会让错误更加扩大。就如同一个人因为染上不良的生活习惯，“体质”变弱，别人一时之间无从得知，但是自己却心知肚明，如果不能尽快调整作息，戒除恶习，便很容易招致疾病。

事实上，勇于认输的人，往往才是最后的赢家。不仅经营企业如此，做任何事情都是如此，因为真心认错才会有进步的机会。而且，在外人不知道错误发生时认错，往往才是进步最快的时候。

举例而言，当决策者还不是非常明白放账所导致的严重后果时，因为放账而吃了一次亏，虽然在财务报表上看不出这笔呆账，公司还是赚钱，但当事者心里却明白，因为自己一时大意或心软而铸成错误。

如果决策者能从中汲取教训，对客户信用严加把关，无形中经营能力已经提升；但若因赚到钱就轻忽过失，放账必然越来越多，等到企业财务问题已无法遮掩，企业主忙着分心挽救危机，光为保命已自顾不暇，更遑论改善与进步。

这就像参加球赛，在过程中你打了几个坏球，但结果还是打败对手，那么你会检讨那几个坏球吗？或是存着“赢球就好”的自满心态？一念之间，就决定了日后继续进步的空间。这是人生成长过程中，最简单也最重要的道理——随时把握机会让自己进步。当然，由于人人天赋各有不同，提升能力的困难度也有所差异。就如同练球练到一个阶段，必须借由外在力量（例如找教练帮忙）才能继续进步，但事实上往往有许多能力是早已具备，若因为疏忽而让既有能力弃置、生锈，岂不是非常可惜？

本钱要大，赌注要小

当企业从创业期步入成长期，面临更大的挑战，此时经营者所需具备的经营能力也必须相对提升。创业者培养能力的第二种模式，是必须不断为自己交学费，营造企业持续成长的方法与环境。因此，当企业开始赚钱之后，不能把钱全部分红花光，必须留下一部分继续交学费，继续累积能力。

打造不断成长环境的动力之一，是经营者必须具备开放的心胸，愿意尝试新事物，并且不怕失败与挫折；换个角度想，如果所有的尝试都成功，又如何能称为“学费”？

动力之二，是经营者必须常常怀疑自己的能力不足。这并非自信心不足，因为将军上场作战必然已有胜利的把握，这句话的含义是必须时时保持危机意识，并养成未雨绸缪的习惯。例如，资金要多准备一些，有一百元只做五十元的生意；一百元快花光了，就要赶快想如何筹措下一个一百元。

因为，企业的资源与能力都是有限的，永远没有够用的时候，所以必须永远学习、充实。

从实际的状况来说，当我们预估一百元可以达成的目标，执行的结果常常都超出预估很多，例如德碁投资案就是如此。因为人总是高估自己的能力及机会，经营者必须认识到人性所造成的决策陷阱，时时为筹措更多资源而预做准备，否则资源一旦耗尽就前功尽弃。

举例而言，相信许多经营者都有相同的经验，在执行业务计划时，业绩达成往往低于目标，但是费用却比预算高，因此规划时就要考虑这些因素，要保留较多弹性与备用资源。

宏碁向来有个重要的经营原则——不打输不起的仗，我们所设定的目标必须是有机会及有把握达成的；若非如此，即使是再崇高的理想，都会暂时把它搁在一旁，等有把握的时候再说（例如“小教授一号”的想法就“摆”了长达五年才进行），因为如果我把它放在眼前，一定忍不住要去追求，那就会遭遇失败。

所以我们只能按部就班，先培养足够的能力，才去实现这些理想。在这个过程中，不但达成目标，更提升了实力。在这个经营原则之下，即使有个可获致数倍利润的投资，但它的风险可能会危及公司生存，即使失败概率只有千万分之一，我们都不会去试，也就是俗话所说的“本钱要大、赌注要小”。

坚行所知，不以不知为知

除了低成本学习与营造不断学习的环境之外，创业者要增进经营实力，还要培养“知之为知之，不知为不知”的能力（这并非仅止于观念）。

对于这句出自《论语》的名言，或许有人会认为是“谁都知道”的陈腔滥调，但是落实到企业决策，远非想象中的容易。有多少企业主以不知为知，跨入自己毫不熟悉的行业而拖垮本业？又有多少老板明知做假账既违法又危险仍然以身试法？

我对这句话的诠释，包含着“力行”的哲学。我个人对于不知道的事并不会坚持己见，自以为是；但是，如果一旦彻底明了就坚信不移，并且贯彻到企业运作当中，不会为了短期利益或人情包袱而改变。我认为，如果不能坚持与力行所知道的事情，就等于不知。

在知与不知之间，还有一个灰色地带，那就是一知半解。我对于不太有把握的事，不会随便下定论，能够不做决策就尽量不做决策。

在灰色地带当中，有部分是可借由科学分析或经验累积学习的，学习之后就变成“知”的部分。例如知识产权，刚开始我们也是似懂非懂，但是当后来发现无心侵犯到他人的专利会招致损失，而且印证其他企业的经验也是如此之后，就非重视与执行不可。从一知半解到“知”，我们才能具备更强的研发能力，以及建立尊重知识产权的形象。

非常重要的观念是，“知之为知之，不知为不知”的能力，要与勇于认错的能力互相为用；也就是说，当发现自己原本以为的“知”其实是不知时，就没有道理坚持。例如，当自己学识不足，发表文章陈述了错误的观点，若有人指正或自己发现错误时，当然要实时修正。

我们经常发现企业决策之所以无法贯彻，正是因为决策者“不知以为知”，在错误的基础上做决策，结果无法坚持就干脆放弃，而没有以学习而得的“知”重新落实到决策上。

多一点坚持

进一步说，当经营者做决策时，有些是已知的，有些是灰色地带，决策者要判断是否非得等到完全厘清灰色地带才能付诸行动，或是可以先进行已知的部分。好比我对一个人表示好感，想请他吃饭，虽然不清楚对方对我印象如何，但请客的动作却无须等到确知对方的意念之后才进行。

也就是说，有些不确定的事情其实并不一定会影响行动。领导者如果能够清楚其中的关联性与逻辑，建立一套完整的思考与决策体系，就可以让自己尽速掌握要点，节省很多决策时间。

这些概念我把它称为“非理论”的理论——一种必须身体力行、不容易做到，但的确是可以做到的理想与理念。就如同练习打球，即使没有极佳的天赋，但当我们知道哪些技巧可以克敌制胜，苦练之后就真能靠这些招数击败对手。想必大家也明白这些理念，就像打球的技巧人人都能侃侃而谈，但没有经过苦练，真正实地上场还是不会运用。

而宏碁之所以有今天的一点成绩，就是建立在比别人多一点点的坚持之上。

例如，我认为企业发生危机是常态，没有危机才是异常，所以企业要不断累积实力，没有打仗也要养兵。这是不变的道理，所以非坚持不可。

事实上，我的经营逻辑都是一些相当基本的原则，例如：为长期投资、诚信、为他人着想，这些都是大家从小就明白的道理，但每个人对这些原则都有自己的定义，因此，一个人究竟是否诚信、为他人着想，不能用自己的定义，而是别人是否真心给你如此评价。

也就是说，评价不是通过法律认定或辩论得到的结果，而是多数人都认定的形象。而所谓的多数人，不是七八成，而是九成、九成五以上的人；反过来说，就是要做到少数人有心扭曲都无法扭曲的程度，才能算数。

在这些基本理念之上的决策，才能够具备一贯性与逻辑性，不会因为外在环境的变迁就无法坚持下去。

以贡献社会为目标

正因为创业的路途是漫长而布满陷阱的，企业经营者一定要不断提升自己的能力，才能避免误踩陷阱，或是即使误踩陷阱导致挫败，也不至于一败涂地。然而，要让自己持续追求实力的成长，就必需得有个目标作为长期努力的方向。

目标人人都有，我曾不只一次被问起，宏碁的目标与其他企业有何不同？对我自己和宏碁而言，目标都是贡献社会，而我相信，许多创业者的目标是赚钱，差别只是如此而已。

正因为我的人生目标是贡献社会，所以一生追求不完，因为贡献是永无止境的，追求能力的进步也是无止境的。因此，我知道如果自己不成长、不分享、不谦虚，就无法继续我的追求。但若是以获利为指标，等指标达成之后就没有进步的动力，更进一步说，若以赚钱为目标，对人生与事业经营的思考模式就会产生瑕疵与偏差。

我们可以观察到，许多企业在发展到某个阶段时会停滞不前或变质，这往往由于企业经营者以赚钱为目标，于是当企业获得初步成功之后，企业经营者就觉得可以松懈下来坐享利润，在没有危机意识及缺乏成长动力的情形下，使企业变质。这不仅让企业不进则退，还会在危机发生时结束企业生命。

如果企业以贡献社会为目标，便会时时感觉责任未了，就必须不断累积能力克服危机，一旦能力累积到一定程度，就进入另一个层次更高的企业周期。

因为我把贡献社会视为人生目标，所以，当多数企业家抱怨人工成本提高伤害了企业竞争力，便拼命抵制提高员工权益的法案时，我却认为提升员工所得是企业家对社会应尽的责任。

在这个前提之下，如果企业一时之间能力还不够，可以少做一点。例如，宏碁先于其他企业执行劝退行动，短期内的确有失面子，但是我们保住公司，让宏碁得以继续并扩大贡献社会。若以能力不够为借口不做社会贡献，那就将企业存在价值的基本观念本末倒置了。

当然，在流行社会责任包装企业形象的今日，把社会贡献挂在嘴边的企业主大有人在，但是说归说，是不是做到了？多数人是不是如此看待？或者，企业经营者自以为贡献社会的行动是不是真的对社会有贡献？

专注本业是最有效益的贡献

许多人认为企业对社会有贡献，是捐钱做社会公益活动，我个人对社会贡献的看法不是这样。

我向来不热衷参与所谓的社会公益活动，因为我始终认为，把企业经营好就是对社会最大的贡献。更进一步想，我最擅长的能力是经营本业，因此，经营本业是我所能做的社会贡献当中效益最高的一种。当企业获利，我继续扩大投资，雇用更多人、培养更多人才，这对社会的贡献绝不下于举办公益活动。

因此我认为，企业经营者必须在经营企业的过程中实现贡献社会的理想，也就是以社会贡献为企业经营目标。

但在部分企业经营者心目中，却认为先赚够了钱，等有财力再来贡献社会，这么一来，赚钱是否取之有道就不会太在意。于是，企业经营者便开始官商勾结、投机炒作资产、压榨员工、罔顾消费者权益，因为要赚钱，所以会有太多“不得不”的借口——不得不偷工减料、不得不占人便宜，否则企业没法赚钱营生。

这只是观念的不同，却导致完全不同的结果。哪一种做法对社会的贡献多一些，也就不辩自明了。

平心而论，有部分企业经营者所经营的事业对社会并没有贡献，甚至有负面影响，但却勤于参与公益活动，那是在花钱买心安。我无须如此，因为宏碁对社会的贡献不比别人少，没什么不能心安的。

如果说个人能力不够，不能经营一个对社会有贡献的企业，那大可不必勉强，还是可以当个上班族，只是贡献少一点，何必在做出伤害社会的事之后再想办法弥补？

我的欲望可以很大，也可以很小，最大的欲望是——只要有能力，我尽力而为；如果不能做到，要我做一个默默无闻的人，一样自在。学生时代开始，我就是这样的人。

所以创业虽然辛苦，但是我从来没有心力交瘁的感觉，因为我尽力而为，也量力而为，只要公司不垮，或者即使垮了也不欠别人钱，就不至于有后顾之忧。虽然我们曾经错估形势，但是调整目标之后，也就不觉得为难。

要命，不要面子

创业二十年来，我有个很深的感触，经营企业如同带兵作战，要带领军队一鼓作气攻城略地容易，但陷入险境后要能全身而退却不简单。特别是在美国市场失利的阶段，这样的体会更加深刻。

因此，企业领导者有个相当重要的社会责任，当势不可为时，要能顾全大局实时引退，而且必须不能破坏整个组织。

多数的企业经营者都会说，把企业视同儿女，但有多少人当自己不再胜任领导角色时，便一气之下做出玉石俱焚的举动，掏空企业，一走了之，让企业因此毁于一旦。如果事情发生在别人身上，这些人一定会非常理性地分析这么做是错的；但当自己做出相同举动，又振振有词地认为："企业是我的，我有权这么做。"

其实，不只是企业经营者，身为普通职员的人在被迫离开工作岗位时，消极抵制或不切实交接职务的行为也比比皆是。多少人在不知不觉中，做出伤害自己所心爱的人或事物的行为。

如果一个领导者真心为公司，应该不是这样。我之所以要培养这么多接班人才，无非是希望在我退休之后公司会更好。如果真心爱公司，就该竭尽所能让公司继续生存。如果真心爱一个人，难道会在自己活不下去时，让心爱的人一同毁灭?

因此，当公司势不可为时，领导者要考虑的是如何保护企业，而不是孤注一掷，做出种种违法、欺骗的动作。

曾经有企业经营者在公司濒临倒闭说出这么一番话："公司是我的，为了公司，我一定要再站起来。"事实上，这句话是不通的，如果企业经营者真的为公司好，早在公司出现危机时就该急流勇退保住公司，而不是光顾着"公司是我的"的颜面，让企业陷入无可挽救的地步。我向来有个哲学——"要命，不要面子"，在公司发生问题时，如果企业经营者只想到自己的面子问题，就会断送公司的生机。

没有结束的竞赛

其实，不单是企业，许多政治人物也在重要的关头时迷失自己。原因何在？因为社会中有太多错误的示范，许多自私的人都能迅速获得利益，通过各种媒介的宣传，让一般大众误以为顾一己之私可以让自己得利。

过去传统社会中，规范这种行为的力量是来自道德诉求，例如：“不是不报，时候未到。”因为在农业社会中，人们过着日出而作、日落而息的生活，违法犯纪的机会并不多，因此道德就足以约束人类的行为。

但时至今日，人们的生活复杂而紧凑，一天所面临的事情比老祖宗几年的经历都多，所以道德已不足以束缚，必须靠法律来维持社会秩序。

宏碁之所以坚持以社会贡献为目标，是真心希望能试着走出一条无私心、不求近利的路，请大家一起来见证，这条路其实更长远、更稳健。

当宏碁创立二十年时，让我去追求更大的社会贡献的动力，已进入另一个层次，当时促使我们追求更大贡献的原因是，不要做历史的罪人。

这说起来既现实又残酷。我经常用这段话与同仁共勉：“当我们已经具备能力，又站在现在的位置，没有人比我们有更好的机会去实现‘龙梦成真’的理想。如果不能替后世子孙建立基础，那我们的一生是交不了差的，我们会成为历史的罪人。”这不是我们野心太大，而是责无旁贷的使命。

因为责任未了，所以宏碁所追求的理想与贡献行动还在继续当中。

二十年对宏碁而言，不过是第一回合的起点！

2004年张玉文采访整理

认输才会赢，这是宏碁两次企业再造都能够成功的重要原因。企业在面对困境时，必须勇于检讨一直以来引以为傲、赖以成功的策略和模式，并且反向思考，进而放弃这些引以为傲的要素，然后重新思考面对未来的制胜之道。我一再提出一些想法，例如：要命不要面子、认输才会赢、被换人不如自己换脑袋，无非是希望提醒自己及所有企业负责人，在面对困境时要慎重地自我检讨，重新思考企业未来的方向。

王道心解

企业赚钱，才是真正的王道

企业赚钱，才是真正王道。经历1992年的“全球品牌、结合地缘”，到2001年的品牌与代工分家，再到2014年的三造宏碁——自建云、硬件＋软件＋服务，宏碁经历过几次不同的变革与转型。

王道精神，从很早以前开始，就一直是我经营企业的原则。所以，我也必须坦承，无法获利的宏碁，并不是真正的王道企业。

这个道理很简单，因为王道讲求两个重点：第一个是要为社会创造价值，第二个是利益相关者的平衡。

以贡献社会为目标

当我们谈到企业竞争力，就会涉及到资源的运用，而资源的提供者，包括客户、员工、股东、供货商、经销商、官方等等，甚至还有社会，也是其中之一。

所以，当企业运用社会资源获得竞争力，如果没有为社会创造价值，等于浪费社会资源，也不符合王道。当然，如果为了个人或企业利益而不择手段，更加不符合王道精神。

放眼人类社会的演进，20世纪80年代以前，资本主义理论谈的是股东利益最大化；20世纪80年代中期之后，开始讨论利益相关者最佳化，着重如何保护彼此的利益；直到20世纪90年代，公司治理、企业社会责任、环境保护的概念逐渐成型。

事到如今，回顾资本主义的发展，其实已经出现价值半盲的困境，也就是着重有形资产、直接效果。

为了改善资本主义的盲点，王道精神更显得意义重大。

王道不是帝王之道，而是要走正确的道路。放在现代社会，王道指的就是领导之道，包含三大核心信念：永续经营、创造价值、利益平衡。至于王道的重点，则是要为社会创造价值，以及维持利益相关者的平衡。

不强不是王

因此，王道并不反对商道，更支持企业通过市场机制，追求经营效率，也鼓励追求利益的最大化，包含股东回报最大化。但关键是，在这段过程中，有许多利益相关者参与创造价值，而王道领导者必须维持参与者的平衡，站在客观的角度，进行利益分配。

王道强调利他，更相信利他才是最好的利己。如果只是利己，只会带来短期的小利；必须先利他，重视合作与利益分配，共存共荣，才能创造长期的价值。

所以，在企业成长过程中，必须构建组织管理与公司治理的机制，尤其是人的管理。王道虽然重视仁义，却更重视仁义的永续。要实现一点，首先必须要能“强”，不强就不是“王”，而如果方法不好、管理不当、创新不够，让企业无法一直强下去，也等于是不王道。

我的伙伴施振荣

叶紫华

有关施振荣的“内幕消息”，我的渠道并不会比其他伙伴多。除了大学谈恋爱的时候，他一天寄给我一封“生活报告”（实在称不上情书），以及他撰写硕士论文期间，详述制造半导体照相的原理；自此之后，他的耐心大半都贡献给了工作。

这几年，因为宏碁的据点分散在全球近四十多个国家和地区，我们必须经常出差。施振荣喜欢看书，阅读速度也很快，当然舍不得虚度搭飞机的时间。回到台北，才走出机场大门，司机照例递过来一大公文包的公文。一坐上车，他又迫不及待地看起公文来。这时和他说话，完全是自讨没趣。看完公文，他便仰头呼呼大睡。

我多年担任总稽核职务，负责公司合理化的工作，大概因为这个缘故，我对于生活周遭或社会发生不合理的事非常敏感，在我发出不平之鸣“这是什么世界”时，他不疾不徐地回答：“这世界本来就有很多问题，不然怎么叫作‘花花世界’？所以人生的价值就是去解决困难啊！”

我的另一半，真是无趣得有趣。

幸好，他质朴的个性始终一如当年我所认识的施振荣；而宏碁的共事关系，则让我亲身参与了他事业生涯的顺境与逆境。他虽不喜多言，但他的悲喜忧乐都在我的眼底。

从小事想大道理

当年，我完全没想到他会创业（否则，以我择偶的“负面清单”——不嫁生意人，也不可能成为施太太），更别提经营一个跨国企业，因为左看右看，他都不具备生意人的特质。他害羞、木讷、不善交际，既不耀眼，也没有什么雄心壮志，若说能从什么蛛丝马迹看出他经营的潜力，应该是他特殊的思考与学习能力。

施振荣非常喜欢动脑筋，往往一件看似稀松平常的事都会让他想出一番道理，而且他不但能从正面的榜样中学习，也可以从负面的教训中学习。

举例来说，他经常参加官方或工商界召开的会议，看到部分大老板为自己公司利益说话时，疾言厉色、姿态极高，但另一方面，却又极尽能事主动趋炎附势。他心里觉得不舒服，想必别人也不会喜欢这样的行为，便引以为戒，而且，他“要让大家相信，不摆派头、不靠政商关系也可以做出所以然来”。

外界经常嘲讽这种会议为“大拜拜”，因为言不由衷的场面话就占去大半时间，很多人不是半途退席就是心不在焉。但不管他人发言内容如何，施振荣一贯的态度都是认真听讲，也尽可能提出建设性意见。就是因为专心，他总是可以从听来无奇的意见中得到收获。他曾说："就算别人的意见都不可取，起码也学到如何避免犯相同的毛病，否则呆坐着也是浪费时间。"

事实上，参加会议是他非常重要的学习方式。这些年，他常受邀到海外的研讨会上发表演讲，但他讲完之后必定留下来听其他专家的演说。对他来说，这不仅可以增加宏碁的曝光度，而且是宝贵的进修机会。在台湾，他对外演讲的机会也很多，但很少背讲稿。他喜欢以问答方式进行，一方面是为了针对发问者特殊的问题提供意见，更重要的是，这是他脑筋"练功"的时候。

这些当然不是他"上了年纪"以后才养成的习惯，追本溯源，幼年的成长环境对他有非常深远的影响。

包容他人犯错

施振荣三岁丧父，孤儿寡母在大家族中处境原就艰难，再加上婆婆年轻时相貌娟秀，街坊邻居更是闲话不断，他没有与环境对抗的条件，于是学会倾听与观察。他看到母亲长年吃素，辛苦独立经营小杂货铺让他衣食无忧，便下决心要和母亲一样有毅力。虽然他也看到长辈插队、贪小便宜，但他不仅没有"有样学样"，还从中思考到，别人也一样难免会贪图方便，便懂得包容他人犯错。

爷爷非常疼爱施振荣，常带他到鹿港龙山寺和老朋友聊天，小家伙总是兴致盎然地在一旁听着老人家谈论谁吃了倒账、谁又有独到的经营手法。脑海里联想到母亲坚持不二价与不赊账的原则，又发现母亲从不串门子、道人是非的习惯，让她在亲族与邻里间维持相当好的人际关系，客人也就乐意上门。在这样的环境里耳濡目染，他对生意也开始有些概念。

上小学时，施振荣偷抽过烟，但第一口就呛着了；初中偷赌过钱，但有一次亲眼看到同学赌钱时被老师逮到了（还好当时只是旁观）。他因此觉得抽烟、赌博的滋味并不好，往后就连碰也不碰。

渐露管理才能

我想，幼年时期片段的琐事，对施振荣并不见得立即产生影响，但却在成长过程中慢慢发酵，形成他的人格特质。

施振荣有些性格和婆婆非常相像，例如，婆婆不认同“年轻寡妇一定会改嫁”，而施振荣不相信“念医科才有前途”，母子俩对偏执的世俗观念有相同的叛逆，对于自己认定的价值观都非常执着。但是他们的叛逆与执着，却不是时下流行的“举白布条”（街头游行）式的抗争，而是想出方法、做出成果以兹证明。施振荣的“反向思考”哲学，大约也是由此开始。

施振荣日后的生涯，可以说就是这些特质的综合产物。

在我的观察中，施振荣原本内向的个性在大学时代已经有明显的改善，在交大办社团活动的经验让他交了很多朋友，也开始建立自信，这当然对于日后的创业很有帮助；但是，就他的经营能力而言，更大的成长是来自于就业期间的学习。

他前后在环宇和荣泰两家公司工作过。在环宇的时间不过一年多，但却是他事业的第一个转折点——从研发工程师变成生产部门主任。当时与他共事、后来和我们一起创办宏碁的林家和曾这样形容施振荣：“他穿上西装、打起领带，整个人的架势就不一样了。”

他的改变当然不只于衣着。因为我大学念的是企业管理，于是他向我借了一本有关企业管理的教科书，读完之后就走马上任。配合待人谦和的个性，他将几百人的工厂管理得有板有眼。因此，他才有机会被老板的儿子“挖墙脚”，参加荣泰电子的创立。

我常想，施振荣虽然沉默寡言，但却总有一套让别人注意到他长处的方法。

施振荣在荣泰的成长比环宇时期更大。当时，除了外销和财务之外，其他部门都由他负责，因此得到多方面的经营历练。而且，荣泰的老板林森刚从美国留学回来，作风开明，两人年纪相当，对管理有许多地方看法一致。施振荣从林森那里学到不少观念，公司也经营得很顺利。

当时，老板曾给他若干技术股（我们始终不清楚数量多少），另外也邀请施振荣出钱入股，但是我们都不愿意，一方面是没钱，另一方面是公司并没有提供透明化的财务结构，实在没有信心投资。这原本是件小事，但却对日后宏碁的管理产生非常重大的影响。

在困境中成长

宏碁在创立第三年推动员工入股制度。由于过去的亲身经验，我们体会到要让员工有信心入股，财务透明化是第一要务。我们设计了一套制度，包括每季公布财务报表，以净值作为买回离职员工股票的价格等等，因此，在宏碁计算机股票上市之前，内部就已经有公平的股票交易市场。

其实，宏碁从创立第一天开始，财务就是公开的。因为公司当时只有十一个人，会计账本放在桌上，谁都看得见。但重要的是，我们一直认为员工理所当然有权了解公司的财务状况。

财务公开的做法，刚开始的确为我们带来一些困扰。例如，有位业务人员发现我们代理发展系统的毛利较高，就把业务推展困难的责任归咎于价格太高；事实上，产品毛利高是因为售后服务成本较高。然而，我们并没有从此把会计账本藏起来，而是去和员工沟通清楚。

除了财务透明化之外，我们也想到同仁可能和我们当年一样没钱入股，怎么办？那就由我们私人来贴钱吧！

踏出员工入股的第一步

早期，因为有股东撤股，我们就买下这部分股权，推动员工入股时我们打八折卖给公司，公司再打对折卖给员工，差价由我们吸收。就这样，宏碁的员工入股制跨出了第一步。

后来，员工入股的范围越来越广，除了按月从薪水中扣除之外，有些同仁缺钱，我们私下借给他们；同仁质押股票向银行贷款，当额度不足必须补足质押额度时，我们也借股票给同仁。

那时候，我们的出发点很单纯，要让同仁愿意一起打拼，当然得先满足他们的需求，何况我们又曾经历过没钱的日子，可以体会也愿意帮忙解决同仁的难处。当时怎么也想不到，这套制度竟然会一路扩大，变成宏碁日后“当地股权过半”的国际化模式。

今天回想起来，施振荣对于事业并不是一开始就有什么伟大的企图心，而是在碰到问题时想办法解决，从解决问题中成长，然后继续发展、继续突破，他的经营能力自然也就越来越提升。

尊重人性，激发潜能

施振荣任职荣泰时，虽然没有出钱投资，但是始终非常尽心，即使在后来荣泰的财务被关联企业拖垮的阶段，他的态度都没有变。毕竟他参与这家公司从无到有的历程，对公司感情非常深厚。他在本书中提到，在荣泰发生财务危机时曾经去请陈茂榜（声宝公司创始人）帮忙，但很少人知道，在请求被拒绝后，施振荣不禁伤心落泪。

就这样，施振荣不得不出来创业。之所以说“不得不”，是我猜想（因为他从来没告诉我）他已经当到副总，又刚当选“全台十大杰出青年”，大概觉得出去找工作面子挂不住，况且，那年头台湾也不流行“猎头公司”。另一方面，他非常看好微处理器的发展潜力，但是那时整个台湾地区几乎没有公司从事这个行业，于是只好自己下海创业。

创立宏碁之后，我开始身兼家庭主妇与公司主管的双重角色。

在施振荣的理念里，人性本善是最重要的核心价值，部分原因是个性使然，部分则源自于以前曾被老板怀疑过，所以将心比心，从自己信任同仁做起。他相信，当同仁被尊重、被授权的时候，就会将潜力发挥出来。

这一点，他还真不是光说不练。施振荣对同仁一向客气，有时候我对同仁提出比较直率的问题时，他会非常不高兴地怪我："没当过员工，不懂得员工的心情。"

很快地，我也发现授权真是有很大的成效。

勇于授权，鼓励负责

开会时，施振荣通常不会先发言，而是让同仁充分表达意见之后才提出他的看法。有时，他和同仁的想法并不相同，但如果同仁坚持按照自己的方案，他会尊重同仁，让他们去试。

同仁会非常珍惜这样的机会，分外努力去印证自己的看法，独立自主的责任感也因此从中培养出来。特别是新进同仁，总会有些顾忌、放不开，但当主管愿意主动授权给他们之后，胆子一大，能力就施展出来了。

当然，也不是每个人、每一回都喜欢施振荣的授权风格，有些人就是喜欢主管帮他出主意。

有时候，同仁之间意见相左，而施振荣向来不愿在自己还未全盘了解之前随便下决定，这时他便会让同仁先自行协调，因此有些人抱怨他不够果断。但他的想法是，事事帮同仁做决策，同仁会养成依赖的习惯，做错了就把责任往上推，做对了也不知所以，经验无法累积，成长也相对有限。

人人平等，不享特权

就因为每个人的个性都不一样，宏碁也有少数主管不能完全做到尊重同仁的原则，施振荣也不能强迫他们，但是他非常积极地带头示范。有一次，有个财务人员告诉我，施振荣签报的差旅费有部分不合乎制度规定，但是又不敢退回给他。我将这件事告诉施振荣，他理所当然地说："应该退啊，为什么不敢？"

后来，有一位关联企业的副总也发生同样的情形，但是当财务人员退件给他时，他相当不悦："难道副总经理连这点权力都没有？"当财务人员告诉他，施先生都二话不说接受退件时，这位主管也只好接受。

施振荣非常在意同仁的感受，也很悉心照顾。举例来说，由于他兼任多家关联企业的董事长，于是就制定一个原则：兼职的董事长薪水与员工入股额度不能高于总经理，因为他一向认为总经理才是对公司贡献最大的人（专职董事长又另当别论）。

有一段时间，扬智科技由我兼任董事长，当施振荣发现扬智给我的分红额度多过总经理时便责怪我："怎么可以这样！"当时因为工作忙，我真的没有注意到这件事情，后来我把多出来的份额还给公司，总经理还一再向我道谢。

曾经有家关系企业在计算分红奖金时，经营团队发生歧见，总经理马上主动把自己的部分拿出来分给大家，平息这场争执。这位总经理私下告诉我："我自己拿少一点没关系，大家满意就好。"听到这样的话，我们如何能不心存感激？

包容不同的声音

因为宏碁的授权管理，同仁对公司的决策介入很深，所以难免会出现不同的意见。施振荣很能包容同仁提出不同的意见，当少数有异议的同仁被其他人“围剿”时，他还会劝大家：“公司能有不同的声音是件好事。”有人就戏称他是“刻意容忍异己”。

也因为这个风气的养成，施振荣在面对同仁的挑战时，就必须以沟通、说服来代替命令，他只好又开始“脑力运动”，想出好的表达方式来响应同仁。这产生了两个结果：第一，他的表达能力与日俱增，可以将自己的想法推广成同仁的共识；第二，想出让公司更进步的策略。

最典型的例子，就是1989年，宏碁将组织改成分布式多利润中心。

在此之前，总部对转投资事业的股权比例都相当高，因此关系企业的收益都是统筹分配，但是因为关系企业的表现互有高低，于是获利状况较好的明基就坚持要分家，不吃大锅饭。

这个主张出现之后，有些事业的负责人很不以为然，因为每家公司都是有起有落，为什么钱赚得少时不提分家、赚多了就要分家？

站在公司领导者的角色，施振荣是可以采取强势拒绝的做法，但是他觉得伙伴会这样想也是人之常情，而且，让表现好的公司和表现不好的公司齐头分享利润也不公平，所以就发展出各事业单位独立核算利润的架构。

这个做法，最初是为了解决利润分配的争执，后来却因此促进各事业的经营绩效，并且奠立了宏碁主从架构的基础。

根据宏碁人事部门的调查，宏碁同仁的民主意识非常高，不喜欢干涉别人，也不喜欢被管。开会时，就有主管嚷着："我们要跳脱施振荣的框框。"我对他说："好极了，提出来大家讨论！"其实，施振荣自己也不希望公司有框框存在，因为同仁的自主性这么高，强迫大家变成一个样子，真的一点也不好玩。

唱反调，也授权

在公司，施振荣常常故意和我唱反调，他说："如果不这样，就没有同仁敢向你直言。"虽然如此，他对我负责的工作，同样也很授权。

例如，我们几位创办人合资成立一家控股公司，由我担任负责人。有一回，伙伴们开会却单找施振荣而不找我，事后我问参加会议的同仁："施振荣有没有把我卖了？"同仁说："没有。他说：'你们找我没用啊，公司负责人又不是我。'"

1990年初期，我在公司内部大力推动合理化、降低成本，难免盯上他直属部门的同仁，让他产生许多困扰，他曾抱怨："被你盯上的人，不死也只剩半条命。"

虽然如此，他还是很支持我。原因有两个：第一，在整顿其他部门之前，我已经先整顿了自己的部门，并有具体的成绩；第二，当时公司状况陷入困境，非整顿不可。

这段时间，大概也是施振荣最苦恼的岁月。

坚信“人性本善”的代价

从我的角度来看，施振荣并不是没有缺点，例如，他有时候太相信人性本善。对于多年共事、有共同企业文化的同仁来说，相信人性本善是对的；但并购而来的公司并未经如此企业文化的熏陶，授权太快的结果就产生失控。

其实，早在1984年，宏大创业投资成立时，就已经存在这个问题。

当时，施振荣的想法很单纯，他觉得很多有才华却不善表达的年轻人在大公司任职，每天看老板的脸色，一不小心还会被冷落，实在很可惜。

我们很幸运地把事业做起来，应该帮助这些年轻人创业。结果宏大的两个投资案都失败了，因为彼此没有经过长期共事，对方不见得可以体会和接受我们帮忙的方式。

后来，宏碁计算机股票上市之后，公司资金比较充裕，便在欧美又并购了几家公司，还是授权给当地的负责人经营。

但是，有些公司内部管理出现问题，负责人不但不接受台湾总部派驻当地干部的改善意见，还将多位资深同仁排挤出去；财务结构不健全，负责人还一再为不称职的财务主管辩护，这些都和宏碁文化完全背道而驰。

由于我一直负责财务、稽核等跨部门的工作，和各单位的同仁都很熟，因此许多消息很快就传到我这里。当初我转告施振荣时，他还说我太神经质；后来状况一再出现，公司也不得不派人去整顿。

但是，在公司出状况时，大家对于整顿的方式有很多方案，意见特别有分歧，负责同仁和施振荣的意见并不相同，但他还是放手让同仁去试。经过一段时间还是没起色，施振荣也没有责怪同仁，只是默默地收拾残局。

那时，我负责降低成本、改善制度的工作，原本就吃力不讨好，加上我的个性比较急，有些伙伴就开始有意见，认为应该让时任总经理的刘英武有充分授权的环境；加上有一回施振荣因劳累过度昏倒在电梯里，于是伙伴们就要我退出经营团队，“回家照顾老公”。

结婚这么多年，我非常了解施振荣不是重享受的人，并不需要人家照顾，更何况他大多时间都在公司，并不是家里。当他觉得工作不顺时才会不对劲，一旦工作进展顺利，就什么问题也没有了。

对我自己而言，我一直希望能当家庭主妇，只因为公司规模快速扩大，需要有人跟着成长的脚步把制度建立起来，我才不得不留在宏碁。

施振荣以“公司还在转型，需要我再帮忙三年”的理由，说服了伙伴，但是这件事让我非常沮丧。刚开始几天，我在公司什么事也不做，开会时什么话也不说，就是一个劲儿打瞌睡。施振荣终于看不过去了，他对我说：“难道你还不知道自己要什么？”

这句话将我整个人唤醒了，我又开始到处“抓虫”（找出问题，予以改善），还跑到美国协助建立信用管理制度。当公司有了明显的改善时，伙伴前来向我道谢，我摆出“余恨未消”的态势告诉他：“我只不过是帮我老公，不是帮你！”

耐心建立共识

照理说，宏碁的转型不应该拖延这么久的。

公司发生亏损的那一年，施振荣就准备要推动“快餐店模式”，宏碁计算机改为纯粹生产主板，在当地市场组装计算机，但是多数伙伴却反对。有时候我会催他：“为什么不赶快做主板？”他说：“说过好几次了，他们都不赞成。”看得出来，他为这件事非常忧虑。

大家不支持，也只好慢慢熬了。因为施振荣曾经允诺，如果公司成长迟缓便要辞职以示负责。1992年，他就真的向董事会提出辞呈，但是董事立刻发表联名信挽留他。

开股东大会前一天，施振荣显得格外沉默与沉重，为了让他开心一点，我告诉他：“这样吧，如果明天有股东要你下台，我马上就去买机票，我们去环游世界。”看我兴致勃勃的样子，他不禁笑了出来。

后来，我们一起到美国去着手整顿。下飞机之后，他没有像往常一般直奔公司，而是先在饭店里和微软及英特尔的总裁通电话，告知他们，公司经营团队因为刘英武辞职而改组，然后便决定开始推行“快餐店模式”。

接下来好几天，他不断说服美国的同仁接受这个方案，最后他们才勉强同意试试看，这个模式至此正式展开。

我想，愿意花一年多的时间说服同仁接受自己方案的经营者，大概很少见。但是之后，我们又花了一年的时间来让这项工作走上轨道。

在改成市场当地组装之后，我们的海外事业单位遭遇到很大的经营难题。因为他们原来只负责营销，对组装与采购都不在行，因此我们派出一个小组协助各地事业单位。

依我的观察，这些同仁都很努力，但是缺乏建立全方位管理体系的经验，所以成本不免偏高，但施振荣还是很有耐心地让他们去试。

能说这么做不对吗？我想，既然要授权，该付的学费总是要付的。

视富贵名利如浮云

施振荣始终就是这样单纯、信任他人，不会称兄道弟、说动听话，只是执着地一直做下去。这样的个性，在宏碁前任董事长殷之浩先生身上也看得到。

殷先生和施振荣都具有工程背景，又同为创业者，大概是因为惺惺相惜，殷先生很疼爱这个小学弟。1984年殷先生投资宏碁之后，对我们也是完全授权与信任。

当公司陷入困境时，殷先生的身体状况并不是很好，有时开会开到一半就睡着了，并不是很清楚我们在讨论什么，但到要做决策时，他除了支持之外，完全没有别的意见。当时，他的一个幕僚对宏碁有诸多负面批评，他听了很生气，不许幕僚说宏碁不好。

经过再造工程之后，宏碁重新步入轨道，施振荣也重新找回自信。有时候，他看我在进行改革工作还会开玩笑地说："这哪里是改造，我那个才能叫改造。”

多年来，施振荣一直把培养人才当作最重要的事，如今也有了成绩。

像卢宏镒刚毕业进公司时还很年轻、生涩，现在已能独立推动宏碁国际股票在新加坡上市，主持上千人的全球经销商会议。林宪铭和李焜耀负责宏碁计算机和明基，也都领先同行。他们早期参与公司投资，如今也累积一些财力，但是他们仍像以前一样朴实。

像欧洲宏碁的吕理达，到现在一张股票都没卖过。他的下属告诉我：“有时候吵归吵，看他对公司向心力这么高，也只好努力帮他。”以前常常挑战施振荣看法的王振堂，有一次有感而发地说：“现在真正体会到，做一个领导者需要很大的包容力。”

看着他们个个都已具备独当一面的大将之风，施振荣常说，他非常以宏碁第二代接班人为荣，我认为他很有理由这么说。

宏碁刚创业的时候，孩子还小，我带他们去公司帮忙发薪水，告诉他们：“宏碁是靠这些叔叔努力工作才能够发展，他们很辛苦，应该把公司交给他们。”现在看起来，这样的决定对伙伴与孩子都是对的。

其实，不管是接班、授权、员工入股，或是建立人性本善的文化，都反映了施振荣的个性——看重人性的价值，而看淡钱财与权力。他曾经说过：“只要看这个世界上那么多财大势大的人行为乱七八糟，道德还不如普通百姓，就会觉得追求财势真的没什么价值。”

还好施振荣是这样的人。我们的生活非常简单，他向来对吃穿都不挑剔，有什么就吃什么，衣服都是在打折的时候买的。有一次，朋友找他去唱卡拉OK，他破例超过十一点才回家，看到婆婆还在等他，此后就再也不曾晚归。他很不喜欢商场上五光十色的交际应酬，因为“实在不觉得有什么意思”。

这些年，我也培养了几位接班人，并打算在三五年之后回归家庭，也希望施振荣能够尽快和我一起享受退休生活。我告诉他：“我希望有一天能一起看棒球，边走边吃冰淇淋。”

但不管如何，眼前宏碁才刚开始另一个阶段的创业，还有很大的改善空间，不管三年还是五年，只要在工作岗位上，就没有松懈的理由。

现在，当公司有杰出表现时，施振荣偶尔会笑着问我：“你看我做得怎么样？”

“不错！”我毫不犹豫地回答，这是以伙伴身份所说的真心话。

（本文作者为智荣文教基金会首席执行官）

采访手记

对宏碁的另类观察

林文玲

执笔写这本书最初的心情，是缘于对台湾地区经济发展史由衷的热爱，以及对宏碁的好奇心。毕竟，它是台湾地区在国际市场最响亮的招牌，况且，能够“打断手骨颠倒勇”[①]的大企业终究罕见。宏碁的故事应该会是一种典型。

但很快地，另一种期盼便超越了一窥究竟的单纯情绪。

宏碁能走出一条民主而有效率的路，没有踩着欧美日跨国企业管理模式的脚印，也没有自悲自怜地甘做“边陲”加工站。这段历程，正是一种“深入反省而非移植的创造过程”。而这些思维，必须回溯到过程中一些难忘的场景。

① 台湾俚语。意思是手折断了经治疗后反而比之前更勇健。有鼓励人越挫越勇的意思，也蕴含坏事可以变成好事的意味。

一、结盟

有一回，施先生谈到，经营者必须是整套的，要有全盘的概念，此时我插嘴问道：“万一不是怎么办？你又如何知道自己是不是整套？”

“我也只有半套啊。”施先生不假思索地回答，“所以我找了很多伙伴，大家一起才能凑成一套。”

这时，脑海里忽然响起有次施太太在记者联谊会时，唱了一首她从前哄小孩入睡的童谣：“一只蚂蚁在洞口，找到一粒豆，费尽力气搬不走，只好连摇头。左思右想好一会儿，想出好计谋，回洞找来好帮手，合力抬着走。”

当时施先生站在一旁听着，深以为然地猛点头，不禁令人莞尔。

在“英雄”辈出的时代里，公众人物的霸气与攻击性语言，以及挺身冲撞不合理结构的颠覆式动作，似乎都已经成了惯性。在这种定义之下，施先生并不是英雄，而是由内而外的，先真心承认自己的极限，从而愿意释放资源去交换更大结盟的力量，打造一个心目中合理的环境。于是，在许多新集合不断参与交集的情形下，“宏碁联集”的边界也不断向外伸展。

所谓“英雄多，百姓苦”。我想，徒然摧毁旧架构，并不能创造更进步的社会，台湾地区更需要有蓝图、有步骤与整合力的建筑师。

二、尊重

在宏碁陷入困境时，外界都在揣测，施先生会不会信守当年的承诺提出辞呈。

毕竟未闻哪个企业创办人如此公开许诺。即使曾经表示过，也可以有太多正当理由不兑现。

在施先生果真提出辞呈而被挽留之后，一位记者同行认为，施先生之所以“敢”付诸行动，是因为宏碁多数的股东都是员工，他当然有把握员工会站在他这一边，所以，“还是靠员工入股的支持，帮了他的大忙”。

姑且不谈员工是否一定与领导者同一阵线，或者有多少企业主被员工取而代之的问题，下面这个例子，或许可以提供另一个参考背景。

在一次宏碁计算机的股东大会上，有位老先生提议，为了回馈股东，宏碁应该以“半买半送”的价格，优惠股东一人一套计算机。

参加过上市公司股东大会的人大概可以想象，如果按照多数上市公司老板的做法，大约是三言两语打发过去，但施先生却极有耐心地详细解释，这个做法违反与经销商的合约，但是他立刻接着表示：“不过，如果这位股东有需要，我们应该在符合合约的前提下尽量服务。”于是，他请同仁当场了解这位股东的需求，并提供协助。

叙述这个故事的是第三波文化事业董事长王振容，他以此印证施先生“尊重少数”的哲学：“他自己是公司最大的股东，但宏碁的表决却不是比股权，而是一人一票。”此时的台湾地区，金融弊案层出不穷，靠派系支持与收购股权入主金融机构者，强以社会公器图利自身，让社会陷入信心危机的梦魇，而“过半与不过半”成为政治角力中非输即赢的唯一指标。听到这样的故事，很难不让人心有所感。

三、自主与示范

宏碁第二代经营者形容施先生的领导风格，“其实是很少说教的”。明基计算机总经理李焜耀说：“他总是给目标、给启示、给机会，让我们在没有经验过的情境中自己学习。”

李焜耀回想当年还在研究部门当工程师时，第一次被派去交大议价，被杀价杀得满头包，生意虽然没谈成，却还是一再被赋予从未经历过的任务，从采购到生产部门经理，一路历练成公司最高决策者。“现在，施先生更少介入（明基），甚至不干涉人事安排”。

但落实自主难免产生阵痛。宏碁创办人之一的林家和记得，有一阵子，看到竞争对手在老板集权式的管理之下，决策与应变速度都比宏碁快许多，心里既惊且忧。但是没多久这些公司大多结束营业，而宏碁却借由进一步的分散授权，使速度成为现阶段最重要的核心竞争力。

1995年，当国际政治学者弗朗西斯·福山为民主发展提出“互信”理论时，宏碁早在这理论出现的十九年前，便引用中国传统的“人性本善”，将相同的概念落实于管理之中；当第三世界国家在追寻自主的道路上，摇摆不定数十年，宏碁始终坚定贯彻授权的信念，终得享有自主所带来的优势。

在分权自主的体系里，领导者不再主导一切，但重要性有增无减。“任何人要成长，当然靠自己学习，但也得有个样子可以让你学。”宏碁计算机信息产品事业群总经理林宪铭回忆。有一回他和施先生去谈判知识产权，遭逢一群倨傲的老外对手，以歧视的眼光相待。“虽然我早已不是年轻气盛的年纪了，还是忍不住想拍桌子破口大骂。这时，施先生不但面无愠色，还反过来安慰我：‘稍微忍耐一下，马上就过去了。’”

“他让我看到，面对棘手难关时要如何自处。”林宪铭表示，“如果领导者显得不堪负荷，其他人当然也跟着挑不动；如果领导者跟大家一样茫然，那一切就都完了。”而施先生对他最大的影响就是“示范一个样子”。“现在，我也常常自我提醒，自己有责任做好榜样让下属学习”。

这应该是控制所不可及的、更深远的影响力。

四、勇敢

施先生的管理风格，在自主性极强的伙伴口中，自然是有褒有贬，但大家却对他有个共同的正面评价——勇于面对挫折。

在宏碁仍处于亏损状况时，有一次宏碁召开记者会宣布新的广告策略，但多数记者最感兴趣的不是策略本身，而是“公司已经在赔钱了，还花这么多钱刊登广告，对投资人怎么交代”？尽管施先生反复解释，这些钱是为将来所做的投资，但大家似乎还是持质疑态度。

面对诸多遣责，施先生不以为意地笑笑说：“我知道，我们表现不好，大家难免会有怀疑。”

那时，在一次采访施先生的机会中，听到他自我批判患了大头病，心里便对这位温和的企业家不禁有了另一番评价，因为即使标榜“第一冲”“第一勇”的政治人物，在媒体面前检讨失败，不免都还归咎大环境与对手卑劣的手段，而极为重视形象的施先生却如此公开坦承犯错，若非有超越失败的决心，岂非徒然落人口实?

我想，如果不是心中有一把尺，并且愿意时时丈量、检视自己，也不可能发现偏离的存在。而施先生之所以不忌讳公开自己的误差，是因为在他的尺上，“实质”与“改善”的刻度更优先于形象之前。

有一回，施先生在一场演讲当中，谈起宏碁国际化所遭遇的难题，满座的企业人士不时发出心有同感的苦笑；当话题导入宏碁为解决困境所发展出来的管理模式时，后排一位颇具知名度的企业主轻声说道：“施先生的经验谈，价值何止千万！”

从这个角度来看，正因为曾经挫败，宏碁的经验才会更有说服力；而能以失败经验作为“卖点”的，大概也只有重新获致成功的人。

五、追求

在“渴望”家用计算机问世的记者会上，有位记者问施先生：“接下来有什么新产品计划？”施先生回答：“其实，我们有一个非常重要的任务。虽然‘渴望’的定价并不比其他类似的产品贵，但还是有很多人买不起，因此，我们必须努力降低成本，让更多人可以享受到科技的成果。”

这段被淹没在新产品上市新闻的谈话，让我想起自由经济大师米塞斯在《反资本主义的心境》（*The Anti-Capitalistic Mentality*）一书中的话：“企业家与贵族不同。贵族的财富来自掠夺或掠夺者的恩赐，这种财富可能因赐予者收回权利而失去，可能因另一个掠夺者的强抢或自己的挥霍而消失；但企业家的财富则来自消费者的光顾，如果在市场中遭遇劲敌，他们就拿出更价廉物美的产品来竞争。”

曾有人问施先生：宏碁推行员工入股与股票上市，当同仁致富之后，岂不是会丧失创业精神？他说：“关于这点，我有带头示范的责任，而且也必须有更高远的目标，大家才有不断追求的动力。”

低物质享受，高理想贡献

施先生的简朴生活，在《财富》杂志报道宏碁的文章中曾特别提及。

当时台湾地区许多老板住在安装钢板的豪华宅邸，警卫森严的办公室得刷卡才能进出，施先生却安于小小的办公室，家里没有保姆，日常以散步来运动，并不忘以使用过的纸张背面来书写。

他的助理兼司机梁吉男说，准备他的午餐一点也不费事，不管盒饭、面条或汉堡，无须请示，买什么就吃什么，甚至为了省事，还曾托同仁代买泡面果腹。

在他低层次物质享受的另一面，却是关心社会与全人类的理想。直到今天，我仍常常想起施先生在宏碁新人训练时说的一段话："所谓'龙梦成真'，就是中国人要对世界做更大的贡献。"

新一代企管大师彼得·圣吉曾说："自我超越有两个要件，第一要忠于愿景，第二要忠于真相。"我似乎越来越能够理解，宏碁"凭什么"可以破茧而出了。

对于犹有贡献社会热情的人来说，宏碁的故事也许提供了另一种形式的附加价值——追求理想的路上并不孤独。

经历过这段难得的思考冲击之后，我必须感谢施先生在几乎不认识我的状况下，二话不说就让我执笔他的第一本授权著作，既没有与其他出版社比较，也没有面谈。第一次见面时，也二话不说就同意了我所拟定的大纲。

当时我有点错愕，以为他就算不增减章节，起码也会调整顺序，不料他的反应是：“那我们是不是开始了？”

在这个过程中，他百无禁忌，有问必答，而且从来不催稿。审稿时，除了与事实和数字有出入的地方之外，几乎不曾更动文字。对修改内容的建议，施先生都是同一个答案：“好。”但这个简单的字，却让我日夜神经紧绷地努力求好。我终于见识了施先生的授权，完全不是徒托空言，也深刻体会到自主的驱动力。